政协委员履职风采

绿我涓滴

王全书　著

中国文史出版社

《政协委员履职风采》丛书
编辑委员会

主　任：刘家强

委　员：刘未鸣　刘　剑　韩淑芳　唐柳成
刘发升　张剑荆

主　编：刘未鸣　韩淑芳

编　辑：（按姓氏笔画排序）

卜伟欣　于　洋　马合省　王文运　牛梦岳
卢祥秋　刘华夏　刘　夏　全秋生　孙　裕
李军政　李晓薇　张春霞　张蕊燕　杨玉珍
金　硕　赵姣娇　胡福星　高　贝　殷　旭
徐玉霞　秦千里　梁玉梅　梁　洁　程　凤
詹红旗　窦忠如　蔡丹诺　蔡晓欧　潘　飞
薛媛媛　薛未未　戴小璇

王全书同志

2006年10月，陪同全国政协副主席王忠禹同志在河南检查《中共中央关于加强人民政协工作的意见》贯彻落实情况

2006年11月，在新郑国际机场就打造中国中部大型门户枢纽机场问题进行调研

2007年1月24日，在河南省政协九届五次会议上作常委会工作报告

2007年6月25日，在郑州会见塞内加尔经社理事会主席迪奥普一行

2008年11月5日，参观全省政协文史资料图书展

2008年11月23日至29日，“中原文化宝岛行”系列活动期间，在台湾与吴伯雄等共同欣赏长卷《正月》

2012年7月16日，在卫辉市唐庄镇调研期间，与吴金印同志交谈

2013年9月5日，率全国政协教科文卫体委员会赴革命老区——山西省武乡县开展送文化下基层活动

2016年3月12日，在全国政协十二届四次会议上作题为《为全面从严治党鼓与呼》的大会发言

2017年12月7日，在十二届全国政协双周协商座谈会上发言

目录
contents

自述：不忘初心 不辱使命

建言献策 尽责履职

政协第十一届全国委员会

【提案】

【会议发言】

政协第十二届全国委员会

【提案】

【会议发言】

随感·报道

委员随感

媒体报道

自述：不忘初心 不辱使命

找准定位 选对坐标

我是2006年1月担任河南省政协主席、党组书记的。我的前任先后有潘复生、吴芝圃、刘建勋、赵文甫、王化云、宋玉玺、阎济民、林英海、范钦臣九位同志。他们或是德高望重的革命老前辈，或是河南改革发展稳定的主要决策者。这些老领导始终不渝地贯彻执行中央关于统一战线和人民政协的方针政策，为推进我省经济、政治、社会、文化建设作出了重要的贡献。我接过他们的接力棒，既深感责任重大，又感到能力有限，诚惶诚恐、尽心尽力地在省政协主席岗位上工作了五年。这五年，在滔滔的历史长河中，只是短暂的一瞬；但对我个人来讲，却是一段非常值得回味的人生经历。能够为人民政协事业做一些工作、尽一份心力，我感到十分荣幸和自豪。实践给我的感受是，人民政协领域宽，舞台大，使命光荣，大有可为。只要我们坚持党的领导，把握坚定正确的政治方向，不断探索政协工作规律，突出政协工作特色，脚踏实地，潜心干事，团结协作，锐意进取，就一定会发挥独特的优势，作出应有的贡献。

我刚从省委副书记岗位上转到省政协工作时，听到一种说法："到了政协就算退居二线了，政协、歧协，正儿八经地歇着吧！"有人还编了一副对联："无权无财无烦恼，有吃有喝有朋友"，横批是："政协真好"。对这种调侃式的、明显带有消极情绪的顺口溜，我很不以为然。通过深入学习《中共中央关于加强人民政协工作的意见》，我创作了一副针锋相对的、传递正能量的对联："非火线、非二线，仍是一线，一如既往是公仆；无权力、无财力，但有活力，活动依旧有平台"，横批："找准定位"。河南省政协的老主席阎济民同志将其写成书法作品赠送给一些同志，使其在政协系统传播开来。我认为，做好人民政协工作，必须找准定位、选对坐标。党政岗位与其说是一线，不如说是火线；人民政协参政不行政、议政不干政、立论不立法、献策不决策的特点，决定了政协工作虽然不是党政工作那样的“火线”，但也绝非“二线”，仍然是名副其实的“一线”，是发扬社会主义民主的一线，是构建社会主义和谐社会的一线，是为推动经济社会又好又快发展建言献策的一线。只有始终保持奋发有为的精神状态，始终保持知难而进的昂扬锐气，始终保持求真务实的工作作风，以对党和人民政协事业高度负责的态度，把心思和精力集中到干事创业上，把智慧和力量凝聚到促进发展上，爱岗敬业，忠于职守，才能有所作为；只有找准位置，选好角度，努力增强拾遗补阙的主动性、发现问题的敏锐性、研究问题的积极性、发挥作用的能动性，才能真正做到尽职而不失职、到位而不越位、帮忙而不添乱、切实而不表面。

正是基于以上认识，我们河南省政协及其常委会在全国政协的悉心指导下，在中共河南省委的坚强领导下，广泛动员政协各参加单位、广大政协委员和各族各界人士，高举爱国主义和社会主义两面旗帜，把握团结和民主两大主题，认真履行政治协商、民主监督、参政议政三项职能，切实发挥协调关系、汇聚力量、建言献策、服务大局的重要作用，为全省的经济建设、政治建设、文化建设、社会建设和生态文明建设作出了积极贡献，人民政协事业呈现出团结和谐、务实进取的良好局面。2007年12月，在全国政协召开的全国地方政协工作经验交流会上，我代表河南省政协作了典型发言。在贯彻落实《中共中央关于加强人民政协工作的意见》地方政协主席座谈会上，也让我作了重点发言。

在为构建和谐中原建言献策方面。我们积极发挥人民政协在构建社会主义和谐社会中的独特优势，坚持虚实结合、以实为主，围绕构建和谐中原建言献策。省政协九届十七次常委会议，从理论上对构建社会主义和谐社会的总体要求、人民政协与构建和谐社会的关系进行了认真探讨，明确了政协为构建和谐社会服务的工作着力点和努力方向。我以《履行政协职能与构建和谐社会》为题，在《人民日报》理论版发表了长篇署名文章。省政协九届十八次常委会议，以体察民情、关注民生为切入点，从实践上就如何构建社会主义和谐社会问题进行了专题议政。省政协各专门委员会、各民主党派、工商联，重点选择人民群众最关心、反映最强烈的上学难、就业难、看病难、购房难、养老难、收入差距过大等6个突出的社会问题，深入开展调查研究，形成了23份质量较高的调研报告，从不同角度、不同侧面，对如何自觉坚持“五个统筹”、更加注重社会公平、不断完善社会管理机制、切实强化政府监管、用发展和改革的办法解决好广大人民群众的切身利益问题等，提出了38条建议。建议案报省委、省政府后，徐光春书记、李成玉省长等领导同志先后作出重要批示，徐光春书记还指示将建议案呈报国务院和全国政协。温家宝总理认真审示了建议案，一些建议纳入了决策程序。按照贾庆林主席、王忠禹常务副主席的指示，全国政协将建议案在2006年出版的唯一一期《参政议政动态》上全文印发。

在围绕经济社会科学发展、协调发展献计出力方面。我们把推进经济社会科学发展、协调发展、促进中原崛起，作为履行职能的重要内容，悉心选择具有综合性、全局性、前瞻性的重大问题，组织广大政协委员深入调查研究，积极献计出力。省政协九届十九次常委会议，形成了两个建议案：一个是建设社会主义新农村若干问题的建议案，紧扣更加关注粮食主产区的发展、更加关注贫困地区和少数民族聚居地区的发展、更加关注农村科技进步、更加关注农村社会事业、更加关注农村环境保护等“五个更加关注”，提出了19条建议；一个是建设创新型河南若干问题的建议案，提出了建立国有企业技术创新的内生动力机制、认真解决科技工作和经济工作脱节问题、完善科技成果评估体制、建立各部门联动的知识产权保护机制等17条建议。省委、省政府对这两个建议案给予充分肯定，书记、省长等6位领导同志作了批示，各有关部门纷纷对落实情况作了反馈。我们还围绕促进中部地区崛起持续发力，在联合中部地区其他五省政协共同进行大型调研的基础上，河南省政协又开展了一系列调查、研讨、论证、建言活动，为《中共中央国务院关丁促进中部地区崛起的若干意见》（中发〔2006〕10号）提供了重要决策参考。2007年7月，为加快资源节约型、环境友好型社会建设，我带领常委视察团，先后对三门峡、平顶山、鹤壁、焦作四市进行了视察，向省委、省政府呈送了《用足用活中央优惠政策，加快促进资源型城市转型》等4份视察报告，徐光春书记、李成玉省长、陈全国副书记等都作了重要批示。省政协十届三次常委会议，就支援四川地震灾区恢复重建建言献策，形成了两个建议案：一个是《关于支援四川地震灾区恢复重建的建议案》，提出了六个方面24条意见建议，建议案经全国政协呈国务院和有关部委，被国家制定灾后重建规划时吸纳；一个是《关于促进我省经济社会科学发展的建议案》，提出了16条意见建议，省委书记徐光春同志在建议案上批示：“政协的建议很有针对性，可纳入全省‘新解放、新跨越、新崛起’大讨论活动的内容，联系各地各部门各单位的实际，予以研究和采纳。”省政协十届八次常委会议，围绕“提升信心、应对危机，保持经济平稳较快发展，保持跨越式发展良好态势”进行专题议政，会后形成的建议案受到省委、省政府高度重视，作为“省委八届十次全会参阅文件”印发会议。省政协十届九次常委会议，围绕“坚持改革创新，推动科学发展”进行专题议政，建议案得到省党政主要领导同志的充分肯定，认为建议案的内容都是事关河南地域发展、实现中原崛起的重大问题，要求有关职能部门认真研究吸纳。省政协十届十三次常委会议，围绕科学编制“十二五”规划进行专题议政。在深入调研、广泛讨论的基础上，常委们从“认清发展趋势，增强为制定‘十二五’规划建言献策的自觉性”“突出谋划重点，研究和把握制定我省‘十二五’规划的若干重大问题”“充分集思广益，提高制定我省‘十二五’规划的科学化水平”等三个方面，提出了清醒审视世界经济形势、客观看待国内经济环境、准确把握我省阶段特征、加快转变经济发展方式、构建现代农业产业体系、促进城乡区域协调发展、加快第二产业优化升级、推动社会事业全面发展、深化体制机制改革创新、加强生态环境保护工作、加快文化强省建设步伐、推动中原经济区规划上升为国家战略等16条针对性、可操作性较强的意见和建议。省政协十届十四次常委会议，继续围绕科学编制我省“十二五”规划建言献策，重点就调整经济结构、转变发展方式的关键问题，如扩大内需和调整收入分配结构、增强自主创新能力、加快农业现代化和新型城镇化进程、扩大对外开放、发展低碳经济、加强环境保护和污染治理、推进教育发展和人才培养等进行协商讨论。两次常委会议的议政成果都以建议案的形式报送，受到省委、省政府领导的高度重视，诸多意见建议被《中共河南省委关于制定国民经济和社会发展第十二个五年规划的建议》及《规划》所吸纳。

在建设中原经济区中发挥独特作用方面。我主持召开“省政协委员为建设中原经济区建言献策座谈会”，抓住建设中原经济区中带有全局性、战略性、前瞻性的重大问题，从不同角度、不同侧面进行深入研讨，省委、省政府多位领导同志在座谈会后形成的专题报告上作了批示。省政协十届十四次常委会议，我邀请省委、省政府建设中原经济区文件起草组的同志们参加，将谋划和建设中原经济区作为专题议政的重中之重，通过大会发言和分组讨论，与起草组进行了“无缝对接”，对建设中原经济区的基本思路、独特优势、战略定位、实现途径等，贡献了许多有针对性的意见建议。主持召开主席会议，研究制定《政协河南省委员会关于为建设中原经济区建言献策的意见》，号召全省各级政协组织、政协各参加单位和广大政协委员积极为建设中原经济区多建睿智之言，多献务实之策。我还向中共中央政治局常委、全国政协主席贾庆林同志汇报，邀请、促成全国政协派出由李金华副主席带队，17位常委、委员等组成的专题考察团于2010年11月8日至11日来豫，就构建中原经济区进行实地考察，听取省委、省政府领导同志汇报，与专家学者座谈，赴郑州市、新乡市调研，以全国政协办公厅文件（〔2010〕99号）的形式，向党中央、国务院报送了《关于将“中原经济区”建设上升为国家战略的调研报告》。

在营造氛围、提升政协形象方面。我按照“突出重点、体现特色、讲求实效”的要求，组织了有计划、有重点、有深度的宣传活动和人民政协理论研讨，提高了政协工作的社会认知度。一是利用各种媒体搞好宣传报道。把宣传工作摆在政协全局工作的重要位置，努力探索和把握新形势下人民政协宣传工作的特点和规律，在搞好政协日常工作宣传的同时加强对重点工作的宣传，在注重利用省内媒体宣传的同时加强在中央新闻媒体上的宣传，在注重运用传统媒体宣传的同时重视在网络上的宣传。2006年4月，我们邀请全国政协办公厅组织的人民日报、新华社、光明日报、中央人民广播电台、中央电视台等18家中央新闻媒体来豫集中采访，对河南进行了多角度、全方位的宣传报道。五年共在省级以上新闻媒体播发政协工作稿件1600多篇（条），宣传了人民政协作出的新贡献和人民政协事业的新发展。二是适时成立人民政协理论研究会。按照全国政协对各省（市、区）和副省级城市政协提出的要求，在中国人民政协理论研究会成立大会暨首次理论研讨会举行之后，于2007年9月成立了河南省人民政协理论研究会，并举行了首次理论研讨会。研究会的成立，对整合全省人民政协理论研究力量、加强我省人民政协理论研究工作起到了积极的推动作用。三是指导办好《河南文史资料》和《协商论坛》。举办了《河南文史资料》出版百辑座谈会，《河南文史资料》连续多年被评为省一级社科期刊，2007年荣获全国优秀文史出版物一等奖。编辑《协商论坛》，为全省各级政协交流工作信息、开展理论研究提供了平台，该杂志也进入了省一级社科期刊方阵。

创新履职载体以服务大局

促成了在河南省政协设立纪检组和委员联络工作室。2010年，我经过深思熟虑，据理力争，促成了河南省政协两个机构的产生。河南省政协党组报请省编委、经省委常委会研究决定，增设了两个副厅级机构：一个是省政协机关纪检组，一个是信访和委员联络工作室。对当年在全国政协系统率先设立这两个机构的超前、创新之举，开始认识并不一致。有一种认识认为，多数政协委员不是中共党员，党的纪检工作只针对中共党员和各级党员领导干部，没必要在政协设纪检组；有的担心，省政协设纪检组可能会对政协的统一战线工作和民主协商的宽松氛围带来影响；还有的认为，从北京到地方，各级政协都没有设纪检组的，我们为什么要设，是不是多此一举？我则坚持认为，党政军民学，东西南北中，党是领导一切的。人民政协是政治组织，必须旗帜鲜明地讲政治，把握坚定正确的政治方向，坚持和加强中国共产党的领导，坚决维护中共中央的权威和集中统一领导，实现党的纪检工作对包括政协组织的全覆盖，决不能留下任何空白，这是从严治党、加强政协系统党的建设的题中应有之义。我们理应做到，哪里有党员哪里就有党的组织，哪里有党的组织就应健全纪检组织。省政协设纪检组织，恰恰是营造良好的政治生态、优化民主协商宽松氛围的需要。而增设委员联络机构则是对委员加强联络、教育、管理和服务的需要。党的十八大以来，党的纪检组织陆续实现了对包括各级人大、政协机关的全覆盖；2013年，十八届三中全会通过的《中共中央关于全面深化改革若干重大问题的决定》明确要求："在政协健全委员联络机构，完善委员联络制度。"至此，对河南省政协当年增设纪检组和委员联络工作室的认识才趋于一致，这一创新举措经受住了实践的检验。

除了八年前，增设了河南省政协纪检组和委员联络工作室这两个工作机构，还在省委的主导、支持下，围绕服务大局，锐意创新履职载体，坚持以主办黄帝故里拜祖大典和河洛文化国际研讨会助力文化建设，以主办豫商大会和实施“5+2经济合作计划”助推经济建设，精心选择活动主题，科学谋划系列活动，取得了实实在在的经济、政治、文化和社会效益。

把轩辕黄帝故里拜祖大典主办成了“海内外敬宗拜祖的时代典范”。从2006年开始，在省委、省政府的主导下，新郑黄帝故里拜祖大典由郑州市主办升格为河南省政协主办、郑州市政府、市政协承办。接着又与中华炎黄文化研究会、中央台办、中国侨联、全国台联等有关方面精诚合作、共同主办，每年在农历三月初三轩辕黄帝的诞辰日、出生地黄帝故里新郑隆重举办拜祖大典，上演了一幕幕被国内外舆论和媒体广泛赞誉的盛世“国典”。作为拜祖大典组委会主任，我力主遵循保持民族性、体现时代性的原则，精心选择活动主题，赋予拜祖大典以深刻的历史意义和特殊的现实意义；遵循重在高规格、重在影响力、重在代表性的原则，力邀重要高层嘉宾出席大典，共拜人文始祖，共话故土乡情；遵循结合年份特点、选择社会热点、关注舆论焦点、打造新亮点、展现闪光点、激发兴奋点的原则，科学谋划系列活动，着力打造拜祖大典的特色品牌；遵循高规格、适规模、大宣传的原则，积极组织众多国内外媒体，多层次、多角度、多形式、全方位宣传报道大典系列活动盛况。经过多年的探索和实践，黄帝故里拜祖大典这一文化盛事喜获丰收、喜结硕果，得到了方方面面的赞誉和首肯，取得了相当可观的经济、政治、文化和社会效益。一是弘扬了中华中原文化。黄帝是中华民族一脉相承的祖根，是华夏文化生生不息的象征，是海内外华人魂牵梦萦的寄托。几千年来，黄帝文化早已融入我们的民族血脉，成为连接所有中华儿女的精神纽带。中华民族万姓同根，万宗同源，“根”与“源”就在黄帝故里。场面宏大、庄严肃穆的恭拜仪式，彰显了人文始祖对营造中华民族向心力、凝聚力的巨大意义，体现了黄帝故里作为中华民族精神家园、祖根圣地的特殊地位，展示了黄帝文化、中原文化撼人心魄的神圣力量；名流云集、名家荟萃的文化论坛等多种形式的系列活动，诠释了黄帝文化的博大精深和中原文明的厚重辉煌，传递了民族文化的向心力、亲和力、创新力、复兴力，加深了港澳台胞和海外华人华侨对中华民族的认同感和归属感。诚如省委书记徐光春同志2008年8月29日在全省文化产业发展和文化体制改革工作会议上的讲话中所说："黄帝故里拜祖大典等一系列大型文化活动，大大提升了中原文化的影响力、传播力和带动力。"在这次会议上，郭庚茂省长也强调："尤其是新郑黄帝故里拜祖大典，举办的时间不长，但已经成为在全国和世界华人中有影响的文化盛事，对于提升河南形象、扩大河南的对外开放、增强中华民族的凝聚力起到了积极作用。"二是助推了文化强省建设。黄帝故里拜祖大典的成功举办，整合了淮阳太昊陵、内黄颛顼帝喾陵、沁阳神农坛、桐柏盘古洞、西平嫘祖故里等省内历史文化资源，展示了黄帝文化、中原文化、河洛文化、客家文化的独特魅力。与拜祖大典主体活动相得益彰、珠联璧合的其他系列活动，宛如一道道异彩纷呈的文化大餐，丰富了我省文化强省建设的内容，拉长了文化产业发展的链条，促进了文化事业繁荣的步伐。2008年6月，黄帝故里拜祖大典被国务院公布为国家级非物质文化遗产，成功实现了由文化符号、文化资源向文化吸引力、文化生产力的华丽转身。三是提升了河南厚重形象。伴随着宣传报道黄帝故里拜祖大典活动的图片、文字、语音、视频的大量传播，河南人民的热情好客、河南山川的锦绣壮美、河南历史的悠久长远、河南发展的巨大变化、河南面貌的日新月异，迅速传遍世界各地、远播五洲四海，参加拜祖大典的众多嘉宾对河南经济社会的迅猛发展赞叹不已。台湾海基会董事长江丙坤参加过黄帝故里拜祖大典返台后致信给我，表示"虽然去过世界很多地方，但河南给我留下的印象最为深刻"。香港凤凰卫视控股有限公司董事局主席刘长乐说："公拜黄帝大典在全世界华人中引起了震动，真是大手笔。河南有本钱来论文化。"世界华人华侨社团联合总会在致河南省委、省政府、省政协的信中，盛赞"黄帝故里拜祖大典是海内外敬宗拜祖的时代典范，是历年以来国内所有拜祖活动中最精彩、最震撼、最成功的世纪经典"。作为一张能够叫得响、应者众、呈送给世界的黄金名片，拜祖大典有力地提高了河南在海内外的知名度、美誉度，帮助世人更多地知晓了河南、认识了河南、欣赏了河南、感悟了河南，为中原大地带来了更大的名气、更足的人气、更浓的商气、更旺的财气。四是倡树了时代良好风尚。作为人文始祖的黄帝，在其肇造中华文明的漫长岁月里表现出的"容、创、持、实、和"黄帝精神，是中华民族精神的重要组成部分，是炎黄子孙弥足珍贵的精神财富。我们通过主办拜祖大典，弘扬黄帝“容”的精神，在以文“塑”形中倡树开放之风；弘扬黄帝“创”的精神，在以文“育”事中倡树创新之风；弘扬黄帝“持”的精神，在以文“励”志中倡树进取之风；弘扬黄帝“实”的精神，在以文“化”人中倡树诚信之风；弘扬黄帝“和”的精神，在以文“润”物中倡树和谐之风。开放、创新、进取、宽容、和谐的时代新风已经在辽阔的中原大地蔚然成风，为经济社会科学发展、跨越发展提供了强大动力。五是促进了经贸合作交流。黄帝故里拜祖大典既是中华文明的弘扬，又是现代信息的融合，更是财富资本的聚汇。每年大典期间，来自海内外的企业界人士在黄帝文化巨大凝聚力的感召下，踊跃考察项目，主动寻求合作，引来了一批又一批投资项目，为河南对外开放和经济发展注入了新的活力。拜祖大典在海内外引发了一波又一波“河南热”“寻根热”，强力拉动了郑州特别是新郑市交通、商贸、餐饮、旅游、通信、娱乐等产业的发展。黄帝故里新郑市，2005年在全国县域经济基本竞争力排名中位列120名之外；近年来，新郑市的县域经济发展质量总体评价连年稳居全省108个县（市）之首，2017年在全国中小城市综合实力百强县（市）和县域经济基本竞争力百强县（市）中的排名分别升至第49位和61位，并首次跻身全国财政收入百强县（市）。六是打造了对台工作新平台。高规格、高品位、高层次的拜祖大典活动，受到了众多台湾政界要人的青睐，在联结海外同胞、加强对台工作、促进统一等方面发挥了重要作用。海基会董事长江丙坤、国民党荣誉主席连战、新党主席郁慕明、亲民党主席宋楚瑜等，先后应邀率团参加黄帝故里拜祖大典。连战先生在参加拜祖大典期间多次讲，“我们都是河洛郎”，“中原是所有中华儿女心灵的故乡”。宋楚瑜先生在拜祖大典上挥毫题写了“河洛原乡追远，黄帝故里归宗”，并表示：“我是祖籍河南，生在湖南，在台湾打工。今后要做河南与台湾交流合作的志愿者，为两岸开放双赢贡献力量。”2008年，中国和平统一促进会海外会长会议破例在首都以外的郑州召开，为的就是与会者参加当年的黄帝故里拜祖大典，会上发表了题为“把握主题、抓住机遇，共同推动两岸关系和平发展”的《郑州宣言》。2008年6月21日，省委书记徐光春同志在戊子年黄帝故里拜祖大典工作总结上批示：“‘黄帝故里拜祖大典’这一文化品牌，经过多年的努力，特别是三年的实践，已成功地打造出来了，取得了丰硕的成果，为世人所瞩目，为社会所公认，为中原所泽被。要进一步固化、亮化、强化这一文化品牌，更好地造福中华，造福中原。”2009年2月17日，省长郭庚茂同志说：“我非常欣赏、非常赞成由省政协主办黄帝故里拜祖大典，这样更能充分发挥省政协位置超脱、包容性强、智力密集、联系面广的优势，最大限度地将全球华人华侨凝聚起来、团结起来，共同为中原崛起、中华振兴贡献力量。”2009年4月21日，中共中央政治局常委、全国政协主席贾庆林同志在视察省政协机关时，对黄帝故里拜祖大典在促进台湾人民增强文化认同感、推动两岸关系和平发展中的重要作用赞誉有加。拜祭轩辕黄帝决不是心血来潮，也不是权宜之计，而是中华民族“史有明载、地有确迹、代有传说、世所认同”的传统大典。春秋时代的历史典籍中，就有三月三登新郑具茨山（俗称“始祖山”）朝拜黄帝的记载。唐代以后，拜祖活动渐成规制，盛世由官方主拜，乱世由民间自办，年复一年，绵延至今，在亲睦九族、和合万邦、消弭战祸、强我中华方面，发挥了不可替代的认知作用、凝聚作用、引领作用、推动作用和支撑作用。既然是在黄帝的诞生地、创业地、建都地纪念黄帝的诞辰和中华各大部落的会盟日，拜祖大典自然就应该像陕西黄陵县每年清明节都要扫墓祭祖那样，每逢农历三月初三都要朝拜，传承“三月三，拜轩辕”“拜祖到新郑，祭祖到黄陵”的规制，产生拜祭互补、遥相呼应、相得益彰、相映生辉的倍增效应。

通过主办一年一度的豫商大会，在省外、境外、海外豫商与家乡之间构筑了资金、技术、人才、信息对接的平台。省政协加大团结联络各地豫商的力度，自2006年起，每年由省政协主办，由省辖市、省商务厅、省工商联、省侨联共同承办一次豫商大会，并策划实施“5+2”经济合作计划，组织开展十大豫商风云人物评选活动，编写出版了豫商历史文化研究系列丛书，促进了新豫商群体的发展壮大，为异地豫商反哺家乡铺设了桥梁。在第二届豫商大会开幕式上，省委书记徐光春同志提出，豫商大会在团结豫商、发展豫商方面发挥了重要作用，但这还不够；应该成立一个河南省豫商联合会，通过这个组织更好地联系豫商、服务豫商、发展豫商，更好地为大家服务。会下，还就豫商联合会的性质、职能、构架、会长人选、依托单位等，与我和省政协副主席陈义初、张玉麟等同志交换意见。之后，省政协就着手筹备，向省民政厅打了报告，当时拟定的名称叫“河南省豫商促进会”，后来确定为“豫商联合会”，从“促进会”到“联合会”，尽管只有两字之差，却是质的飞跃。豫商联合会的成立，顺应了河南经济社会发展的大趋势，满足了广大豫商的共同心愿，得到了各地河南商会的热烈响应、广泛赞誉和踊跃参与。一年一度的豫商大会，以其巨大的感召力和向心力，促进了豫商团结，凝聚了豫商力量，强化了豫商的群体意识，浓化了豫商的归属情结。2006年在郑州举办的第一届豫商大会举起了豫商的大旗；2006年宣告了新豫商的正式建构，使豫商跻身于中国商帮之林；第二、第三届豫商大会将豫商的大旗越举越高，唤起了豫商意识的觉醒，彰显了豫商力量的壮大，宣示了当代豫商的崛起；第四、五届豫商大会主旨更加明确，组织更加精细，整体上出现了新的提升。随着豫商队伍的不断壮大和各地豫商商会的渐次成立，豫商大会的规模一届比一届扩大，内容一届比一届充实，影响一届比一届广泛，成果一届比一届丰硕。特别是豫商联合会的应运而生，打造了海内外豫商组织之间联络交往的重要纽带和载体，使得各地豫商与省内企业之间往来更加频繁，关系更加密切，合作更加深入。高度的组织性、强大的吸引力，已经成为新豫商区别于兄弟商帮的一个显著特征。一年一度的豫商大会，宣传了广大豫商在社会主义市场经济大潮中摸爬滚打、艰苦创业、顽强拼搏、奋勇争先的感人事迹，展示了广大豫商坚韧不拔、吃苦耐劳、诚实守信、灵活机敏的优秀品格，树立了广大豫商热爱家乡、增辉中原、回馈桑梓、反哺社会的良好形象，诠释了广大豫商草根成长、信用为本、传承有脉、行商无疆的文化内涵。一年一度的豫商大会，以市场为导向，以亲情为纽带，以活动为载体，以项目为支撑，通过商机互动，为中原大地带来了更大的名气、更足的人气、更浓的商气、更旺的财气，在省内外、海内外豫商与家乡之间构筑了资金、技术、人才、信息对接的平台。论参会人员的数量，第一届参会豫商600多人，第二届参会豫商800多人，第三届参会豫商突破1000人，第四届参会豫商1200人，第五届达1500人；论参会代表的分布，第一届大多是河南本地人，第二届基本上是国内各地豫商，第三届以来不仅有国内豫商，还有海外豫商，不仅有企业家，还有科技界、教育界、文化界等方面的人士，参会代表分布的范围越来越广、领域越来越宽；论参会团队的规模，第一届豫商大会只有14个商会参加，规模最大的商会也不过二三十人，参加第五届豫商大会的境内河南商会57个，境外河南商会8个，省内各市均派代表团参会，商会和团队的数量越来越多、规模越来越大；论签约的项目和金额，第一届豫商大会签约项目46个，累计金额48亿元，而第五届大会仅开封一市就签约项目71个，合同金额205亿元。一年一度的豫商大会，与时俱进，务实创新，注重解决现实问题，着力追求发展实效，已经成为备受全省人民关注的一大盛事，成为国内外商帮竞相效仿的一大亮点。第四届豫商大会除了常规的论坛和考察，针对现实发展需要，适时推出旨在解决大学生就业难的“彩虹行动”和帮助解决中小企业贷款难的“彩桥行动”，受到了社会各界的好评。第五届大会确定的“豫商聚开封，合作求共赢”的主题，举办的一系列高层论坛，安排的项目洽谈、签约仪式、豫商会长座谈会等活动，内容益发丰富，形式益发灵活。2006年发端于浙江杭州的中国商帮峰会，前几年仅在杭州和苏州举行过，2010年能够花落郑州，与豫商群体的影响日隆和豫商大会的声名鹊起密不可分。以往参与豫商大会宣传报道的新闻媒体主要限于省内，后来则吸引了国内外的众多媒体，显示了豫商大会的魅力所在。

把河洛文化国际研讨会办成了“连结世界华人、海峡两岸的纽带”。2006年，在全国政协的指导下，由河南省政协与全国政协港澳台侨委员会共同发起，在诞生多年的河南河洛文化研究会的基础上，经民政部和文化部批准，正式挂牌成立了中国河洛文化研究会。2006年2月27日，中国河洛文化研究会成立大会在河南驻京办事处的北京河南大厦召开，全国政协张思卿、罗豪才、陈奎元、张克辉四位副主席出席大会，并都在会上作了即席讲话。会后组织编写出版了《河图洛书探秘》《中原移民简史》《河洛文化与汉民族》等专著。当年4月，在河南洛阳举办了第五届河洛文化国际研讨会暨2006年汉民族研究国际学术讨论会，来自全国26个省市自治区和港澳台地区以及美国、澳大利亚等国家的专家学者400多人与会。会议从不同角度和不同层面对河洛文化的精义、实质和历史地位，对中华民族在海外的发展和中华文化在海外的传播等重大问题进行研究探讨。在此基础上形成的、带有白皮书性质的《河洛文化：连结海峡两岸的纽带》长篇研究报告，在《光明日报》上发表。之后，经全国政协副主席罗豪才和港澳台侨委员会协调，这几届的河洛文化国际研讨会都由全国政协港澳台侨委员会牵头，分别由福建、广东、江西、河南等省市政协和台湾社团轮流承办。河洛文化研究对增强中华民族的凝聚力，反对和遏制“台独”分裂势力，推进祖国统一大业，产生了重要影响。全国政协主席贾庆林、俞正声同志在历年的常委会工作报告中，都对河洛文化国际研讨会给予了高度的评价和充分的肯定。

两次全体会议大会发言和三篇人民日报发文

我卸任河南省政协主席后，转任全国政协教科文卫体委员会副主任。按照全国政协党组的要求，我努力摒弃歇歇脚、松口气的思维，仍一如既往地以身在“一线”的姿态，认真学习和忠实践行习近平新时代中国特色社会主义思想，积极参加全国政协及专委会组织的调研、考察、视察、专题议政、双周协商座谈会等系列活动，尽己所能毫不懈怠地履职尽责。我想以在全国政协十二届二次、四次会议上的两次大会发言和在《人民日报》的三次发文为线索，加以叙说。

能被选中在一年一度的全国“两会”期间在人民大会堂作大会口头发言，委实不易；大会发言要覆盖到各民主党派、工商联、各专委会、各界别的代表，个人发言被选中的概率之低可想而知。我在全国政协十二届二次会议上的发言，是从委员们提交的发言中层层筛选出来的，题目是《诚信建设八议》，我开篇就讲“人无信不立，家无信不和，友无信不久，企无信不旺，法无信不威，政无信不治，国无信不稳，世无信不安”！接着提出了诚信建设需要多角度着手、全方位推进的八条建议：一、抓住诚信建设的“牛鼻子”，治理政务失信“源头污染”；二、依靠制度规约和市场主体遏制商业失信蔓延；三、构建诉讼诚信体系，提升司法公信力；四、让诚实守信的精神丰碑巍然屹立，让诚信的正能量喷发涌流；五、运用诚信教育的黄金期，提升青少年的诚信水平；六、对诚信蛀虫——“灰色中介”应严厉打击；七、积极借鉴国际诚信建设的成熟经验；八、诚信体系信息安全防范不容忽视。发言引发了强烈的共鸣，赢得了热烈的掌声。

人贵有自知之明。在人民大会堂作了这一次大会口头发言后，接下来的几年，我就没再向大会提交口头和书面发言，只准备了在分组会的发言提纲。2016年2月底，全国政协十二届四次会议开幕前夕，突然接到全国政协大会发言组负责同志电话，让我以全面从严治党为题在大会上作口头发言。因为时间紧迫，我生怕讲不好，胜任不了这个任务，就提出能否多找几位委员作大会发言准备？大会发言组负责人说："实话告诉您，让您作这一发言，是全国政协主要领导同志点的将，相信您一定能不辱使命、不负重托，高质量地完成任务。"于是，我就在去北京报到的火车上抓紧起草，到京后又根据大会发言组的意见反复修改，形成了《为全面从严治党鼓与呼》的大会发言稿，于3月12日下午在人民大会堂第一个发了言。第二天，全国各大媒体均作了报道，《中国纪检监察报》更是在3月13日头版，以记者特写的形式进行了详尽的报道：

"为全面从严治党鼓与呼"

□本报记者　王珍

"我们看到，作为作风建设的先手棋，八项规定已经成为改变中国政治生态和社会面貌的标志性话语……"

"我们看到，全党对照榜样查找差距，见贤思齐蔚然成风，党内的思想之尘、作风之弊、行为之垢得到了一次大排查、大检修、大扫除……"

"我们看到，全党聚焦问题，立行立改，以修身、律己、用权，实实在在谋事、创业、做人……"

"我们看到，铁腕反腐蹄疾步稳，'打虎'、'拍蝇'、'猎狐'无例外、无死角、无空当……"

"我们看到，用制度治党、管权、治吏打出了'组合拳'……"

3月12日下午，北京，人民大会堂，全国政协十二届四次会议第四次全体会议正在这里举行，15名委员作大会发言。首位走上发言席的全国政协委员、全国政协教科文卫体委员会副主任王全书的发言，一下子吸引了委员们的注意，他的发言题目是"为全面从严治党鼓与呼"。

的确，党的十八大以来，党中央站在前所未有的历史高度，以巨大的政治勇气和责任担当，从转变作风入手，通过铁腕反腐发力，用制度作保障，全面从严治党取得了丰硕的实践成果、理论成果和制度成果，成为新一届中央领导集体治国理政最鲜明的特征、最夺目的亮点。

“人民的感受和评价最有说服力。”王全书有些激动，他说，“全面从严治党，使中华大地发生了全面系统、影响深远的巨大变化，党心凝聚了，军心稳定了，民心收拢了，党风政风和社会风气焕然一新，党的执政地位更加巩固，人民群众有了更多的获得感，民族凝聚力和自豪感大为增强，也赢得了国际社会的尊重和认同。”

一些委员频频点头，对此表示赞同。

但全面从严治党永远在路上，“赶考”还在继续。

“要强化看齐意识，经常、主动向以习近平同志为总书记的党中央看齐，向党的理论和路线方针政策看齐，牢牢把握全面从严治党的新内涵，认真落实管党治党的新要求，廓清存在的错误认识。”王全书建议，要扭住“四风”不放，对改头换面、隐形变异的“四风”新动向、新表现，要深挖细查，及时纠治；要坚持纪律约束与思想教育结合、执纪惩戒与细化责任并重、传导压力与激发动力同步，破解无担当、不作为问题；还要推进全面从严治党向基层延伸，通过开展基层突出问题专项整治，有效管住“小微权力”，筑牢基层堡垒。

“雄关漫道真如铁，而今迈步从头越。”王全书对未来充满信心，“有以习近平同志为总书记的党中央掌舵领航，有中国共产党和广大统一战线成员合力划桨，全国上下拧成一股绳，我们的党大有希望！我们的国家大有希望！我们的民族大有希望！”

话音刚落，会场响起热烈掌声。

2014年到2015年，全国政协教科文卫体委员会、文史和学习委员会就我国城镇化进程中传统文化的保护与传承问题，组团赴各地进行了深入的调研。在调研中，除了随时随地发表意见和在座谈会上发言外，我还在《人民日报》发表了两篇文章：一篇是载于2014年7月14日《人民日报》的《在城镇化进程中保护和传承好传统文化》，先是列举、分析了我国城镇化过程中传统文化保护与传承方面存在的问题，诸如：保护与传承意识亟待加强、“建设性”破坏不断蔓延、保护与传承路径不够畅通、相关立法欠缺滞后等；接着从四个方面提出了相应的对策，包括留住乡愁的理念应牢固确定、保护与传承的举措应更加有力、社会参与的程度应广泛深入、法律法规的制定应加快跟进等。《求是》杂志2014年第15期“百家言”对文章要点作了转载。另一篇是载于2015年4月21日《人民日报》理论版头题“人民要论”的长文《中国建筑要有文化自信》，在列举了我国城市建筑存在的崇洋、求怪、趋同、贪大、逐奢等五大乱象后，论证了颇具针对性的四条建议，包括构建中国特色建筑文化、让城市建筑规划设计回归理性、大力提升建筑设计师的文化素养、坚决摒弃“长官意志”和“瞎指挥”等。中央宣传部《学习活页文选》(2015年4月24日出版)和《红旗文摘》《党的生活》等全国众多刊物予以转载。

这些年，我对生态文明建设特别是农村环境保护问题持续关注，按照全国政协的安排部署，对农村的环保问题作了一些考察调研，形成了几个调研报告。一个是在2013年6月召开的全国政协十二届常委会第二次会议上的发言，题目是《踩住污染“刹车”建设生态乡村》，载于2013年6月16日《人民日报》。调研报告由三部分组成：第一部分列举“严峻的挑战”——化肥农药超施滥用、白色污染愈演愈烈、生活垃圾乱排乱放、过密养殖隐患重重；第二部分剖析“深层的原因”——农村环保意识薄弱、农业生产方式粗放、环保责任主体缺位、政策法规标准待立等；第三部分提出“整治的对策”——强化政府主导责任、凝聚生态乡村共识、健全农村环保法规、综合治理面源污染、发展循环生态农业、推进绿色示范创建等。我在文章的结尾呼吁：“让我们把关注的目光投向希望的田野，通过切实有效的综合整治，踩住农村污染的‘刹车’，严守生态红线，还乡村一片美丽的净土，把我国农村建设得更加洁净、更加和谐、更加秀美！”四年以后，在2017年6月召开的全国政协十二届常委会第二十一次会议上，我又根据多年的持续追踪调研所得，作了题为《让美丽乡村与发展同行》的发言。在查摆了内生污染威胁加重、城市污染向农村转移的趋势未减、环境监管存在盲区、一些地方对农村污染的重视程度依然不够等存在的突出问题后，顺理成章地提出了让美丽乡村建设与发展同行，宜在以下几个方面发力的建议：一是责任主体应明确划分，二是投入渠道应大幅拓宽，三是发展方式应加快转变。2017年7月10日的《人民政协报》第1版转第2版对这一发言作了详尽的报道。

与河南豫剧院三团的不解之缘

参与“修改”《朝阳沟》

我与河南豫剧院三团的缘分，起于20世纪70年代初参加“修改”《朝阳沟》。

现代豫剧《朝阳沟》是著名剧作家杨兰春先生的扛鼎之作、代表杰作。当时，上边突然要求河南组织班子对《朝阳沟》进行修改，要在地方戏中搞一个“样板戏”，省委也郑重其事地成立了有老、中、青参加的修改小组，成员除了杨兰春先生，还有著名作家张一弓、段荃法，剧作家董新民、李殿臣，著名导演许欣、陈新理，著名音乐家王基笑、姜宏轩、梁思晖等同志，我正在解放军农场接受“再教育”、大学毕业待分配，也作为“青”的代表，滥竽充数地参加了。

实际上，经过十多年的打磨锤炼，《朝阳沟》在思想性、艺术性上都臻于完美，已经达到了非常高的境界，长春电影制片厂于1963年将其搬上了银幕，已很难再作什么大的修改了。上边说，剧中的女主角银环是“中间人物”，男主角拴保的形象不够高大，要将他拔高，把他塑造成完美无缺的英雄人物。没办法，大家只好集中在省委南院的一套单元房里端正思想，肃清所谓“文艺黑线流毒”，苦思冥想，硬着头皮“修改”。杨兰春先生反复对大家讲，我已经是江郎才尽了，头脑也僵化退化了，实在难担此修改重任，就靠各位八仙过海、点石成金了！

当时还拟定了大改、小改、重写三种方案，拉出了三种本子，都作了排演，也都没有过关。折腾来折腾去，连改了好多稿，都被一一否定。我记得，改动的主要地方有：把拴保改为第一主角，将银环由主角改为配角；大幅度增加了男一号人物拴保的唱段；对银环“上山”“下山”等唱段作了一些改动，如将“走一道岭来翻一架山”一段由原来的主要由银环独唱、拴保伴舞改为两人对唱。为了显示出是“大改”，索性连剧中主人公银环、拴保的名字也改了：银环一度改成了“王耘环”，取立志扎根农村耕耘务农之意；拴保的名字则“封建迷信意识太浓”，被改成了“高山宝”，意即高山深沟里的宝贝后生；在伴奏中增加了管弦乐，对人物的唱腔特别是男声唱腔也作了修改。每改出一稿，向上汇报时，大都是由杨兰春先生主讲。别看他瘦骨嶙峋、心事重重，但讲起剧本来却如数家珍，底气十足。只见他边讲解边比画，做了很多活灵活现的夸张动作，偌大的会议室俨然成了一个临时的大舞台。参加修改本汇报演出的，除了三团的老艺术家们，还新增了一些年轻演员担纲主角，如饰演银环的就有左其伟，饰演拴保的就有韩玉生、修正宇，饰演拴保妈的有卢兰香，饰演二大娘的有袁秀荣等。

后来动员全省各地市都组成创作组进行大兵团作战式的“修改”，我就没有再参加了。这场“修改”注定不会有什么结果，等待它的只能是无疾而终。

和魏云同团访问东欧

20世纪70年代末，中央组织了一个以河南各界代表为主体的中国友好代表团访问东欧，我有幸参加了这次出访。同团出访的有全国劳模、红旗渠铁姑娘队队长，也有文艺界的代表、《朝阳沟》第一女主角银环的饰演者、河南省豫剧三团的老艺术家魏云同志。

多亏了代表团中有魏云这样一位豫剧表演艺术家！东欧人能歌善舞，一路上都洋溢着欢歌笑语。每每鼓掌欢迎中国友好代表团出节目时，几乎都是魏云同志出场，用圆润悦耳的豫剧《朝阳沟》唱段赢得东道主们的一阵阵喝彩叫好，经常是连唱几段才能收场。有时候，魏云同志唱到高兴处，还拉我为她伴奏。其实，所谓的“伴奏”，就是凑合着用嘴拉弦、用嘴打锣鼓家伙而已。为了活跃气氛，为了热场，我只好勉为其难地随喜助兴。

到了罗马尼亚，我国驻罗大使李庭荃和夫人是河南人，在官邸招待代表团一行时，他们不但要听魏云同志唱，还要看她走台步表演。魏云同志演唱了一段又一段，李大使夫妇及使馆工作人员久久不让大家离开。李大使动情地说："万万没有想到，在异国他乡能欣赏到家乡顶尖艺术家这么精彩绝伦的表演，听到这么字正腔圆的豫剧乡音！非常感谢来自家乡的父老乡亲，你们不愧为中国人民的友好使者！"

有一次，代表团正在一个使馆进餐，从操作间走出来两位中国厨师，自报家门说："俺俩都是河南人，都是中国厨师之乡长垣人，怎么也没想到'银环'能来这儿赏光！俺给老乡们做家乡拿手好菜，您可要让俺过一把家乡戏瘾啊！"其中一个小伙子还毛遂自荐，硬是与魏云同志合唱了一段《朝阳沟》"上山"选段。魏云同志没有一点儿艺术家的架子，尽管这位年轻厨师唱得荒腔走板，她还是一丝不苟地合唱到底，给使馆的同志们带来了无限欢乐，用她精湛的豫剧艺术把中国人民的友谊播洒到了欧洲大地。

受命组织打造《村官李天成》

2000年夏，全国农村党建工作座谈会在河南召开。河南省濮阳市西辛庄村党支部书记李连成同志的发言，引起了主持会议的曾庆红同志的浓厚兴趣。他对时任河南省委书记马忠臣同志和我说："豫剧在广大群众中很有基础，要是以西辛庄和李连成的事迹为素材和原型，搞成一台豫剧现代戏，一定会受群众欢迎！这个任务就交给全书同志了。两年时间可以搞出来吧？搞出来我们一定看！"

中央领导同志这么重视，又点名下达任务，我当然不敢懈怠。会后，我就召集濮阳市、省委组织部、省委宣传部、省文化厅的同志们商量落实。濮阳市闻风而动，市长、市委副书记杨盛道同志组织人员很快拿出了剧本，由市豫剧团进行了彩排，作出了难能可贵的大胆尝试。万事开头难。由于受真人真事的局限，无形中束缚了创作人员的想象力和创造力，初始的这一台戏有点儿像李连成的事迹堆砌，缺乏打动人、感染人的魅力。经过省、市共同研究，我当机立断，《村官李天成》的创作演出要贯穿改革创新精神，实行剧组制，由创演现代戏得心应手的省豫剧三团和濮阳市豫剧团联合创作、排演。其间，还干脆把濮阳市豫剧团团长、一号主人公李天成的饰演者贾文龙同志调到了省豫剧三团。

我和剧组的同志们形成的共识是：大胆打破真人真事的局限，准确把握时代特点，严格遵循艺术规律，从当代农村生活中汲取灵感，从河南乃至全国众多带领群众脱贫致富奔小康的农村基层带头人身上提炼素材。由著名剧作家姚金成主笔，创作出了《村》剧的脚本，并于2001年11月彩排。省几大班子领导和老同志们都满腔热忱地为《村》剧把脉，提出了许多修改意见和建议。我和主创人员反复讨论修改剧本，明确了博采众长、修改提高的基调和方向，戏剧界也多次举行论证研讨、会诊开方，终于使《村》剧化茧成蝶，情节和人物都有了质的突破。

2002年5月19日，我和省委组织部、省委宣传部、省文化厅、省文联的同志们一起到三团排练厅看彩排。大家都被《村》剧鲜活的人物形象、浓郁的乡土气息、醉人的豫剧声腔深深打动了，排练厅内掌声阵阵。看了演出后，我发言的结语是这样讲的："这一轮编排演出，源于原型又脱胎于原型，源于生活又高于生活。戏已经站住，可以给全省人民演，向全省人民交代；也可以进京演，向中央领导交代！"5月23日晚，省委、省政府主要领导和省几大班子领导集体观看了《村》剧。

当年9月，《村官李天成》应邀赴京演出。我和陈全国、孔玉芳等同志陪同曾庆红、刘云山等中央领导同志观看了演出。庆红同志称赞说："这个戏编得好，演得好，感人至深，催人泪下。许多唱词很有深意和新意，不愧为当代的《朝阳沟》！"中宣部部长刘云山同志说："这部戏是近年来少有的精品之一。它有两个特点，一是思想性、艺术性、观赏性的高度统一；二是传统形式、时代特征、创新精神的高度统一。震撼人心，催人泪下。一定可以搞成21世纪的《朝阳沟》。"2004年初，《村》剧入选2003—2004年度国家舞台艺术精品工程初选剧目。5月，《村》剧应邀参加北京国际演出季活动。5月16日晚，在长安大戏院，我陪同中央政治局常委李长春、文化部部长孙家正、中宣部副部长李从军、中国文联党组书记和北京市委领导等观看了演出。经过一年多的演出和加工，演员们对人物的理解、把握更加深刻，表演更加自如，唱腔更加收放有度，一些喜剧性的人物和情节、语言，也出现了许多出人意料的效果。剧场气氛异常热烈，笑声掌声此起彼伏。李长春等同志非常兴奋，上台一一接见演员后，又专门安排在休息室与剧组主创人员座谈了一个多小时。他说："这个戏剧本写得好，演员演得好！它把改革开放中多个农村先进集体、先进人物的事迹进行了艺术的提炼概括，在各种矛盾冲突中刻画人物，既表现了前进中的问题和困难，更表现出了战胜困难的精神和过程，人物形象生动、性格鲜明，唱词含义深刻，很好地体现了党在'三农'问题上的方针政策，展示了中原农村在改革开放中前进的生活画卷，是一部把思想性、艺术性、观赏性紧密融为一体的精品力作，是贴近实际、贴近生活、贴近群众的一个典范。"他说："这个戏要多到基层演出，这比派几个中央讲师团都管用！你们要努力多为群众演出！要演遍大江南北！"还几次特别说道："这个戏的唱腔特别好听！唱词写得也好！尤其是男声唱腔给我印象特别深，非常有激情，也非常优美动听。你们要申报全国'五个一工程'奖，我先在这里预投一票！"还要求中央宣传、文化部门的同志们都来看看这个戏，新闻媒体也要组织好对这个戏的宣传和评论。5月17日，国务委员陈至立、国家新闻出版总署署长石宗源等同志观看了《村》剧，对《村》剧都给予了高度评价和热情鼓励。全国几十家主流媒体争相报道，好评如潮。中央电视台《新闻联播》和《晚间新闻》播发了对编剧姚金成的采访。

2004年11月，《村》剧应第六届上海国际艺术节组委会之邀，赴上海连演3场，观众踊跃，反响强烈。2005年春，上海市委宣传部再次邀请《村官李天成》赴上海参加"保持共产党员先进性教育活动·浩然正气映天地"优秀舞台剧目展演，从3月18日至4月6日，《村》剧连演21场，场场爆满，在上海掀起了一股"《村官》旋风"。上海市委常委、浦东区区委书记杜家豪对记者说："这是一场十分精彩的演出，我在农村工作了8年，真切体会到村干部的'难'，该剧真实生动地反映了'三农'问题，反映了百姓的心声，感谢河南省豫剧三团为我们送来了这么好的戏，这么好的新版《朝阳沟》！"为了满足上海观众的要求，上海市委宣传部和市文广局又在艺海剧院举行了"豫剧现代戏精品剧目展演"，先后演出了《村官李天成》《朝阳沟》《香魂女》三台大戏。一时间，河南现代戏成为新闻媒体关注的焦点和戏剧界专家、观众们议论的热门话题。上海戏剧文化界为此举行了两次高层理论研讨会，《解放日报》、《文汇报》、东方电视台等主流媒体连续重点报道。文化界权威人士评价：以《村官李天成》为代表的豫剧现代戏"为新世纪河南文化赢得了地位和尊严”“是中原文化崛起的先锋”“开创了豫剧演出史上的新篇章”。《村》剧还先后被北京、河南、河北、山西、陕西等地剧团和基层剧团移植搬演，成为新时期以来豫剧现代戏被兄弟省市剧团成功移植搬演最多的剧目。仅河南省豫剧三团男女主角登台献艺的演出已超过800场；加上兄弟省市、其他剧种、基层剧团的移植搬演，则早已数以千场。它五进北京，两进上海，演到了广东、海南、山东、山西、河北、陕西等地，不少唱段已成为流行唱段和观众耳熟能详的口头语。

2005年11月，我们又把《村》剧搬上银幕，由河南电影制片厂将其拍摄成戏曲电影在城乡放映。2007年，《村》剧和戏曲电影《村官李天成》双双荣获中宣部全国“五个一工程”奖，戏曲电影同时荣获广电部中国电影华表奖。《村》剧还获得了第十七届田汉戏剧奖剧本一等奖、第一届黄河戏剧节大奖、河南省政府第三届文学艺术成果大奖等奖项。2010年5月，经过进一步加工提高的《村》剧在第九届中国艺术节演出，引起广大观众和戏剧界高度关注，一举夺得文华剧目奖、文华剧作奖、文华表演奖、文华导演奖、文华音乐奖等诸多奖项。饰演男主角李天成的贾文龙获第20届中国戏剧梅花奖，饰演女主角的汪荃珍为中国戏剧梅花奖和白玉兰奖的双料得主，贾文龙和饰演三娃的陈利民还分别获上海白玉兰戏剧表演奖。

常言说：“十年磨一戏”，“十年辛苦不寻常”。2012年4月26日，中国戏剧家协会、河南省委宣传部、省文化厅、省文联、中华豫剧文化促进会联合举办了一次高规格的“大型豫剧《村官李天成》演出800场座谈会”。全国著名的戏剧评论家、剧作家们聚集一堂，议论风生。大家认为，这个剧目可以说是当代一部当之无愧的舞台艺术精品。它成为主要创作人员的代表作，成为河南省豫剧三团的代表作，成为河南省进入21世纪以来最优秀的代表作之一，也是进入21世纪以来中国戏曲和现代戏的代表作之一。这部戏颠覆了“英模戏”的传统创作模式，语言、唱词堪比《朝阳沟》，说这是豫剧的第二个《朝阳沟》并不为过。《村》剧可以说是当代、现代题材和现代戏曲创作的一个制高点，在中国当代戏曲演出史上，创造了一个奇迹。大家认为，豫剧《村官李天成》创作演出的成功，是河南戏剧界在党中央、国务院的亲切关怀支持和省委、省政府以及宣传、文化部门直接组织领导下的一次集体拼搏。它的成功，得益于广大农村在现代化进程中的历史性突破和基层广大党员干部的感人业绩，为创作提供了丰富的素材、澎湃的激情和跃动的灵感；得益于中央和省委的高度关爱呵护和鞭策鼓励，陈奎元、李克强、徐光春、卢展工、郭庚茂五任省委书记都不约而同地反复号召全省各级党员干部都来学唱《村》剧的核心唱段“吃亏歌”；得益于全省、全国戏剧界专家、同行的指点厚爱，新闻界朋友们的宣传推介。它追随着中国崛起的步伐，传递了“华夏历史文明传承创新区”的脉动。

为《焦裕禄》试写唱段“百姓歌”

2012年，河南豫剧院三团又创排推出了两台大型现代豫剧《焦裕禄》和《刘青霞》。其中的《焦》剧和省话剧院的《红旗渠》、省豫剧二团的《苏武牧羊》一道被文化部选为向党的十八大献礼剧目，准备赴京参加“2012年全国优秀剧目展演”。大家看过《焦》剧后，在总体肯定的同时，又觉得该剧缺少《村官李天成》中“吃亏歌”那样令人荡气回肠的核心唱段，主题歌“百姓歌”阐释升华不太到位。省文化厅厅长杨丽萍、三团团长汪荃珍和书记贾文龙等同志找我帮助修改。我不揣浅陋，试写了“百姓歌”唱词供他们参考，并与编剧姚金成同志交换了意见。

在修改过程中，我一度甚至将南阳内乡县衙的一副对联也作为道白用上了：

焦裕禄：（道白）

有道是

得一官不荣，失一官不辱，勿说一官无用，

地方全靠一官；

吃百姓之饭，穿百姓之衣，莫道百姓可欺，

自己也是百姓。

其中有一稿的唱词草稿是这样的：

焦裕禄：（唱）

百姓是父母，

我们是晚辈；

百姓是老师，

我们是学生；
百姓是主人，
我们是仆从；
百姓是英雄，
我们是小兵。
心中装着老百姓，
才能与他们
同呼吸、共命运、
心相连、息相通，
给百姓办实事，
向百姓学本领，
为百姓谋利益，
与百姓结深情。
心中装着老百姓，
才能把得住底线，
稳得住心神，
守得住清白，
管得住行动。
心中装着老百姓，
才能相信百姓、依靠百姓、宣传百姓、
组织百姓、动员百姓、服务百姓，
当好百姓的领头雁，
风雨无阻万里行。
心中装着老百姓，
才能鞠躬尽瘁、死而后已，
殚精竭虑、为民理政，
让百姓认同、实践认同、历史认同，
报答百姓这比天大、比地厚、
比山高、比海深的未了情！

谋划为《念奴娇·追思焦裕禄》谱唱豫剧戏歌

2009年到2014年，习近平同志连续三次莅临兰考，踏访焦裕禄足迹，瞻仰焦裕禄陵墓，参观焦裕禄纪念馆，深情回忆他少年时期学习焦裕禄事迹的感受，重新吟咏他早年填写的《念奴娇·追思焦裕禄》词章，高度凝练概括焦裕禄精神，并就学习焦裕禄同志向全党发出号召，在全国上下掀起了弘扬焦裕禄精神的热潮，其意义之重大、影响之深远，非同凡响。

1990年7月8日，当年写长篇通讯《县委书记的榜样——焦裕禄》的新华社老社长穆青、总编辑冯健、名记者周原，又在《人民日报》头版发表了《人民呼唤焦裕禄》长文。时任中共福州市委书记的习近平同志，披阅此文，思绪如潮。习近平同志深谙民情国情，最了解中华民族当代最需要振作包括焦裕禄精神在内的伟大民族精神。民族精神乃国之神器，须臾不可坍塌。7月15日深夜，他浮想联翩，夜不能寐，怀着强烈的家国意识和炽热的人文情怀，写下了《念奴娇·追思焦裕禄》这首气象万千的不朽华章，次日在《福州晚报》头版发表。

2009年3月31日至4月3日，习近平同志视察河南，直奔兰考，凭吊缅怀焦裕禄，还亲手栽下一棵“焦桐”，首次提到他在福州任上写下《念奴娇·追思焦裕禄》的情景。

2014年，作为中共中央总书记的习近平同志，将河南省兰考县定为第二批群众路线教育实践活动的联系点。3月17日，在兰考县委老办公室举行的县委常委扩大会议上，他睹物思人，又一次情不自禁地回忆起创作《念奴娇·追思焦裕禄》的往事。他深有感触地说：“我是有感而发，直抒胸臆。”的确，就思想内涵和艺术底蕴而言，《念奴娇·追思焦裕禄》这首词，可以用“以情胜、以意胜、以气胜”来概括。情——激情澎湃，发自肺腑。作者通过与焦裕禄的灵魂对话，以革命浪漫主义的表现手法，时空交替转换，酣畅淋漓地表达了对祖国前途、民族命运的深切关怀与思考，极为真挚感人；意——意气风发，英雄意气。作者思接千古、目极八荒，立意全在国家、民族和党，和盘托出共产党人忧国忧民的博大胸怀，可谓静影沉璧、浮光跃金，这是一般诗人不能企及的；气——浩然正气，气贯长虹。在20世纪90年代初发追思焦裕禄之幽情，可谓振聋发聩，一腔高瞻远瞩、气壮山河的浩然正气喷涌而出。20多年过去了，今天重读这篇恢宏辞章，仍然如沐春风，沁人心脾，丝毫没有因岁月的流逝而消磨其思想锋芒和艺术感染力，反而因时光的磨洗和积淀，更增添了一份璀璨的光华和凝重的分量。这正是这篇词作的强大生命力之所在。

焦裕禄同志光辉的榜样力量是无穷的，习近平总书记崇高的人格魅力是无尽的。《念奴娇·追思焦裕禄》是新一代中国共产党人向老一辈奉献者的礼拜致敬和深情赞颂，是继往开来者与披荆斩棘人的心灵感应和志向沟通，更是时代驭手面对漫漫征途的精神标高与终极追求。词章高度浓缩了习近平同志治国理政的理想信念和执政为民的责任担当，理应成为当代造就千百万焦裕禄式领导干部的核心教材，成为共产党人的必修课程。每一个共产党员，都应该读懂、品透《念奴娇·追思焦裕禄》；每一个领导干部，都应该身体力行词中“追思”的常学常新的焦裕禄精神。

焦裕禄精神诞生在河南；《念奴娇·追思焦裕禄》词两度重温在河南；《念奴娇·追思焦裕禄》在《福州晚报》首发20多年后，重新发表也是在河南（见《河南日报》2014 年3月18日第一版）。那么，作为中华豫剧文化促进会的会长，我又能做些什么呢？在深受激励、热血沸腾之余，我联想到了当年用豫剧戏歌为伟大领袖毛泽东主席《沁园春·雪》谱曲演唱、在神州大地上传唱半个多世纪经久不衰的范例，于是我提议，应像当年为毛主席《沁园春·雪》谱写豫剧戏歌那样，采用我国地方剧种中受众最广、覆盖最宽、演出团体最多的中华豫剧的旋律，对词进行谱曲演唱，并作出具体安排：由促进会副会长兼秘书长张秉义同志牵头，与著名豫剧作曲家朱超伦老先生一起，谱写出《念奴娇·追思焦裕禄》戏歌曲谱；由中国戏剧梅花奖得主、河南省政协委员、国家一级演员、河南豫剧院三团团长、大型现代豫剧《焦裕禄》的主演贾文龙演唱。

2015年9月8日，我在中华豫剧文化促进会的报告上，向中共河南省委常委、宣传部部长赵素萍同志签署意见：“我意最好搞一期《梨园春》（河南卫视名牌栏目）节目，用豫剧激越高亢的旋律，把习总书记《念奴娇·追思焦裕禄》词，在焦裕禄精神诞生地——中原上空传唱得响遏行云，进而唱响大河上下、天南地北，为实现中华民族伟大复兴的中国梦传播强大的正能量。报请素萍部长审定。”2015年12月30日上午，豫剧戏歌《念奴娇·追思焦裕禄》在河南省政协新年茶话会上首唱，很快就不胫而走，在中原大地迅速传唱开来。

2017年12月，全国政协新年茶话会的筹备工作正在紧锣密鼓地进行，其中50分钟的文艺节目是由全国政协办公厅和教科文卫体委员会共同操办的。作为教科文卫体委员会侧重文化的副主任，我极力推荐河南豫剧院三团演唱的《念奴娇·追思焦裕禄》豫剧戏歌。筹备组的同志说，中央办公厅这几年对全国政协这台节目有明确要求，主要就近从在京的文艺界政协委员中出节目，不再从京外调节目；而且节目单又是由中宣部、文化部共同审定的，上河南这个节目恐怕有难度。我又找文化部分管的负责同志和艺术司的同志商量，他们也做不了主。我满心想把这一将人民领袖博大情怀演绎得淋漓尽致的黄钟大吕推上去，就冒昧给中央政治局委员、中央书记处书记、中办主任丁薛祥同志写信，并送上戏歌的二维码，请他把关、审定，破例为全国政协新年茶话会从京外调这一节目进京。令人无比欣喜的是，丁主任很快即批示同意这一请示，中央政治局委员、中央书记处书记、中宣部部长黄坤明同志和全国政协领导也在丁主任的批件上作了批示。俞正声主席高度重视，张庆黎副主席多次协调，张秋俭副秘书长、从兵驻会副主任狠抓落实，终于使这一豫剧戏歌登上了2017年12月29日举办的全国政协新年茶话会的舞台，向习近平总书记等党和国家领导人、首都各族各界人士代表进行了汇报演出，赢得了雷鸣般的掌声和喝彩声。12月30日《人民政协报》在新闻报道中，对这一节目不吝篇幅地作了突出重点报道："茶话会上，豫剧名家贾文龙表演的豫剧戏歌《念奴娇·追思焦裕禄》，打动了委员们的心。《念奴娇·追思焦裕禄》是1990年时任中共福州市委书记的习近平同志所作的一首词，词中表达了共产党人亲民爱民的高尚情操。'暮雪朝霜，毋改英雄意气……'表演者慷慨豪迈的唱腔，引发现场如潮的掌声。数不尽的暮雪朝霜，道不完的英雄意气，其实，中国共产党人的初心和使命，始终刻印在中华民族从站起来、富起来到强起来的伟大飞跃中。如今，这个初心如磐的世界第一大党正带领全国各族人民站在十九大描绘的新征程上，披荆斩棘，一往无前。"当晚中央电视台的《新闻联播》给了该节目超乎寻常的展示，从而使《念奴娇·追思焦裕禄》大气磅礴的旋律，像插了翅膀一样，飞出河南，无数的华夏儿女在广袤的神州大地上引吭高歌。

建言献策　尽责履职

政协第十一届全国委员会

【提案】

关于参照孔子学院经验在国外设立少林功夫学院的提案

温家宝总理在政府工作报告中提出：“加强对外文化体育交流与合作，不断扩大中华文化国际影响力，让博大精深的中华文化再展辉煌。”贾庆林主席在全国政协常委会工作报告中，六次提到“公共外交”。20世纪80年代，一部《少林寺》电影的放映，使源远流长、精妙神奇的少林功夫热遍全国，享誉全球，成为众多国际友人了解中国文化、学习中国文化的一个重要窗口。少林功夫不仅令普通游客热衷和向往，而且还得到了诸多国家政要的赞赏，时任俄罗斯总统普京、新加坡资政李光耀曾前往河南登封少林寺参观访问。伴随少林功夫的持续升温，越来越多的国内外武术爱好者云集河南登封习武健身，少林功夫学校如雨后春笋般应运而生。目前仅少林寺所在地的登封市，武术院校已有52所，在校生6万余人，累计培训学员达百万人之多，生源遍及世界各地。与此同时，多种形式的少林功夫表演访问团纷纷走出国门，应邀到世界各地进行访问演出，场场爆满，欢声雷动，受到当地媒体热捧，向世人展示了博大精深的少林功夫，弘扬了中国武术文化的精神风貌，满足了世界各地学习和观赏少林功夫、学习和了解中国文化的需求。有十几个国家和地区已建立了少林武术功夫传播中心。“四两拨千斤”的太极拳的发祥地也在河南温县陈家沟。

少林功夫包括太极功夫在走向国际的过程中，还存在一些亟待解决的问题，主要表现在：对少林功夫的文化内涵发掘不够，文化要素展现不足，与其他中华优秀传统文化联系不紧，存在就功夫论功夫现象；国外的少林、太极功夫培训机构大多不规范，缺乏统一的教材、教法和传统套路；各培训机构之间存在无序竞争，急需进行整合。

为使少林功夫更好地担负起传播中华文化特别是功夫文化的重任，我们认为，在助推其发展中，可以借鉴孔子学院的发展经验和成果，逐步规范和提高。自2004年1月24日在韩国首尔挂牌成立全球第一所孔子学院以来，已在96个国家和地区建立了322所孔子学院和369个孔子课堂，为了丰富教学内容，部分孔子学院开设有功夫课程。对于增进世界各国人民对中国语言和文化的了解，加强中国与世界各国教育文化交流合作，发展中外友好合作关系，促进世界多元文化的发展等方面，发挥了独特的作用。

据此建议：一、将老少皆宜、雅俗共赏、又少语言文字障碍的少林功夫的弘扬和传播，纳入国家文化交流的整体格局，统筹安排部署，参照孔子学院的办学模式，循序渐进地在国（境）外尤其是已经建立孔子学院的国家和地区，建立少林武院或少林功夫学院，使孔子学院和少林武院一文一武、一静一动，文武并重、相映生辉，在传播和弘扬中华文化工程中相互促进、相得益彰。

二、国家文化部、教育部、体育总局与河南省政府开展“省部合作”，在河南现有的少林功夫院校中选择规模较大、功能齐全、教学规范的学校，给予资金和政策扶持，在中原地区建立少林国际功夫学院，重点为少林功夫、太极功夫走向世界培训师资和骨干，满足各少林武学院的需要。

三、河南省政府及国家文化、教育、体育、外事等部门，进一步加强对少林功夫文化的研究，整合少林功夫教育教学资源，特别是将少林功夫教育与汉语言文化教育有机整合，编纂多种语言适合在世界各国各地推广使用的少林功夫教材。挖掘整理统一规范的少林功夫传统套路，并在少林、太极功夫礼仪、标志等方面形成标准体系，把少林功夫教育打造成弘扬中华文化的驰名品牌。

四、组建中华少林功夫演艺集团，改变散兵游勇式组团的无序状态和盈利大多流入外国中介机构之手的尴尬局面。可依托登封塔沟少林武院、嵩山少林职业武术学院、鹅坡武校等在北京奥运会开幕式、上海世博会开幕式、中央电视台春晚崭露头角、名声大噪的少林功夫院校，根据国际文化市场需求，派出多路演出团体，进军五大洲，在有条件的国家和地区，租场长期演出。集团组建起步初期，由国家文化产业发展基金、河南省文化产业发展投资总公司给予贷款扶持。要作为文化产业，实行商业化运作。

（2011年）

关于发挥国民教育在优秀传统文化传承中的基础性作用的提案

在20世纪的100年里，中国经历了“数千年未有之大变局”，传统文化受到前所未有的撞击。随着近代以来的积贫积弱和西风东渐，强调学习西方的东西多了，重视弘扬传统的东西相对少了，一些人对传统文化丧失了信心。在这种思潮的影响下，在我们的中小学教材和大学教程中，传统文化的比重少得可怜，文化传承面临着严重的断裂危险。如何扭转这一局面，避免出现大的文化断层，是当前乃至今后相当长时间内一项繁重而紧迫的任务。为充分发挥国民教育在优秀传统文化传承中的基础性作用，谨提出如下建议：

一曰“正名”，即为中华优秀传统文化正名。视中华传统文化统统是封建落后、残渣余孽的观点，是彻头彻尾的民族虚无主义；认为中华传统文化与近现代民主自由意识相悖而将其全盘否定的做法，是非常有害的。毛主席讲得好：“矫枉必须过正，不过正不能矫枉。”历史发展到今天，“矫枉过正”的阶段已经结束。我们应当理直气壮地为中华优秀传统文化正名，与某些过激口号如“将线装书和方块字统统扔进茅坑”的呼喊、与“文革”中传统文化几遭灭顶之灾的做法划清界限，高度自觉地担当起传承优秀传统文化的责任。

二曰“建基”，即建优秀传统文化教学研究基地。加强中华经典教育课程资源建设，打造普及推广传统文化的名牌平台，在全国建设一批优秀传统文化教学研究基地。选择一些基础好、有特色的学校、社科研究机构，组织专门力量，按照古为今用、推陈出新、取其精华、去其糟粕的原则，坚持保护利用、普及弘扬并重，下大力气加强对优秀传统文化思想价值的挖掘和阐发，加大对文献资料整理研究的力度，推出一批对文化传承创新具有重大影响的标志性成果。要怀着敬畏之心维护民族文化基本元素，使之成为传承民族血脉、构筑共有精神家园、激励人民奋进的精神力量。

三曰“纳入”，即将中国戏曲、中华功夫等优秀传统文化课程纳入中小学、幼儿园的体音美教学。文化不能遗传和移植，也不能复制和再生，必须从小培养，从娃娃抓起。喜爱源自教育，受众在于培养。应像推进书法进入中小学课堂那样，结合中小学、幼儿园的教学特点，将中国戏曲、中华功夫、国画等纳入音乐、体育、美术课程，并将其作为必修课，广泛开展“中华经典诵读”活动，使孩子们从小就接受民族优良传统教育，从小就开始培育和弘扬以爱国主义为核心的伟大民族精神。

四曰“开设”，即对高校学生开设优秀传统文化课程。北京、上海、武汉的多所高校都成立了大学生京剧社团。全国高校都应见贤思齐，迎头赶上。重点高校更应率先开放优秀传统文化视频公开课，推进传统文化教育课程尽快上线，开展“高雅艺术进校园”“高校名师大讲堂”“文化名家讲文化”等活动。

五曰“共享”，即用各类博物馆、纪念馆、文化宫等对国人特别是青少年进行优秀传统文化教育。应组织各级各类学校的学生积极参与公共文化服务体系建设，经常到博物馆、纪念馆、文化馆、展览馆、青少年宫参观，考察有代表性的非物质文化遗产，熟悉这些中国元素的独特演绎，使中国文化符号得以潜移默化地传递。

以上诸项，政府都不应缺位。在中华民族传统文化重新被呼唤、中华民族共有精神家园重新被构建的伟大历史进程中，国民教育理应肩负起应该承担的文化责任与历史使命。

（2012年）

关于抓紧设立国家级文化艺术荣誉制度的提案

十七届六中全会《决定》提出，要“落实国家荣誉制度，抓紧设立国家级文化荣誉称号”。国家文化荣誉是对一个文化艺术工作者文化贡献价值的最高肯定，是一个国家对本民族文化追求的价值指引和实践标杆。

放眼全球，许多经济发展、文化繁荣的国家大都建立了具有本国特色、能满足历史传承的文化荣誉制度。可以说，国家荣誉制度已经属于一种普遍的法律制度，成为一种国际惯例。

回观国内，从中华人民共和国成立起就着手建立国家荣誉制度，历经“文革”期间的停滞和改革开放以后30多年的努力，已经初步探索出一些成功的做法。如：国家在科学技术方面设立中国科学院院士最高学术称号；在工程科学技术方面设立了中国工程院院士最高学术称号；在社会科学方面，学部委员是我国学术界一个具有深厚历史内涵的称号。

再看我国文化艺术界，已有的全国性文艺新闻出版评选表彰活动，都办得有声有色、卓有成效。然而，若与国外的先进经验相比，与我国自然科学、社会科学界的成功做法相比，还有相当大的差距；用建立国家级文化艺术领域授予荣誉称号制度的要求来衡量，则只能算是刚刚破题。严格意义上的国家荣誉制度的缺失，显然与建设社会主义文化强国的宏伟目标大相径庭。社会呼唤国家荣誉，国家荣誉期待大家、大师，设立国家文化艺术荣誉制度的时机已经成熟。

借鉴国际经验，参照我国设立两院院士和学部委员的做法，谨对设立国家级文化艺术荣誉制度提出如下建议：

一、可将“人民艺术家”定为国家级文化艺术荣誉称号

建议抓紧调研论证，尽快设立能代表国家、与国字号相匹配的，能彰显大气度、大志向的崇高荣誉和尊崇地位的国家级文化艺术荣誉称号——“人民艺术家”，以表彰奖励功绩卓异的文化艺术工作者。也可以分设“人民艺术家”“双馨艺术家”两级称号，或分设“人民艺术家”“人民作家”等称号。

二、对“人民艺术家”的要求，应是德艺双馨、为人民群众广泛认可、为广大文学艺术工作者所敬重

“德艺双馨”是对文化艺术工作者品格、成就、贡献、社会影响的最高评价，应是文化艺术工作者孜孜以求、毕生为之不懈奋斗的至高荣誉。“德”是指个人品德、职业道德、价值取向、社会信誉、理想信念、思想情操、精神追求等，是人民艺术家的立身处世之根、人格魅力之本；“艺”是指艺术才华、艺术能力、艺术思想、艺术风格、艺术境界、艺术造诣等，是人民艺术家的事业成就之基、艺术魅力之源。立“艺”要先立“德”，人品决定艺品。“德艺双馨”是人品与艺品的有机统一，是人民艺术家用人生实践和艺术实践铸就而成，是历史和人民给予的客观评价。那种根本不了解“为了谁”“依靠谁”“我是谁”为何物，仅凭哼两支歌、扭几下屁股就称“星”道“家”者，是与人民艺术家的称号风马牛不相及的。

三、建立公开、公平、公正、公允的评价标准和评选机制

“人民艺术家”的评选产生，应体现统一性、权威性、庄严性、科学性、规范性，应具有极强的号召力、吸引力、向心力、亲和力、影响力。要制定明确的评选章程、条例和实施细则，严格标准，规范程序，形成科学合理的评价体系。评委必须具有权威性和代表性，并实行回避、随机抽取、定期轮换等制度。评委的身份、评语和评选的程序、结果，都应向社会公示，接受公众监督，确保评选的公信度。

四、应本着少而精的原则，严格控制授予国家荣誉称号的数量

坚持质量第一、宁缺毋滥。每次评选至少要间隔两年时间。建立退出机

制，遇有严重作奸犯科者，可启动撤销荣誉称号程序。

五、可考虑为外籍人士预留一定的荣誉称号名额

应拓宽视野，兼顾国家荣誉的国际性，以打破某些西方国家在颁授荣誉称号方面的垄断和偏见，展现中华文化软实力，增强我国国际话语权，使国家文化艺术荣誉称号成为加强对外友好交往的文化纽带。

我们的时代，是一个能够产生大师大家、并且需要大师大家各领风骚的时代。热切期盼国家级文化艺术荣誉制度的实施早日瓜熟蒂落、水到渠成。

（2013年）

【会议发言】

扩大居民消费需求　推动经济持续增长

温家宝总理在《政府工作报告》中提出，“坚持扩大内需方针，调整投资和消费关系，促进经济增长由主要依靠投资、出口拉动向依靠消费、投资、出口协调拉动转变”。今后一个时期，我们必须把扩大居民消费需求增长摆在更加突出的位置，采取积极的政策措施，有效化解制约消费的各种不利因素，在确保投资适度增长的同时，促使消费真正成为推动经济增长的持久动力。

一要保证收入稳定增长。建立市场主导就业、政府促进就业、个人自谋职业相结合的长效机制，健全就业服务体系和困难群体再就业援助制度，畅通就业渠道，扩展就业空间；逐步提高经营性、资产性收入在城乡居民收入中的比重，改变投资理念，拓宽投资领域，提升居民家庭财产规模；扩大中等收入阶层，通过建立稳定的职工、公务员、离退休人员等各类群体的收入增长机制，不断提高中低收入人群的持久收入水平；加大对改善农村生产生活条件的投入力度，以农业规模化、产业化为重点提高农民经营性收入，以加快农村劳动力转移为手段提高农民工资性收入。

二要避免收入差距过大。合理界定投资和消费的比例，明显提升用于收入和改善人民生活的比例，使人民群众更多地分享经济社会发展的成果；加大税收调节力度，通过对高收入者征收高额的个人所得税，对低收入户和农民储户免征利息税，实现收入的再分配；加强对企业职工工资的管理，制定进城务工人员权益保护办法，保证职工平均工资水平随经济发展而增长；增加财政转移支付的比例，稳定增加低收入者、离退休人员和失业人员的收入；引入竞争机制，打破行业垄断，促进行业之间平均利润的形成；通过政府引导、市场推动、民间互助等形式，发展救助、捐赠等慈善公益事业，建立规范、合理的第三次分配制度，促进贫富和谐。

三要健全社会保障体系。不断完善城镇社会保障体系，努力实现养老、医疗、失业、工伤、生育保险对城镇各类企业职工、个体工商户和灵活就业人员等广大劳动者的全覆盖；建立健全由养老保险、新型农村合作医疗和最低生活保障组成的农村社会保障体系，有效缓解农村居民支出压力；继续深化医疗、教育、住房等制度改革，逐步解决群众看病贵、看病难、上学难、住房难问题，努力使全体人民学有所教、劳有所得、病有所医、老有所养、住有所居。

四要改善消费供给结构。大力调整产品结构，扩大短缺产品供给，培育新的消费热点，拓展消费领域，不断提供服务含量高的和让消费者满意的产品，以有效释放现阶段居民由生存型逐步向享受型、发展型转变过程中的消费能量；尽快制定和完善新型消费领域及相关产业的发展政策，建立公开、平等、规范的行业准入制度，打破垄断，鼓励竞争，充分发挥生产对消费的引导和促进作用；提高产品质量，降低产品成本，在分享市场的同时创造市场，不断以新的服务和产品引领消费需求。

五要优化社会消费环境。进一步深化消费领域的体制改革，清理和取消各种抑制消费的政策法规；增加政府消费性支出，特别是农村义务教育、医疗卫生、交通、水利、供水、供电、信息等建设开支，逐步建立城乡统一的公共财政体制，为培育城乡市场创造有利条件；优化社会信用环境，增加消费信贷份额，降低居民消费信贷门槛和利率，鼓励金融机构加快开发新型消费金融产品，促使更多储蓄转化为消费；加快推进以连锁经营、物流配送、特许经营和电子商务为代表的现代流通方式，积极发展新兴服务业；大力整顿和规范市场经济秩序，严厉打击制假售假等行为，净化消费环境。

（2008年）

加快城乡一体化进程

一、充分认识推进城乡一体化的重要意义

“统筹城乡发展”居科学发展观“五个统筹”之首。统筹城乡发展，形成城乡经济社会发展一体化新格局，是党中央站在现代化全局的战略高度，致力于突破城乡二元结构，实现城乡协调发展而作出的一项重大战略决策。认真贯彻落实中央这一重大战略决策，逐步建立以工促农、以城带乡的有效机制，使城乡共同增强发展能力、共同提高发展水平、共同分享发展成果，对推动全省经济社会全面、协调、可持续发展，具有特别重要的意义。

推进城乡一体化是经济社会发展的必然趋势。伴随改革开放的不断深化，我省同全国一样，经济社会发展取得了辉煌的成就，目前已总体上进入以工促农、以城带乡的发展阶段，进入了加快改造传统农业、走中国特色农业现代化道路的关键时刻，进入了加速破除城乡二元结构、形成城乡经济社会发展一体化新格局的重要时期。在这样的经济社会背景下，逐步建立适应社会主义市场经济的工农业交换关系、城乡产业布局关系、城乡资源分配关系，把农业发展放在国民经济整体发展中统筹考虑，把农村繁荣放在社会事业全面进步中统筹规划，把农民增收放在国民收入分配格局中统筹安排，依靠城乡之间的相互促进、良性互动，有效解决农业增效难、农民增收难、农村发展慢的问题，缩小城乡之间、工农之间、地区之间的差距，已经成为历史赋予我们的一个不可推卸的责任。

推进城乡一体化是坚持科学发展的根本要求。科学发展，是以实现人的全面发展为目标，让发展成果惠及全体人民的发展；是以经济建设为中心，实

现经济发展和社会全面进步的发展；是统筹城乡发展、统筹区域发展、统筹经济社会发展、统筹人与自然和谐发展、统筹国内发展和对外开放，推进生产力和生产关系、经济基础和上层建筑相协调的发展；是促进人与自然的和谐，走生产发展、生活富裕、生态良好的文明发展道路的发展。实现这一发展目标，必须坚决破除重城市轻农村、先城市后农村的思维定式和工作习惯，努力把促进城市发展与加快农村发展紧密结合起来，统筹促进城市和农村物质文明、政治文明、精神文明和生态环境建设，统筹解决城市和农村经济社会发展中出现的各种问题；必须从实现好、维护好和发展好城乡全体居民的根本利益出发，高度关注占全省人口大多数的广大农民群众，打破城乡界限，实现共同繁荣。推进城乡一体化是全面建设小康的现实需要。我省是全国第一农业大省，如果农业农村发展滞后，农民生活水平低下，就不可能实现惠及全省人民的更加全面、更为均衡的小康社会目标。“三农”问题是我省全面建设小康社会的重中之重、难中之难、急中之急。只有不断加强工业对农业的反哺，加强城市对农村的支持，形成以城带乡、以工促农的良好格局，使广大农村经济更加发达、实力更加雄厚、生活更加殷实，才能为全面建设小康社会奠定坚实的物质基础。只有不断加强城市文明与乡村文明、工业文明与农业文明的相互融合、相互促进，使广大农村科教更加进步、文化更加繁荣、社会更加和谐，才能为全面建设小康社会奠定坚实的社会基础。推进城乡一体化是构建和谐社会的重要内容。毋庸置疑，我省经济社会发展与和谐社会建设取得了令人瞩目的成就；但由于城乡公共服务资源分布不均，城乡居民之间在就业、教育、医疗、文化、基础设施、社会保障等方面仍存在较大差异，在一定程度上影响了社会的和谐与稳定。只有从促进社会和谐的战略高度，大力推动城乡发展一体化，最大限度地缩小城乡经济社会发展差距，逐步使城乡发展相互促进、有机融合，使城乡广大居民共同享有大体相当的公共服务，共同享受大体相当的发展成果，才能真正形成全体城乡居民各尽其能、各得其所而又和谐相处的安定团结的政治局面。

推进城乡一体化是加快中原崛起的必由之路。进入新世纪以来，省委、省政府立足河南省情、顺应时代发展，明确提出了加快中原崛起的战略目标。实现这一战略目标，必须彻底转变“就农论农”“重工轻农”的陈旧观念，瞄准城市，面向市场，把数以千万计的农业劳动力转向非农产业，把数以千万计的农村人口化为城市居民，通过二三产业在城镇集聚、农村人口向城镇转移，增加城镇数量，扩大城镇规模，促使城镇生产方式和生活方式向农村扩散，城镇物质文明和精神文明向农村普及；必须坚持城市与农村相互支持、农业与工业相互促进的原则，充分发挥河南的资源、区位、劳动力等比较优势，扬长避短，优化结构，着力培育、做强支柱产业，走有河南特色的新型工业化路子；必须以发展工业的理念来发展农业，通过引入市场机制、先进技术和现代管理手段，大幅度提高农业组织化、规模化程度和劳动生产率，优化提升农业结构，使河南农业真正强起来，使河南农民真正富起来。

二、全面落实推进城乡一体化的根本要求

近年来，省委、省政府高度重视统筹城乡发展问题，在《河南省国民经济和社会发展第十一个五年规划纲要》《关于加快推进城乡一体化试点工作的指导意见》和《关于2007年城乡一体化试点重点改革工作的意见》等一系列文件中，明确提出了城乡协调发展的目标和要求，并在鹤壁、济源和巩义、偃师、新郑、义马、舞钢等7个城市开展了城乡一体化试点工作。经过方方面面的共同努力，全省城镇建设不断加快，人口集聚能力明显增强；支农政策全面落实，农村经济持续稳步发展；城乡收入稳定增长，农民生活条件显著改善；保障体系有效延伸，农村社会事业全面进步；配套改革相继启动，体制机制创新初见成效。但是，由于一些深层次矛盾尚未根本解决，城乡发展仍存在许多不协调不和谐之处，突出表现在城乡分割的二元结构仍然存在、统筹城乡的分配体制尚未建立、经济社会的发展态势不够平衡、城乡居民的收入差距继续拉大等方面。尽快破解这些影响城乡协调发展的难题，彻底扭转城乡二元分割的局面，努力形成城市与农村相联结、工业与农业相联动、经济与社会相协调、人与自然相和谐的一体化发展新格局，必须准确把握推进城乡一体化的根本要求：

（一）城乡一体化的实质——统筹城乡经济社会发展，破除城乡二元结构，构建新型工农、城乡关系，使广大农民平等参与现代化进程，共享改革发展成果。

（二）城乡一体化的重点——统筹土地利用和城乡规划、产业发展、基础设施，统筹公共服务、劳动就业、社会服务和管理，促进城乡之间公共资源均衡配置，生产要素自由流动，经济社会融合发展。

（三）城乡一体化的焦点——妥善解决农民工问题，加强农民工权益保护，逐步实现农民工劳动报酬、子女就学、公共卫生、住房租购等与城镇居民享有同等待遇，促进在城镇稳定就业和居住的农民有序转为城镇居民，使具备条件的能落户，返回乡村的能创业。

（四）城乡一体化的关键——加快建立健全以工促农、以城带乡的长效机制，把国家基础建设和社会事业发展的重点放在农村，完善农业支持保护制度，推进城乡基本公共服务均等化。

三、有效加快推进城乡一体化的若干建议

（一）统筹城乡发展规划方面

1. 树立城乡一体的规划理念，切实把城市和乡村作为一个整体，通盘考虑，统一谋划，引导和调控城乡协调发展。结合实际，着眼全局，围绕城乡经济和社会、人和自然的协调发展，从更高层面、更宽视野，科学编制城乡发展总体规划，特别是城镇体系规划、城市建设规划、村庄整建规划、产业布局规划、土地利用规划等分项实施规划和实施方案，有序构架城乡空间，优化布局工业园区，有机衔接社会事业，同步建设基础设施。

2. 形成分工明确、梯度有序、开放互通的城乡结构体系。充分发挥规划的指导、协调和资源配置作用，依托规划统一发展思路，明确功能定位，突出发展重点，实现城乡资源的统筹安排和高效利用。

（二）统筹城乡产业布局方面

1. 大胆突破城乡行政区划障碍，通过优化城乡资源配置，深入开展城乡之间产业协作和产业对接，形成联系城乡的产业互动体系，着力打造跨越区域、合理分工、错位发展、自成特色的产业空间布局。优化城乡产业结构，不断壮大民营经济，发展新兴产业，培育优势产业，打造特色农业，推动三大产业的广泛联合及相互渗透，实现城乡产业协调发展，促进城乡经济共同繁荣。

2. 明确城乡产业发展导向，大力推进现代农业建设，逐步提高农业装备

水平，延长农业产业链条，提升农业产业功能，着重发展与农业紧密联系的食品加工业、畜牧养殖业、运输储藏业，不断拓宽农业增效、农村发展、农民增收的空间。

3. 统筹城乡生产要素，在大力发展现代农业的同时，加快发展二、三产业特别是各种服务业，推动农村人口向城镇集中、农村土地向规模农户集中、农村工业向城镇工业园区集中，增强工业和服务业对城乡一体化发展的支撑作用。

4. 我省农村扶贫开发任务还很艰巨，一些集中连片的贫困地区，脱贫致富的压力很大。建议加大财政扶贫投入，优化扶贫投入结构，更多地关注特贫人群。要以产业开发扶贫为主，引导社会力量参与，强化扶智、扶技、扶志，变“输血”为“造血”。

（三）统筹城乡社会事业和公共服务方面

1. 完善农村社会事业的资金投入机制，加大公共财政覆盖农村社会事业建设的力度和范围，提高农村公共产品供给水平。借鉴外地经验，根据本地实际，在财政税收、投资金融、土地使用等方面制定各项优惠政策，引导社会各界、企业、个人等共同参与农村社会事业建设。

2. 在现行教育体制下，许多在农村培养的人才不愿意扎根农村。应将大力发展农村义务教育、全面开展农民培训作为一项基础性工作。以培训专业技能为重点，对进城务工人员及留守农民实施全面教育和培训，培养建设新农村的主体力量，留住对农村发展贡献大的“能人”，扭转“老农民建设新农村”的局面。

3. 以农村教育改革为突破口，推进农教科一体化。探索农教科结合的教育模式，打通普通教育、职业教育与普及农业科技推广之间的通道，引科技之水，经教育之路，溉农业之田，富乡村百姓。不要简单地将城市教育复制到农村，要突出农村教育的农村特色。构建适应农村发展需要的职教、普教双轨制教育体系，构建以职业培训为核心的农民终身教育体系。

4. 促进城乡教育均衡发展。建立“统筹规划、统筹预算、统筹资产、统筹师资”的城乡教育一体化体制。完善城乡教育资源共享的教育管理体制，加大农村基础教育经费投入和政策保障，优化农村学校的软件配置，增强农村学校的师资力量，让城乡居民享有同等的教育机会。

5. 一些地方农村文化建设还停留在“电视+麻将”状态，缺少农民乐于参与、便于参与的文化活动。建议真正把农村文化建设摆在更加突出的位置，维护和保障农民的基本文化权益。加大投入，加快进度，明确目标，完善措施，尽早摘掉我省人均文化事业费全国倒数第一的帽子。既要重视农村文化的硬件建设，也要重视软件建设，从“送文化”转变为“种文化”，注意保护好农村的优秀传统文化。

6. 创新农村文化体育建设运行机制，促进城乡文化体育交流，鼓励农民自办群众喜闻乐见、寓教于乐的文化活动，用健康的文化活动占领农村文化阵地。

7. 建立高效的农村卫生管理体制和城乡一体化的公共卫生、医疗救助和全民健身服务体系，形成覆盖城乡的疾病预防控制网络，确保人人享有初级卫生保健，提高突发公共卫生事件防范和处理能力。

8. “新农合”是解决农民大病住院保障、兼顾门诊医疗保障的一项措施，而农民到哪里看病、看病条件如何、医生水平如何等，都需要改善。不能认为有了“新农合”，农村的医疗问题就万事大吉了。建议加大乡镇卫生院和村卫生室建设力度，加大对农村计划免疫的投入，出台明确的乡村医生待遇政策，稳定最基层的医疗卫生服务网络。在地广人稀的深山区，推广以汽车为载体的流动医院。中医药、民族医药具有安全、有效、简便、廉价的优势，应大力发展，以利于缓解农民看病就医难、促进农村产业结构调整、增加农民收入。

（四）统筹城乡社会保障方面

1. 针对城乡社会保障事业的不同特点和薄弱环节，统筹规划社会保险、社会救助、社会福利和慈善事业发展，推进覆盖城乡的最低生活保障、基本养老保险和失业保险、失地农民基本生活保障、农村合作医疗和孤寡老人集中供养等保障体系建设，增强适应性和普惠性，促进社会保障领域基本公共服务均等化，逐步实现农村与城市社会保障体系的有效对接。

2. 加大政府对社会保障领域的投入力度，特别是中央和省级财政的补贴力度，提高保障标准和补助水平。合理配置地区、城乡之间的社会保障服务资源，加强对社会保险和社会救助窗口服务、康复设施、养老设施等建设的支持，改善农村落后地区的社会保障服务条件，切实提高社会保障领域的公共服务质量。

3. 从农村实际出发，把增强土地的保障能力与发展土地外保障结合起来，建议从新增土地出让金中拿出较大份额，建立新型农村社会养老保险制度。完善农村社会救助制度，积极发展农村社会福利和慈善事业，逐步建立专项救助为主、其他救助和社会帮扶为辅的农村救急机制，提高农村参保人员的覆盖范围和标准，做到应保尽保。

4. 创造条件探索城乡养老保险制度有效衔接办法，加快出台统一的管理政策，解决城乡劳动者社会保障关系的跨地区续转问题。

5. 将救灾与保险结合起来，加快完善相关政策法规，明确“三农”保险的法律地位，完善可持续的政策性农业保险机制，实施对农业的完全保险。对因地震、洪水等重大自然灾害和农作物病虫害、动物疫病所产生的损失，应尽快设立农业巨灾保险或风险准备金。明确保险公司参与农业保险的责任，并将其可能产生的利润转为补偿农业灾害的风险金，政府应给予适当支持。

（五）统筹城乡劳动就业方面

1. 建立健全农村劳动者资源数据库，全面掌握农村劳动者的数量、年龄结构、技能特长、就业愿望、就业状况等基本情况，实行城乡统一的就业登记制度，把农村劳动者就业与城镇劳动者就业一起纳入日常就业统计、管理、服务工作范围。

2. 认真落实农村劳动者就业培训补贴政策，充分调动各类培训机构的积极性，形成以市场为导向、适应多层次需求、城乡劳动者普惠共享的就业培训制度。

3. 妥善解决进城就业的农村劳动者的社会保障问题，尽快将被用人单位录用或进城自主创业实现稳定就业的农村劳动者，纳入城镇职工基本养老保险和基本医疗保险。

4. 加快立法进程，将户籍改革纳入法制化轨道，尽快修订户口登记条例，出台《户籍法》。全面改革城乡分割的户籍制度，有计划、有步骤地解决长期在城市就业与居住的农民工的落户问题，消除农民进入城镇的制度障碍，使符合条件的进城农民和失地农民能够获得与城镇居民同等的就业权利和平等的发展机会。

（六）统筹城乡基础设施建设方面

1. 加大对路、水、电、农田、水利等农村基础设施建设、生态建设的投入力度和养护保障，大力提升农村基础设施水平、公用设施档次和人居环境品位，让农民和城市居民享有均等化的公共服务和同质化的生活条件。不断加强农村公交、供电、供水、供气、农田水利和宽带网络等配套基础设施的集中建设和使用，在有条件的农村开发风能、太阳能等新能源，率先在农村探索试点通信、广播、宽带“三网融合”。积极推动城镇拥有的现代基础设施向农村延伸，实现城乡基础设施共建共享。

2. 尽快建立包括乡村事务室、警务室、调解室、图书室、文娱室以及计划生育服务室、村民户外活动场地等布局合理、功能配套的农村公用设施，使村民活动有场所、娱乐有项目、学习有资料、健身有器材，丰富农民精神生活。

3. 不断加大生态建设、环境保护和村庄整治力度，因地制宜地治理农村污水垃圾乱倒、牲畜家禽乱跑、草料杂物乱堆现象，加强农村改水、改厨、改厕、改圈和垃圾处理等基础性工作。打造宽敞明亮、整洁有序、美丽洁净的乡村家园和设施配套、环境优美、人居有序的现代农村。

（七）统筹城乡社会管理方面

1. 加快推进行政管理体制改革，继续进行“扩权强县”“扩权强镇”改革，增加对县的一般性转移支付，将更多的经济社会管理权限下放，在县域乃至中心镇的层面进行统筹兼顾，增强县域经济发展活力与实力。

2. 推进省直接管理县（市）财政体制改革，优先将农业大县、产粮大县纳入改革范围。

3. 研究建立统筹城乡发展的综合目标体系、跟踪评价体系和考评考核体系。激励广大干部带着政策、带着感情、带着责任、带着办法，引领城乡一体化。

4. 重视乡镇机构改革中基层干部青黄不接的现象，拓宽农村基层干部来源，加大党政机关现职人员到基层挂职力度，破除村支书“上不去”、大学生村官“下不来”的政策障碍，改善村级组织人才结构。

5. 打造系统的“回归工程”，像吸引“海归”那样，给资金、给政策、给平台，促进一部分外出务工经商者、当兵复员者、读书毕业者回归农村创业、立业。

6. 推动农村改革发展是落实科学发展观的生动实践。建议将贯彻落实中共十七届三中全会《决定》作为全省开展深入学习实践科学发展观活动的重要内容，开展学习宣讲活动，使《决定》真正入脑入心、入村入户。

四、注重把握推进城乡一体化的几个问题

1. 注重加强理论研究。要开展前瞻性理论研究和理论创新，摆脱束缚城乡二元化体制问题解决的思想桎梏，在理论上率先有所突破。要综合分析城乡二元结构深层次原因及其发展动向，深入研究、探索有利于形成城乡一体化新格局的综合改革，特别是如何深化公共服务领域、社会保障领域改革，如何加强社会管理，如何调整“城乡分治”政策和国民收入分配格局，如何调整支农惠农政策，加大对农民、农业、农村的支持力度等等。通过广泛深入的研究、探讨、探索，为统筹城乡发展、形成城乡一体化新格局提供理论支持。

2. 注重凝聚各方力量。要充分发挥人民群众在促进城乡协调发展中的主体作用，鼓励他们自力更生、艰苦奋斗，通过自己的辛勤劳动改变城乡面貌、建设美好家园、创造幸福生活。要按照形式灵活多样、内容注重实效的原则，动员党政机关、社会团体、民间组织、企事业单位和社会知名人士、志愿者与乡村结对帮扶，采取产业对接、技术对接、项目对接、市场对接等多种途径，有钱出钱，有物出物，有智出智，有力出力，形成统筹城乡发展的强大合力。要加强舆论宣传，使帮扶者得到应有的精神回报和社会荣誉，激励和提高其参与城乡协调发展的积极性，努力营造全社会关心、支持、参与城乡一体化发展的浓厚氛围。

3. 注重先行示范试点。要按照“先行示范、建成样板、带动全面”的工作思路，在巩固和发展现有鹤壁、济源、巩义、偃师、新郑、义马、舞钢等7个城市城乡一体化试点的基础上，继续有计划、有重点、有步骤地推进统筹城乡一体化试点工作，扩大城乡一体化试点规模。要加强对试点工作的指导和协调，深入研究解决试点工作中存在的困难和问题，建立健全试点工作考核评价

制度，定期通报试点工作进展情况，推动试点工作顺利进行。要加强对试点农村养老保障体系、农村金融服务体系、农村社区化管理、村镇规划和整治等方面的改革探索，促进试点在产业发展、社会管理、公共服务以及基础设施建设等方面实现一体化发展。要充分发挥试点的辐射带动作用，通过媒体宣传、现场观摩等形式，及时推广试点经验，以点带面，层层示范，为全省城乡一体化工作提供可资借鉴的思路和模式。

4. 注重强化机制创新。要按照统筹城乡协调发展的要求，改革城乡分割、规划分权、建设分开的管理模式，重新设置统筹城乡协调发展的综合管理和服务机构，逐步建立和完善精干高效、统筹城乡的政府管理组织体系和运行机制。要认真落实党在农村的各项方针政策，充分体现国民收入分配和项目投资重点向农村基础设施倾斜、向农村社会事业倾斜、向农村公共服务倾斜的原则，逐步形成公共财政的阳光普照农村地区的国民收入分配体系。要加强部门整合、资源整合和项目整合工作，积极倡导“财政投入、银行信贷、项目支持、社会帮扶、群众自筹”等办法，广辟人才、技术、信息、资金帮扶渠道，形成统筹城乡协调发展投入稳定增长机制。要加强村党组织领导的充满活力的村民自治组织建设，让农民群众真正享有知情权、参与权、管理权、监督权，最大限度地相信群众、发动群众、尊重群众、依靠群众，切实把广大农民群众发自内心的愿望和热情转化为促进城乡协调发展的不竭动力。

5. 注重坚持因地制宜。各地自然条件不同，发展基础各异，要允许起点有先后，过程有快慢，水平有高低，不能同一标准，相互攀比，力戒形式主义，避免一哄而上。要充分认识统筹城乡发展的长期性和艰巨性，坚持一切从当地实际出发，尊重客观规律，因地制宜，突出特色，循序渐进，量力而行，好中求快，快中求稳。要防止依靠加重农民负担和增加乡村债务搞建设，防止盲目扩张城镇小区建设，搞不切实际的大拆大建，防止违背群众意愿搞劳民伤财的形象工程，确保统筹城乡发展真正造福广大人民群众。

（2008年）

多策并举促进农民工就业

去年下半年以来，各地不同程度地出现了农民工“返乡潮”。以农村劳动力转移输出大省河南为例，在外出务工的1900万农民工中，春节前后返乡的多达950万人，占外出就业总数的52%。经过全省上下的共同努力，已有840万人重新找到工作，但仍有110万人未能实现再就业。再加上全省还有近千万农村富余劳动力亟须转移，农民工就业形势仍然十分严峻。由此带来了三重压力：一是就业的压力，二是增收的压力，三是稳定的压力。结合河南的做法，提出以下建议：

1. 通过完善信息服务，拓宽农民工就业门路。劳务输出地政府有关部门要主动加强与输入地政府有关部门的联系和沟通，积极搭建用工单位和农民工之间的桥梁，多渠道、全方位帮助农民工了解市场需求，减少盲目外出。各地统计、公安、农业、劳动、计生等部门要建立健全各部门农民工统计信息网络和各类农民工统计数据库，联合开展农民工相关情况调查，定期分析农民工的总量、行业构成、区域分布，及时预测、发布用工信息，引导农民工有序外出、合理流动。广播、电视、报纸等新闻媒体要设立农民工就业专栏、专版、专题，广泛宣传国家有关农民工就业的相关政策，发布企业用工信息，为农民工就业提供帮助。电信、移动、联通等运营商要充分利用覆盖率高、传播面广、沟通快捷的优势，加快建立网络互联、信息共享机制，积极推动农村基层信息化基础设施建设，科学、全面、及时、准确地掌握农民工就业信息和企业用工总量、结构及其变化趋势，竭诚为农民工就业提供服务。

2. 通过强化技能培训，增强农民工就业能力。合理布局培训机构，科学配置培训力量，加大培训投入，扩大培训规模，逐步建立以专业培训机构为龙头，以社会培训力量为补充，工种齐全、涵盖城乡、师资雄厚、资金充裕的技能培训体系。善于把自主培训、合作培训、委托培训、定向培训等办法有机结合起来，选准培训着力点，扩大培训覆盖面，增强培训影响力，多渠道、多层次、多形式地开展各类培训。根据国家职业标准和不同行业、不同工种、不同岗位对从业人员的技能要求，充分考虑农民工的文化背景和接受程度，量体裁衣，因材施教，以直观、浅显的教学形式，有针对性地开展订单、定向、定点式技能培训，增强培训的适应性和实效性。从适应农业农村的发展需求、适应培训对象的实际需求、适应就业市场的具体需求出发，注重用新知识、新观念、新技术、新方法武装农民工，帮助他们开阔眼界、增长知识，逐步实现由"体能型"向"技能型"、由"单一型"向"综合型"转变，并做好对参训学员的技能鉴定和证书颁发工作。

3. 通过优化社会服务，维护农民工就业权益。建立健全乡村服务网络，大力开展党员干部帮扶农民工活动，多为外出打工农民家庭办实事、办好事，在农民工关心的"人、地、钱"三方面搞好服务，人，就是关爱留守老人、留守妇女和留守儿童；地，就是维护他们的土地权益；钱，就是保证他们的土地流转收益。充分考虑长期在城市就业、生活的农民工及其家庭的现实需求，化解消除他们受到的种种歧视，推动基本公共服务均等化，加大户籍制度改革力度，稳步推进劳动就业、义务教育、计划生育、医疗卫生、社会保障等配套改革，形成农民工与城市居民身份统一、权利一致、地位平等的制度体系。组织各类劳务招聘会、洽谈会、推介会，搭建用工单位与农民工沟通交流、互动对接的平台，完善农民工就业协调机制，为农民工就业提供安全、高效、便捷的服务。完善"党委领导、政府统筹、部门合作、社会参与"的监督管理体制，健全劳保、建设、金融、公安、工商、工会等部门的联动防控机制，设立农民工咨询服务电话，畅通农民工投诉举报渠道，规范用人单位行为，及时处理权益纠纷和争议，切实做到事前服务与事后监督有机结合。

4. 通过发展本地产业，促进农民工就近就业。做大、做强、做深、做精农产品加工销售、农业综合服务、农用物资供应等农业延续产业和农业服务产业，尽量拉长农业链条，由产业"链"到产业"网"，形成广阔的就业"面"，为农民工就业空间"扩容"。强化对劳动密集型中小企业的政策支持，运用项目优先、创业奖励、成本补贴、减免税收等政策杠杆，扶持劳动密集型产业良性发展，增强单位固定资本对劳动力的吸纳能力，拓宽农村劳动力就近就地就业空间。积极构建促进农村现代服务业发展的导向机制、激励机制、保障机制、人才机制，制定相关政策，促进农业产业服务体系、农村商贸流通体系、农民生活服务体系的发展完善，吸纳更多的富余劳动力进入农村现代服务业。充分考虑自身的历史传统、文化积淀、自然条件、资源禀赋、交通区位等因素，优先选择那些市场前景好、支撑作用强、容纳劳动力多的产业作为本地特色产业，采取多种措施，倾力进行扶持，促进农民工就业与特色产业发展互动共赢。

5. 通过加大政策扶持，降低农民工创业门槛。各级政府要把鼓励和支持返乡农民工自主创业作为当前促进农民工就业工作的重点内容，出台优惠政策，切实加大扶持力度，支持有能力、有技术、有见识、有经验的农民工返乡创业，河南有的市县称之为“四归工程”。一要帮助“跨过门槛”。加大财政投入，完善服务体系，成立各种创业服务中心，邀请事业有成的创业先行者和各行各业专家为创业者提供各种帮助，对有资金技术和创业意愿的返乡农民工免费提供市场、信息、技术、法律、政策咨询等方面的服务，帮助“门外汉”跨过创业门槛。二要开辟“绿色通道”。在工商登记、市场准入、贷款发放等方面推行联合审批、一站式服务和限时办结等制度，简化注册、审批和办证手续，规范服务流程和标准，提高服务质量和效率，为农民工打开快捷通道，方便他们返乡创业。三要提供“真金白银”。逐步建立健全信用担保体系，扩大返乡创业的农民工申请贷款抵押担保财产范围。针对农民工创业的特点，设立创业专项扶持资金，积极发展小额信贷，为农民工创业提供额度不大但期限长、利息低、受益广的贷款，扶持和激励返乡农民工自主创业。四要建设“创业园区”。在基础设施、政策扶持、配套服务、产业指导、人才供给、土地优惠等方面给予农民工全方位支持，表彰奖励返乡创业有成人士和成功企业，充分发挥能人带动和亲情感召效应，营造返乡创业孵化园区浓厚的回归投资氛围，增强对农民工返乡创业的吸引力，扩大回归企业对农村劳动力的吸纳能力。

总之，各级党委、政府要通过信息宣传引导一批，招聘对接推荐一批，拓宽渠道输送一批，开展“企业服务年”活动稳定一批，扶持特色产业安置一批，专业培训转岗一批，自主创业带动一批，维权服务援助一批。通过这“八个一批”，尽可能使广大农民工歇业不歇人、创业不失业、下岗少受损，为解决农民工问题探索一条可行之路。

（2009年）

实现文化产业向国民经济支柱性产业的华丽转身

——以中原经济区为例

在全国政协的大力推动下，中央已将中原经济区上升为国家战略，纳入“十二五”规划，并把“华夏历史文明传承创新区”作为中原经济区的五项主体功能定位之一。该功能定位，在全国尚属首家。面对这一难得的历史机遇，仅就推动文化产业成为中原经济区支柱性产业，实现文化大省向文化强省的跨越，提几点建议：

一要细规划。提高文化自觉，以新的理念认识文化的地位作用，以新的思路细化中原经济区文化产业发展规划。把文化产业作为转变发展方式的新的增长点、结构调整的重要支点，作为扩大内需、拉动消费、吸纳就业的重要引擎，作为低碳、绿色、可持续的新途径、新空间，优化资源配置，完善布局结构，逐步将文化产业增加值占经济区GDP的比重由3.2%（全国为2.5%）提高到5%以上。

二要贴财政。鉴于文化产业眼下仍是一个处于弱势地位的稚嫩产业，亟须国家财政给予扶持。建议通过贷款贴息、项目补贴、补充资本金等方式，增加中央财政对中原经济区文化产业的投入，加大中央财政扶持文化产业发展专项资金和文化体制改革专项资金的支持力度，进一步发挥财政资金的引导和带动作用，以吸引更多的社会资本投入文化产业。修订国家产业指导目录，扩大文化产业纳入国家鼓励类产业的范围。

三要惠税收。顺应增值税扩围改革的大趋势，以文化产业为试点，由征收营业税改为征收增值税；文化企业可享受适用于高新技术企业15%的企业所得税优惠税率；对文化企业开发新技术、新产品、新工艺发生的研究开发费用，允许按当年实际发生额的150%抵扣当年应纳税额，当年抵扣不足的部分，可按税法规定在五年内结转抵扣；做好高端文化产业认定工作，将目前相关的税收优惠适用年限适当延长；对精、尖、专、特文化企业技术升级改造予以资金、政策支持，给予中小、微型文化企业所得税抵扣、减免、税收担保等优惠。

四要联金融。在先期成立的河南省文化产业投资公司的基础上，设立、组建中原文化产业投资基金和文化产权交易中心，通过股权投资、市场再运作，推动文化资源重组和结构调整。加大银行业对文化产业的金融支持力度，健全对文化产业的授信机制，开发和创新文化消费信贷产品，为文化消费提供快捷便利的支付结算服务。鼓励担保和再担保机构增加支持文化产业发展、文化企业“走出去”的贷款担保业务品种。支持中原出版集团、销售与市场杂志社等文化企业上市，鼓励上市文化企业通过公开增发、定向增发等再融资方式，进一步做强做大。

五要降门槛。降低非公有资本、外资进入文化产业的准入门槛，通过独资、合资、合作等多种渠道，积极吸收社会资本和外资进入国家政策允许的文化产业领域，参与国有文化企业的股份制改造；允许职工以个人持股、集体持股、艺术名家名角占股等方式，参与国有文艺院团股份制改造；加强文化产业与金融、旅游、信息、制造、现代服务业、高新技术产业的融合互动，推动有文化内涵的新产品、新业态文化衍生产品的发展。

六要重科技。要适应文化传播方式、表现形式、消费模式深刻变化的新形势，推进文化产业与科技的深度融合，建立健全以企业为主体、市场为导向、产学研和谐共生的文化科技创新体系。运用现代科技改造传统产业，加快发展文化创意、动漫游戏、数字开发、网络视听传输等新兴文化产业，大幅度提升新兴文化业态在文化产业中的比重。建议将国家高新技术产业支持政策加入高科技新兴文化产业，以生产出更多原创性的文化产品，提升文化产品的附加值。

七要优用地。将文化产业设施建设用地纳入城市规划、土地利用总体规划和年度计划，优先安排国家级文化产业园区、基地、实验区和高新技术项目建设用地，并减免相关的地方性收费和行政事业性收费。新农村建设中也应适当考虑文化产业发展用地。支持利用工业厂房、仓储用房、传统商业街等存量房地资源，转型兴办文化企业。对民营机构投资兴办剧场等文化产业基础设施的，政府应给予土地等方面的支持。

八要拓市场。在构建国内文化市场方面，要发展书报刊、电子音像、演出娱乐、动漫游戏、广播影视等产品市场，培育文化人才、信息、技术等交易市场，建立健全文化资产评估体系、文化产权交易体系，构建以版权交易为核心的各类文化交易市场，不断提高文化生产要素流通的市场化程度。在拓展国外文化市场方面，要培育一批具有较强实力和国际竞争力的外向骨干企业和企业集团，加大对文化出口重点企业和重点项目的扶持，使之成为对外文化贸易的主力军，鼓励文化企业以控股、参股等多种形式在境外兴办实体，设立分支机构，也可成立区域性的营销机构，打造具有重要影响力的国际文化产品贸易交易平台，开拓中华文化、中原文化的发展空间。

九要铸名品。深入挖掘中原丰厚的文化资源，将传统元素与时尚元素融汇，民族特色与世界潮流对接，打造一批具有自主知识产权的知名文化品牌。就演艺产品而言，既要精益求精地继续打磨高票房的《禅宗少林・音乐大典》《大宋・东京梦华》《水秀》等一批重大文化产业项目，又要整合、经营好风靡全球、在国际市场上吸金力颇强的少林功夫剧、武舞合璧的禅宗舞剧和中原杂技在境外的巡演，也要重视关注已在省内外演出突破千场的现代豫剧《村官李天成》、在境内外演出中都受到热捧的古装豫剧《程婴救孤》、开传统戏曲与现代传媒巧妙结合之先河且十多年收视率一路攀升的《梨园春》等在戏曲舞台上的精彩表现。实现重大项目带动战略，如：建立以洛阳龙门石窟、安阳殷墟、中岳嵩山历史建筑群为依托的世界文化遗产保护基地，使之成为货真价实的国际旅游目的地；发挥中国八大古都中原有其四，另有八座国家级历史文化名城的优势，建设中华古都名城体验区域；依托中国百家姓大半源于中原的资源，建设中华姓氏文化园；建设开封宋都古城文化产业园区。通过实施一批带有全局性、基础性、示范性的重大工程和名牌项目，提升中原经济区文化产业的规模化、集约化、专业化、品牌化水平，“弘扬中原大文化，增强文化软实力”。

（2012年）

大别山区集中连片扶贫开发要加大力度、别开生面

一、要设立高、中、低三个目标

“高”目标，就是实现将大别山片区扶贫开发振兴上升为国家战略，像国务院批复的中原经济区、武汉城市圈、皖江经济带国家发展战略那样，更准确地说，就是像今年3月国务院批复的《陕甘宁革命老区振兴规划》和正在紧锣密鼓推进、近期有望上升为国家战略的赣南等原中央苏区振兴发展意见那样。“高”目标还意味着，破除对大别山老区的“政治歧视”，在片区的扶持政策方面，力争向井冈山、延安、百色、遵义等革命老区看齐，享受与它们同等的待遇。请注意，这里讲的不是“攀比”，而是“看齐”，是靠拢、比照、借鉴、衔接、学习。

“中”目标，就是将大别山片区作为实施《中国农村扶贫开发纲要》（2001—2010年），集中连片特困地区脱贫致富和革命老区振兴发展的试验区或示范区，形成三省整体联动、相得益彰的区域扶贫开发格局。

“低”目标，就是督促大别山片区按照国务院扶贫开发领导小组的统一部署和国务院扶贫办的具体要求，如期（即2012年10月前）高质量地完成片区规划的编制工作，迎头赶上，当然，时间要服从于质量，不可吃“夹生饭”，并建议国务院早日批复。

二、要大大区别于其他一般地区，在“特”字上做文章

大别山、大别山，就是要别开生面、别有洞天、“映日荷花别样红”“别有一番滋味在心头”。要有不同于其他片区的大思路、大举措、大手笔、大动

作。大别山片区既然被中央定为“全国集中连片特殊困难地区”，扶持开发这一“特殊困难地区”，就要有“特殊”办法，在“特”字上做足文章，除了采取整村推进、就业扶贫、试点扶贫、定点扶贫等一些共性措施，更要有针对性地争取一些含金量高的“真金白银”和特惠政策，多一些“干货”，力争实现实质性突破，使大别山片区的扶贫开发走出一条不以牺牲农业和粮食、生态和环境为代价的新型城镇化、新型工业化和新型农业现代化协调科学发展的路子。

（一）在财政扶持方面

1. 大幅度增加中央财政对大别山片区一般性转移支付额度，使片区内人均财政支付水平先接近、再达到全国平均水平。相关专项转移支付资金都要向该片区倾斜。

2. 坚决取消大别山片区市、县两级财政的项目配套资金。“可怜大地鱼虾尽，犹有垂竿老钓翁。”不能再对特困地区“钓鱼”了。

3. 快刀斩乱麻式地消解大别山片区的政府债务。对历史上按照上级安排用于农业、教育、卫生、生态、民生、社会保障、公共设施建设等方面形成的政府债务，予以豁免，帮助该片区卸下沉重的政府债务和历史包袱。

（二）在税收扶持方面

1. 对大别山区发展绿色能源和特色产业，减免所得税。

2. 对大别山区贫困村的基础设施建设、公益事业建设项目，给予免税优惠。

3. 对这一片区新办的劳动密集型企业和农副产品加工业，三年内免征所得税。

4. 对国家和省级扶贫龙头企业，适度减免税收；对企业向扶贫事业的爱心捐赠，要在所得税前扣除。

（三）在金融扶持方面

1. 设立专项基金或担保基金，完善扶贫贷款贴息政策。推动大别山片区金融产品和服务方式创新，开展小额信用贷款，满足扶贫对象和扶贫企业（特别是小微企业）发展生产的资金需求。

2. 增加大别山片区信贷规模，坚决堵住农业贷款非农化、扶贫贷款扶富化的黑洞和口门。要强制性地把中央关于贫困地区县域法人金融机构将新增可贷资金的70%以上用于当地经济建设的规定落到实处，不要再在信贷资金上挤农、占贫。要扭转金融机构“嫌贫爱富”的倾向，变“阎王爷不嫌鬼瘦”为“阎王爷可怜鬼瘦”。

3. 支持大别山区组建一批为当地经济社会发展服务的县、乡银行和非银行金融机构。可论证设立“大别山银行”，并在鄂豫皖三省设立分行；也可以借鉴孟加拉国村镇银行的模式，向贫困农户提供小额贷款服务。

（四）在生态补偿方面

1. 调整生态补偿办法。对大别山区的生态功能保护区、生态公益林、重点水源地给予重点补偿。

2. 完善管护性生态补偿机制。加大对重点公益林管护的投入力度，将现行的森林生态效益补偿金标准提高3—5倍，并逐年增加。

3. 完善大别山片区水资源补偿制度。提高对片区内水库淹没区、超水位蓄水淹没区、行蓄洪区的补偿标准，加大对库区和移民安置区的后期扶持力度。

（五）在项目布局方面

1. 高度重视大别山片区支柱产业的发展，上一批帮助贫困群众增收致富的产业扶贫项目，并围绕增收富民项目安排和布局道路（包括打通断头路、建设连通路）、水利等基础设施项目。按照大别山片区的战略定位，扶持建设粮食生产核心区、特色农业示范区、生态环境友好区、文化传承创新区。

2. 国家要在大别山片区重点布局一些重大项目。大别山区的脱贫致富和振兴发展，从根本上说，有赖于国家一大批重大项目的支撑和带动。国家要有一批重大项目（包括交通、水利、能源、高科技等项目，三省都提了项目清单，要精细筛选、纳入规划）在大别山片区布局，旅游公路、红色景点景区等重大基础设施项目要在大别山片区落地。

（六）在联动机制方面

1. 强化国家住建部的牵头联系功能。国家扶贫办和国家发改委确定，国家住建部为大别山片区的牵头联系单位。建议住建部当仁不让、高度重视、领导挂帅、大员出征，在部里设立大别山扶贫攻坚办公室，并加强指导、协调、督促。

2. 抓紧建立鄂豫皖三省联席会议制度。大别山片区地跨三省，亟须探索建立三省联动机制。三省同属我国中部地区，占中部六省的一半省份。要建立高层沟通、协调渠道。建议本着“协作、互利、共赢”的原则，将大别山片区扶贫开发体制改革与创新、产业结构调整分工与协作、资源整合、市场开放、基础设施建设、文化和旅游建设等事项，纳入一年一度的由中部六省书记、省长带队出席的中部高层论坛的议题。尽管大别山处于三省的边缘地区，但不能被“边缘化”。三省常务副省长和分管副省长为联席会议召集人，发改、财政、交通、住建等部门为成员单位，各尽其能，形成合力。三省扶贫办则应责无旁贷地担负起统筹、协调、联络的责任。

（2012年）

政协第十二届全国委员会

【提案】

关于充分发挥社会组织在公共文化建设中的作用的提案

中共十八大提出："加快形成政社分开、权责明确、依法自治的现代社会组织体制。"十七届六中全会要求："支持社会组织、机构、个人捐赠和兴办公益性文化事业，引导文化非营利机构提供公共文化产品和服务。"

一、重要作用

大力发展非政府、非营利性质的社会组织，对于促进社会主义文化的大发展大繁荣意义重大。

就公共文化服务领域而言：眼下，我国的公共文化服务体系主要由隶属于文化新闻出版广电部门的文化事业单位构成，并不包括工、青、妇、科协等群团、社团中的众多文化事业单位，这些文化事业单位基本处于自发自流状态，亟须纳入我国公共文化服务体系；这些文化机构并不是意识形态宣传机构，大多也没有承担国家文化遗产的保护和传承功能，鼓励社会力量进入，将其发展为形式多样的非政府非营利性文化机构，顺理成章。

就文化产业领域而言：创新非营利性文化市场主体迫在眉睫。例如演艺业，这可算是文化体制改革推进最为彻底的一个文化产业门类了。然而，从演艺业的性质和发达国家演艺业的经验看，它既具有高原创性的特点，需要分散化的资源配置予以适应，又存在"成本弊病"，大多无法作为营利性机构运营，仅有极少数能够成为利润丰厚的营利性机构。看来，“营转非”、非营利机构很可能成为我国演艺业深化改革的体制性选择。

就文化市场领域而言：我国文化领域的改革已经进入政府部门精简机构、转变职能的新阶段。要想将行政化的管理，转向主要依靠社会组织自治型的管理，使政府专心于法律法规和政策环境建设，而不再忙于应付具体的管理事务，就必须大力发展文化类的社会组织，以适应政府管理职能的转变。

二、存在问题

1. 思想观念方面。政府过多地直接办文化，占用了大量的公共资源；政府财力的增加远远满足不了人民群众对公共文化的多样化需求。政府部门亟须实现由“办文化”为主到“管文化”为主的理念转变。

2. 政策法规方面。现有的一些法规和配套政策不够完善，制约了社会组织投入公共文化建设的积极性，亟待修订。

3. 机制形成方面。目前，社会组织通过各种方式参与公共文化服务，大多以零敲碎打为主，稳定的多元参与机制、社会组织服务激励机制、公共服务资金保障体系尚未形成。

4. 渠道畅通方面。政府购买服务较少涉及公共文化设施的运营、文化项目的运作，大量的社会资金和力量望“文”兴叹，欲进无门，徘徊于文化建设的大门之外。

三、对策建议

1. 转变思想观念是当务之急。政府文化部门要加快转变观念，尽快完成由“办文化”为主向“管文化”为主的转变，为社会组织进入公共文化领域提供广阔的空间。文化管理部门要从烦琐的具体操办文化事务中解脱出来，着力建设文化管理体制，引入公平竞争机制，运用社会组织的市场化运作，理顺供求关系，实现公共文化服务提供主体、提供方式、文化产品的多样化，形成政府主导、社会参与、多元投入、协力发展的格局。

2. 政府购买服务是重要举措。政府主办的公益性文化活动和其他文化项目，如文化节庆、电影下乡、社区文化活动等，凡能用政府购买服务方式进行的，均可通过招标采购、项目外包、授权、补贴等办法，交由社会组织承办。应通过资格认定和公平、公开、公正的竞争机制，选定承办机构，并规范跟踪管理，逐步扩大政府购买服务委托社会组织承办的范围，加快推进公共文化服务的社会化和市场化。

3. 拓宽参与渠道是必然选择。放宽非营利性文化组织的登记条件，降低注册门槛，简化操作手续；对一些公益性文化类社会组织，可以通过授予个人“名誉馆长”“名誉顾问”等荣誉职衔以资鼓励；凝聚社会力量，组建志愿者队伍，大力推行文化义工服务，缓解公共文化服务体系建设中人力资源短缺的矛盾；充分发挥民间文化机构的作用，整合民间力量资源，加强对他们的培训和使用，提高民间文化机构承办重大活动的能力，增强他们的生存、创新和组织能力。

4. 完善政策法规是推进方向。完善政策法规，激励社会组织参与公共文化建设。社会组织兴建博物馆、图书馆、体育馆、文化艺术场馆，应视其投资额或建筑面积，给予资金补助或免税奖励，并提供相应的运行保障；完善社会组织捐赠激励机制，通过减免税费、表彰冠名、业务培训、项目帮扶等优惠政策吸引投资方和赞助方，引导社会组织以不同形式捐赠或赞助公共文化事业；对企业捐赠公益文化事业的，还可酌情从土地转让、建设规费、水电使用等方面给予一定优惠；设立公共文化服务基金，广泛吸纳来自公共财政、文化产业经营收益和各种社会力量捐赠的资金。

（2014年）

关于政府购买公共服务的提案

政府购买公共服务是深化社会领域改革、建设服务型政府的重大举措。为把这一项合民心、顺时势的重大改革引向深入，谨提以下建议：

一、突出公共性、公益性，把能增加社会净福利的服务作为重点购买对象。在政府财力有限、社会需求多样的形势下，要突出公共性和公益性，在厘清政府职能的基础上，按百姓所需制订和调整采购公共服务的目录。包括养老助残、社会救助、社会矫正、法律援助、技术培训、就业服务、矛盾调解、环境维护、文体设施与场所的养护管理等在内的社会公益服务，与政府机关自身利益关系不多，却与增加群众净福利直接相关，应将此类服务作为当下政府购买的重点。

二、忌“政府配餐”，让“百姓点菜”。应切实改变政府转移职能中的越位、缺位和错位现象，谨防部分政府机构异化为“雇主”，或“闲着媳妇找保姆”，利用购买“岗位”养人，或利用购买服务变相“甩包袱”，将购买主体与承接主体之间平等的“伙伴”关系变成“雇主与伙计”关系。为此，宜规范公共服务购买的基本流程：首先向百姓问需，从群众所需中筛选对路的项目；经过评审，设定具体服务指标、标准；进行公示，接受群众评议，确定购买项目。通过阳光操作，变“政府配餐”为“百姓点菜”，“只买对的，不买贵的”，提供更加人性化、专业化、多样化的服务。直接受益者应当是普通民众，而非职能部门、公务人员。

三、释放政策强音，对三大承接主体实行差别化的扶持政策。在三大承接主体中，企业和事业单位相对优势较强，社会组织力量较弱。对于实力较弱的社会组织，要进行培训、孵化，打通社会组织、社会工作者职业的长期发展通道，出台行业发展、从业人员薪酬待遇指导意见；把一些技术要求不高、比较分散的项目委托给这些非营利性社会组织来做，给予困难群体和社会组织以适当的政策倾斜；扩大非营利性社会组织税收优惠的种类和范围，对它们不应像企业一样收税。对于培育企业力量承担公共服务，则应强化监督，确保公共服务质量和财政资金使用效率，积累社会各界对企业承担公共服务的信心。对于事业单位，应改变政府“以钱养人”“养人不养事”的财政支出模式，与事业单位的改革紧密挂钩，以改革促使部分事业单位转变成新型社会组织。通过以上差别化的政策，推动政府职能由“划桨手”向“舵手”的转变。

四、建立央地、部门购买公共服务的协调监管机制，引进社会力量参与考评。中央财政通过向地方转移支付，协调资源配置；地方政府组织实施购买行为。各级职能部门应明细分工，比如：可由财政部门负责制定相关制度，牵头做好资金管理工作；编制部门负责界定政府转移职能事项；民政部门负责核实参与竞标社会组织的条件；审计部门负责对资金进行审计；购买主体负责进行跟踪监督。制度约束应遵循细致清晰、尽量减少解释空间的原则，与企业的合同应尽可能量化，将能够量化的指标和奖惩措施体现在合同中；对社会组织可建立奖优汰劣机制，科学设定社工组织服务等级，建立等级评定和淘汰退出机制；注重发挥人大、政协的监督作用，引进评估机构、评估专家等第三方，参与从购买服务内容选择、价格制定、效果评估到提升承接主体能力等全过程；将公共服务绩效管理与政府部门资金分配、业绩考核等关联挂钩。

五、防微杜渐，不能让政府购买服务成为寻租、腐败的新灾区。政府购买公共服务资金，包括财政预算支出、专项经费、彩票公益金、行政性事业收费等多个项目。由于资金管理缺乏统一要求、项目与资金管理衔接不畅等原因，违规、垄断、挪用、截留、侵占、暗箱操作、逆向选择等乱象浮现，初露设租、寻租等贪腐隐忧。为避免政府购买服务成为腐败的新灾区和易发领域，应创新和完善政府购买服务的制度框架和资金运作机制，在政府公共财政预算中增加对购买公共服务的专项预算，实行规范化、程序化、科学化管理；将购买、委托、评估、认证、问责等纳入法定程序，建立政府购买服务的长效机制；鉴于政府购买服务是财政资金分配方式的重大变革，建议尽快出台政府购买公共服务的预算管理办法、资金管理办法、操作程序规范、绩效评估办法，相关法律法规的制定应当提速。通过多策并举，使这项重大改革的红利真正惠及广大民众。

（2014年）

关于诚信建设的提案

人无信不立，家无信不和，友无信不久，企无信不旺，法无信不威，政无信不治，国无信不稳，世无信不安！诚信建设需要多角度着手，全方位推进：

一、抓住诚信建设的“牛鼻子”，治理政务失信“源头污染”。政务诚信是整个诚信建设的基石、风向标和突破口。如果说社会失信弄脏的只是“水流”的话，那么，政务失信污染的则是“水源”，所造成的是“源头污染”。先辟谣后认账、只承诺不兑现、朝令夕改、数据掺水等是政务失信的突出表现。应拿出足够的政治智慧和勇气，推动建立公职机关和公务员队伍的诚信档案，加大政务信息公开力度，责无旁贷地引领“诚信中国”建设。

二、依靠制度规约和市场主体遏制商业失信蔓延。商务诚信是诚信社会建设中的关键领域。近年来，以食品安全为焦点的制假售假等商务失信问题，呈现出从城市向农村、从小店向大店名店、从线下向线上蔓延的态势。我国企业每年因信用缺失导致的经济损失高达6000亿元。应以信用法律法规和社会信用制度约束企业行为，为守信企业创造良好的营商环境；对商业欺诈典型案例，要以“壮士断腕”的决心，依法严查严处，不怕一时一事对增长和就业产生的短暂影响。

三、构建诉讼诚信体系，提升司法公信力。不公开、不透明，往往成为滋生司法不公和司法腐败的温床。应拓宽司法公开渠道，通过全流程即时、全面公开，保障公众对司法工作的知情权、参与权、表达权和监督权，强化对司法人员失信惩戒和权力监督力度，最大限度遏制和惩戒诉讼失信行为，压缩司法不公的滋生空间。

四、让诚实守信的精神丰碑巍然屹立，让诚信的正能量喷发涌流。凡人善举，一诺千金，社会上诚信楷模大量涌现，诚实守信的精神丰碑就屹立在我们的身边。要大力推进诚信文化建设，深入挖掘民间文化资源和道德自觉精神，传承弘扬中华优秀传统文化中的诚信理念，大张旗鼓地表彰诚实守信的先进集体和模范人物，使更多的社会成员恪守诚信、抵制失信，让诚信的正能量竞相喷发、充分涌流。

五、运用诚信教育的黄金期，提升青少年的诚信水平。青少年的诚信素质在很大程度上决定着我们国家的未来。一些媒体过度炒作违信题材，形成负面效应；一些学校一味追求学业成绩，诚信教育难以入脑入心；一些家长诚信缺失，沦为反面教员。社会、学校、家庭应多角度入手，形成对孩子诚信教育的合力。比如：培育网络社会正能量，加强社会主义核心价值观的宣传教育；以体验式、案例式、讨论式、引导式教学，对孩子们进行潜移默化、润物无声的诚信教育；家长们要秉持良好家风，身体力行，不要让诚信教育硕果一回家就被颠覆殆尽。

六、对诚信蛀虫——“灰色中介”应严厉打击。当前，在考试舞弊、论文造假、证件伪造、信用卡违规套现、房价低评等各类违法失信活动中，均有一些“灰色中介”参与其中，其活动能量之大、影响范围之广令人咋舌。应摒弃对诚信蛀虫“睁一只眼闭一只眼”的暧昧态度，开展专项整治活动，清理其网络推广渠道，铲除其呼风唤雨、毒化社会风气的制度土壤。

七、积极借鉴国际诚信建设的成熟经验。世界主要发达国家已普遍建立了较为完善的社会信用体系，如“政府+市场”的欧洲模式、市场主导的美国模式、行业协会主导的韩国模式等。应借鉴国际经验，充分发挥政府作用，建立政府与市场力量有机结合的诚信建设机制。

八、诚信体系信息安全防范不容忽视。随着政府、企业、个人信息的大量汇集，信息安全问题也随之凸显。“棱镜门”事件表明，国外以技术手段窃取我机密的事件并不鲜见；国内的信息非法倒卖活动也相当猖獗。在社会信用体系建设海量信息的整合、传输、发布过程中，一定要采取严密防范措施，确保信息安全。包括信息分级、权限分级、涉密信息与国际互联网物理隔离、防范内部人员泄密等等。

综上所述，一言以蔽之：诚信体系不立，国不宁、民难安！

（2014年）

关于在城镇化进程中传统文化保护与传承的提案

博大精深的中华优秀传统文化是我们在世界文化激荡中站稳脚跟的根基，培育和弘扬社会主义核心价值观必须立足中华优秀传统文化。当前在城镇化进程中，一些地方不重视保护与传承传统文化，需要采取有效对策加以解决。

城镇化进程中传统文化保护与传承存在的问题

保护与传承意识亟待加强。一些地方对传统文化缺乏科学认知，保护意识淡薄，在城镇化进程中对传统文化保护与传承的重视不够，对历史文化遗产保护不力，重发现、轻保护和重开发、轻管理的现象不同程度地存在。

“建设性”破坏不断蔓延。在政绩焦虑、利益冲动和形式主义驱使下，许多城镇的高楼林立往往是以割断文脉和弃置乡愁为代价的。典型的表现是，不加区别地搞拆旧建新、拆毁重建、“全面改造”等破坏性开发，使大批古旧建筑、历史街区、人文景观、名人故居等毁于一旦；拆掉真文物、建造假古董的现象屡有发生，原有的城市风貌、文化遗存、地方风情的完整性、真实性不复存在；人工化、同质化痕迹明显，逐利化运作、超负荷利用倾向严重。

保护与传承路径不够畅通。对保护与传承传统文化的管理还远未到位，相应的管理体制机制不健全、不完善；传统文化与城镇化规划的融合度不高；推进主体单一，社会力量参与不够广泛。

相关立法欠缺滞后。尚没有全国性的法律法规，地方性法规也不多，对在城镇化进程中如何保护和传承传统文化缺乏立法层面的刚性约束和规范性指导。

在城镇化进程中保护与传承好传统文化的对策

留住乡愁的理念应牢固树立。乡愁是一种故土情结、人文情怀、社会情缘、精神情韵。乡愁在长期的社会迁流中渐渐成为中华文化的传统元素和精神基因，成为民族情感的依凭与精神家园的归附。在新型城镇化过程中，一定要牢固树立乡愁理念，将历史与人文作为不可或缺的要素纳入其中，将人们对乡土气韵、桑梓情愫和历史记忆的眷恋与思念体现出来，确保人们能带着“传统”进入“现代”，而不是怀着割断乡愁的遗憾入住水泥森林，从而成功跨越“城镇化是埋葬乡愁的坟墓”的陷阱。

保护与传承的举措应更加有力。一应坚持整体性。把传统文化融入城市发展顶层设计与整体规划，将传统文化元素、文化脉络纳入城镇规划与建设，为传统文化预留出发展的空间，划定市民文化生活的场地，从硬件到软件都全力避免传统文化的流失。对城市历史文化遗存及其周围环境，包括相关的街区、景区、地段、景点，应进行整体性保护。二应保持原真性。以对传统文化的敬畏心善待身边的文化，决不能搞大拆大建，在商业化开发中把珍贵的传统文化肢解掩埋；以对历史的责任感，建设有历史记忆、地域特色、民族风情的美丽城市，切不可盲目地将历史推倒铲平。要保护体现城市历史文化的原先的、本来的、真实的珍贵历史原物，保留它们所蕴含的重要历史信息，尽量用原工艺、原材料、原式样修补整治，保存其历史本来面目。三应体现“可读性”。慎砍树、不填湖、少拆房，做到能在城市文化遗存上读得懂它的历史，读得出家国情怀、文脉沿革和精神归属，承认和保留不同历史时期有代表性的时代痕迹，避免大片拆迁、大片重建、完全抹去历史印记的错误做法。四应彰显可持续性。一张蓝图绘到底，咬定青山不放松，一以贯之、坚持不懈地搞好保护与传承，让新城、新楼、新区、新街与古镇、古村、老房、老树、老井互为映衬、和谐统一，真正建立既能传承传统文化、又能体现时代特征的新型城镇化体系，把城镇建设成为历史底蕴厚重、综合功能完善的人文魅力空间。

社会参与的程度应广泛深入。在城镇化进程中保护与传承好传统文化，各级政府固然应承担起主导与主体职责，社会各界、广大民众、文化文物工作者也责无旁贷。应制定鼓励社会力量、社会资本公平参与的政策和办法，拓宽社会力量参与渠道，建立健全社会参与传统文化保护与传承的统筹协调机制、咨询决策机制和社会监督机制；构建市场与政府双重动力机制，用“看得见的手”引导“看不见的手”，促进市场与政府协调运作，动员和吸收社会方方面面的力量，更加广泛地投入传统文化保护与传承事业。

法律法规的制定应加快跟进。应尽快出台全国性的法律法规，厘定城镇化进程中传统文化保护与传承的原则性标准、基本制度措施和各方应负的法律责任。传统文化具有很强的地域差异性和形态多样性。各地应根据本地传统文化保护传承的现状与城镇化的实际，抓紧制定完善各具特色的地方性法律法规，确保在城镇化进程中不脱离“根脉”、不失去“个性”、不丢掉“味道”，使美丽自然景观和传统文化特色得到有效保护，在历史传统与现代文明的珠联璧合中铸造充满文化智慧的城镇之魂。

（2014年）

关于治理城建乱象彰显文化自信的提案

新中国成立后，我国城市建筑成就举世瞩目，人民大会堂等北京十大建筑堪称经典之作。改革开放30多年来，我国城镇化快速推进，一批现代建筑充满时代气息、美轮美奂。但在城镇化快速推进的进程中，也出现了形形色色的“奇葩建筑”，不断冲击社会公众的审美底线，引发人们强烈吐槽。对此，习近平同志指出，城市建筑贪大、媚洋、求怪等乱象由来已久，这是典型的缺乏文化自信的表现，也折射出一些领导干部扭曲的政绩观。当前，治理城市建筑乱象需要多措并举，尤其要确立文化自信。

城市建筑五大乱象

乱象一：崇洋。这些年来，复制国外地标性建筑的山寨之作在不少城镇粉墨登场，以美国白宫的出镜率为最高。同时，笃信“外来的和尚会念经”，请外国人进行建筑设计之风也迅速蔓延。我国四大一线城市2006年以来兴建的19座大型地标建筑中，主设计师为外国人的达15座之多。一些在西方都很难被付诸实施的“超前卫”建筑设计，在我国也有人追捧，西方建筑理念如水银泻地般在我们的一些城市流淌，我国俨然成为国外建筑设计师建筑理念的“试验场”。

乱象二：求怪。相较于崇洋追外的洋派建筑，一味追求怪异造型而罔顾安全、不讲实用的雷人设计更是屡见不鲜。一些号称“后现代”“反力学”的奇异建筑纷纷出笼，与周边环境极不协调，与大众审美大相径庭，与民族文化格格不入。不少设计师以是否具有视觉冲击力作为主要价值取向，认为颠覆传统、与众不同就是“标志性”，似乎什么样的建筑形态都有存在的理由。

乱象三：趋同。“擦黑板式”的旧城改造屡见不鲜，城市的传统个性荡然无存。建筑设计师相互抄袭司空见惯，为了赶工期、抢时间，往往东拼西凑、照抄照搬，大中小城市如同个头不一的“一母同胞”。城市模样雷同、呆板，火柴盒般的“水泥森林”遍布神州大地。一眼望去，各个城市几乎是清一色的高楼大厦和千篇一律的市政风貌。

乱象四：贪大。近些年来，各地大都做起了“大规划”。一时间，大广场、大马路、大街区、大立交、大草坪纷纷上马，竞相比高、比大、比技术难度。一些地方政府出资的项目在这场竞赛中推波助澜，不时有新建筑刷新全国乃至全球建筑高度、体量等纪录。在全国的地级市中，不少城市正在规划建设“国际大都市”。有人预计，到2022年中国摩天大楼将达1300多座，是美国的2.5倍。

乱象五：逐奢。一些地方政府财力有限，却乐于上马一些华而不实的奢华工程。在严重缺水的地方挖人工湖、建大喷泉，打造“北国江南”；对城区道路反复开膛破肚，还称之为“实施畅通工程”；安装价值不菲的景观灯，打造“不夜城”。这些不计成本的“烧钱”建筑，有的被作为夸功炫绩的工具，有的则沦为贪官与不法商人利益输送的温床。

建筑是石头书写的史书，是最为显像的文化符号。城市建筑之所以乱象丛生，一些地方以权代法的决策者、唯领导马首是瞻的设计师、将可行性研究做成“可批性”研究的职能部门，都难辞其咎。但究其根本，城市建筑乱象暴露的是扭曲混乱的价值标准和陷入迷茫的文化传承，反映出我国建筑行业缺乏文化自信。治理城市建筑乱象，关键是确立文化自信，推动建筑文化在中国文化序列中展现独特魅力和厚重底蕴。

构建中国特色建筑文化

中国建筑要面向未来，但我们更不能忘记它还背靠五千年中华文明。我们应认真梳理和汲取拥有强大生命力的中国传统建筑风格和元素，坚持以人为本的建筑本原，既研究传统建筑的“形”，更传承传统建筑的“神”，妥善处理城市建筑形与神、点与面、取与舍的关系，在建筑文化泛西方化和同质化的裹挟面前清醒地保持中国建筑文化的独立与自尊。在此基础上，我们要弄清楚西方建筑文化的来龙去脉，把东西方建筑文化融会贯通，在继承民族优秀传统的过程中吸收西方优秀建筑理念，在与西方建筑技艺交融对话中不断发展中国建筑文化，努力建造体现地域性、文化性、时代性和谐统一的有中国特色的现代建筑。应抓紧构建体现民族特色、符合时代需要的中国建筑文化，让建筑回归理性，以用为先；回归生态，以俭为先；回归社会，以公为先；回归专业，以责为先。鼓励院校、专家、媒体开展建筑文化讨论，在大众媒体开设建筑文化专栏，在全社会树立正确建筑价值观，在新型城镇化进程中注意弥补国民建筑文化素养的不足。从娃娃开始抓审美文化教育，在义务教育阶段重视美学素质培养。作为"关键少数"，各级领导干部尤其应补上建筑文化这一课。

让城市建筑规划设计回归理性

规划科学是最大的效益，规划失误是最大的浪费，规划折腾是最大的忌讳。治理城市建筑乱象，应从扭转非理性的规划设计入手。在建筑规划设计中，牢固树立保护和弘扬民族优秀传统文化的理念，对城市核心区建筑文化的保护和传承要划出红线，注重延续城市文脉。从历史和文化的视角审视城市建筑规划设计工作，找到符合国情和地域文化的规划方法，在深入挖掘建筑文化内涵和区域特色上下足功夫。

城市规划部门应严格把关，对不合理、不合格、不和谐的规划设计坚决说"不"，从严从细制定规划设计的规范，不给粗俗、浪费、复制、抄袭的规划设计方案开绿灯，营造严谨重质的氛围。强化规划设计管理，以鼓励尊重文脉、创新设计为出发点，制定管理目标、管理办法及综合应用细则，为推出更多科学合理的规划设计方案提供有力制度保障。

大力提升建筑设计师的文化素养

有人说，奇怪建筑产生的责任归属应当三七开，决策者七、建筑师三。事实的确如此。一方面，面对汹涌而至的欧美建筑潮流，一些还不成熟的年轻建筑设计师不免眼花缭乱、失根失重；另一方面，在巨大的新增建筑数量面前，我国建筑设计师与人口之比仅为西方发达国家的1/5到1/10。高强度、低收费、恶竞争，使我国一些年轻的建筑设计师出现"拿着农民工工资，掐着秒表加班”的状况，于是，敷衍应付、东拼西凑、囫囵吞枣、山寨模仿也就成了常态。

应下决心改变我国建筑设计行业出现的行业生态堪忧、专业素养不足的窘境，大力加强建筑设计人才队伍建设。特别要注重提高建筑设计师对中国优秀传统文化的理解和自信，消除迷茫和误解，立足民族优秀传统，珍视历史文脉的继承和发展。同时，让建筑设计师学习环保、节能、智能等国际先进技术和经验，在深入了解西方过程中反思自己，在与世界文化对话中提升自己，进而将建筑文化上升到哲学层面进行认识，并用通感、体悟等东方思维模式对其进行升华，完成中国传统建筑文化在当代的重构。唯有如此，才能培养既尊重国情与历史、又懂得西方与现代的优秀建筑设计人才队伍，促使城市建筑走上传承文化、鼓励原创、重视质量的良性发展之路。为充分发挥建筑设计师的主观能动性，确保建筑设计师在工程设计中的主导作用，应早日出台相关法规，将建筑设计纳入法治化轨道。

坚决摒弃“长官意志”和“瞎指挥”

畸形政绩观对城市建筑的“瞎指挥”，是城市建筑出现乱象的重要原因。为此，应完善决策机制，把错置在领导干部身上的城市建筑话语权交还给市场和使用者，将行政权力严格限定在项目合法、经济可行等把关方面，让政府成为强有力的监督方；健全民主集中制，形成项目绩效评价硬约束，加强对财政资金使用的管理，遏制举债建设“形象工程”；规划和建设部门除了把好程序合法关，还要把好建筑艺术关和技术关，使城市建筑既不是简单由行政力量定夺和摆布，也不是任由商业力量主宰和决定；将招投标信息、评审意见、领导决策意见等全部在网上公布，杜绝暗箱操作，冲破利益圈子；完善决策全程记录存档制度，使决策过程可事后追溯、决策过错能有据可究；充分发挥地方人大行使重大事项决策的权力和人民政协民主监督的作用。

治理城市建筑乱象，当务之急是建立实实在在的公众参与机制、提高专业人士话语权。相关责任人必须认真接受建设委员会的审查质询，确保评审团的专业性和独立性，从机制上防止专家团成为决策者的“应声虫”和“表决器”。建立方案公开和决策信息公开制度，主动征询公众意见。同时，可加强对已建、在建、在批建筑的审核、改造。对已建建筑要认真梳理排查，需要改进又能够改进的，应协调业主单位进行改进；对在建建筑要进行复核，确有必要的要在设计方案上作出调整；对在批建筑更要进行严格审核，发现问题立行立改，决不姑息迁就。

（2015年）

关于加强社会组织建设应选准突破口的提案

中共十八大报告和国家“十二五”规划纲要都强调“加强社会组织建设”。据民政部统计，截至2012年底，全国共有社会组织49.9万个，其中，教育类最多，社会服务类次之，基金会数量也不少。在社会管理创新成为国家战略目标的强力推动下，社会组织增长提速，在为社会提供公共服务方面发挥着愈来愈大的作用，日益成为政府转移职能的“承接器”和现代服务业的“新业态”，推进政社互动、社会和谐的“连接桥”和“润滑剂”。

一、困难和问题

当前，社会组织在发展中遇到的主要困难和问题：

一是社会组织管理体制不健全。我国对社会组织实行的是挂靠单位、业务主管部门与民政登记机关双重负责的管理体制。在现行体制下，登记注册的社会组织多由政府部门和国有企事业单位主管主办，官办背景和行政化色彩浓厚；大量草根社会组织因找不到挂靠单位、没有“婆家”，而处于尴尬地位，面临生存艰难的窘境。

二是相关法律法规体系不完善。我国现行的关于社会组织的三项行政法规中，《社会团体登记管理条例》和《民办非企业单位登记管理暂行条例》发布施行已近15年，《基金会管理条例》出台也已近10年，与我国社会建设快速发展的需要严重脱节，亟待作出较大的修订与补充；这些行政性法规的法律位阶低，我国至今没有一部由全国人大制定的关于社会组织的“母法”，上位法的缺失，严重削弱了社会组织的独立法人地位；现有法规还存在着明显的盲点，例如：针对境外社会团体仅有1989年颁行的《外国商会管理暂行规定》，针对雨后春笋般涌现出来的城乡社区社会组织的相关规定尚未作出。

三是培育扶持配套政策不到位。对社会组织在财政资助、税收优惠、社会保障、人事管理、承接政府职能转移、公共服务等方面的政策规定，要么不明确具体，要么不相互衔接，要么不成龙配套。政府向社会组织购买服务的资金主要还是预算外资金，不少是用临时变通的办法解决，带有很强的随意性，缺乏刚性约束和稳定的经费来源。

二、对策与建议

以降低登记门槛为突破口，创造社会组织发展的宽松体制环境。应以实行社会组织直接登记制度为突破口，降低社会组织准入门槛，简化登记程序，推行城乡社区基层社会组织就在社区备案的制度，尽快将社会组织直接登记制度在全国范围内推开；取消对社会组织一业一会的限制和地域限制，允许公益类社会组织设立地方分支；探索适当放宽涉外社会组织登记管理权限，逐步将各类涉外社会组织纳入登记管理范围。加快社会组织“去行政化”改革步伐，让社会组织真正回归社会，尽量缩短社会组织“双重管理”体制从破冰到在全国范围内取消的时间。

以扩大政府向社会组织购买服务为突破口，制定培育扶持社会组织的配套政策。眼下，不妨从大幅度扩大政府向社会组织购买公共服务入手，将政府不该管的权限尽快下放，既助推政府走出越来越忙而问题越积越多的怪圈，又培育扶持了社会组织。从政府分离出的或新增的社会管理和公共服务事项，凡可以委托社会组织承担的，都尽可能通过政府采购等办法，向符合条件的社会组织购买；要本着“费随事走”的原则，将政府购买服务项目所需经费纳入各级公共财政预算；加强对政府购买服务的评估与操作管理，制定从项目确定、资金来源、运作方式、成本核算、资金拨付到绩效评估、审计监督的一系列办法规则，使政府购买服务的操作程序和机制更加公开、透明、合理。在中央和省市层面设立社会组织发展基金，重点培育一批公益类、服务类社会组织；分类制定对社会组织的财政补贴政策和税收优惠政策，扩大对社会组织税收减免的种类、范围和幅度。建立社会组织人才培训基地，出台社会组织专职工作人员权益保障办法，制定社会组织专职工作队伍职业化、专业化管理制度，培养一批公信力强的社会组织领军人物，建设一支浩浩荡荡的社会服务志愿者大军。建立重大决策征询有关行业社会组织意见的制度，探讨在各级政协设立社会组织界别的可能性和可行性。

以修订关于社会组织的三个行政法规为突破口，建立健全社会组织法律法规体系。当务之急是尽快修订《社会团体登记管理条例》、《民办非企业单位登记管理暂行条例》和《基金会管理条例》，以配合社会管理体制的改革创新，保证新体制的有效性和权威性，促进社会组织的发展健康、有序。抓紧制定《行业协会法》《境外非政府组织管理办法》《网络社团登记办法》等单项法律法规，适时出台《社会组织法》，从法律层面规范社会组织的性质、地位、职能、权利、义务、设立条件、登记备案、运行机制、信息披露、日常监管、行政处罚、违法审查等，实现政府对社会组织由行政管理向依法管理的转变。

（2015年）

关于努力实现基本公共文化服务均等化的提案

我国公共文化服务体系建设呈现出蓬勃发展、整体推进、重点突破的良好态势。

一、共性问题

以均等化为例，基本公共文化服务均等化工作在全国还处于起步阶段。不论是在区域均等、城乡均等、群体均等、机会均等方面，还是在过程均等、内容均等、权利均等、结果均等方面，都存在着一些不容忽视的问题。

1.基本公共文化服务在城乡之间、区域之间、不同群体之间反差明显。相对于城市的全覆盖而言，建有文体广场的行政村仅占总数的26%，通宽带和广播电视的自然村仅分别占27.7%和83.6%。东部地区人均文化事业费为44.38元；中部地区还不及东部地区的一半，仅为21.26元；西部地区尽管稍高于中部地区，但西部地广人稀、文化设施服务半径大，欠账更多；为老人、少儿、残疾人、农民工和边疆地区、民族地区群众服务的公共文化资源和项目明显不足。

2.资源分散、重复建设、重建轻管的现象普遍存在，资源整合、综合利用大有潜力可挖。近几年用于一个乡镇的各项扶持资金不下千万，但大多是专项转移支付，均衡性转移支付寥若晨星，下边无法自主支配，捏不成拳头，聚不起人气。这种部门主导的“条条”建设模式，使财政资金、设施项目、文化惠民工程分散在各个部门，缺乏统筹和整合，总量不足与资源浪费、服务短缺与设施闲置现象并存。

3.中央和地方财政的投入需要开足马力，财政保障机制有待完善。文化事业费占国家财政支出的比重太低，且呈逐渐下降之势，2010年、2011年仅为0.36%，降至改革开放以来的新低；与教育、科技、卫生等其他社会事业费占财政支出比重和人均事业费的大幅度增长，形成了巨大反差。

4.基本公共文化服务的范围和内容比较含糊，服务标准、服务规范缺位。服务水平和供给能力低，开放性、多元性、创新性不够，服务内容单一、老化，可选择性较小，对当地民族、民间文化资源的挖掘利用不够，古朴的民风民俗印痕正在流失，维系乡村社会和谐的文脉面临“断裂”危险，群众喜闻乐见的地方戏曲多半未纳入公共文化范围，供给与需求错位脱节。有些地方提供的是一些看不懂、用不上的书籍和老掉牙的旧影片；专职公共文化队伍数量严重不足，在编不在岗、在岗不尽责的现象突出。

存在的问题还有：保障水平低，服务效能不高，服务活力不足，科学有效的考核办法和群众评价反馈机制几近空白，公共文化服务立法明显滞后等。

二、对策建议

1.用好协调机制。文化部门应切实牵好头，宣传、发改、财政、人社、编制、新闻出版广电等部门应协同发力，对公共文化服务体系建设的重大事项号脉会诊，该协调的大胆协调，该部署的及时部署，细化顶层设计，推出推进基本公共文化服务标准化均等化的时间表、路线图。加快制定国家基本公共文化服务标准，适时出台构建现代公共文化服务体系的意见，统筹实施公共文化服务重大工程，解决基层文化队伍建设薄弱、人才匮乏的短板，推进文化志愿者建设。

2.科学界定内涵。包括基本公共文化服务标准化均等化的本质属性、核心理念、覆盖范围、提供内容、服务标准等。应以保障公民基本文化权益、满足基本文化需求为目的，以广覆盖、保基本、惠及全民、普遍均等为目标，以政府为主导，以公共财政为支撑，以经济社会发展水平为依据，以公益性文化单位为骨干，以标准化促进均等化，以均等化体现公平正义。应抓紧制定和完善公共文化服务标准体系，包括全国基本公共文化服务标准及相应的配套政策，省、市、县、乡各级政府公共文化服务的保障标准，公共文化设施建设、产品、管理、服务的技术标准。在现阶段，标准体系既要“保基本”，又要“限高度”。

3.落实政府责任。首要的是理顺各级政府间的财政关系，明确中央和地方的事权划分和支出责任，形成合理分担、常态化、可持续的经费保障机制，彰显公共财政对公共文化服务体系建设的支撑作用。应发挥政府的主导作用，强化政府的主导责任，将主要公共文化服务产品和服务项目、公益性文化活动纳入公共财政经常性支出预算，公共财政对文化建设投入的增长幅度不低于财政经常性收入的增长幅度，提高文化支出占财政支出比重。设立农村文化活动专项资金、文化惠民工程专项资金，确保中央财政和地方财政对公共文化建设的投入与年俱增、只增不减、有增无减。赋予基层政府统筹公共财政资金的权限，整合上级财政转移支付经费，综合施力，聚成合力。

4.优化支出结构。应以贫困地区为突破口，促进公共文化服务均等化，加大对贫困地区、中西部地区、农村地区、边疆地区、民族地区的倾斜力度。策划一批新的文化惠民工程，有条件的地方可以实施文化“低保工程”，保障包括庞大的农民工队伍在内的特殊群体和包括残障人士在内的弱势群体的基本文化权益。

5.加快资源整合。充分发挥市县乡政府的统筹功能，尽快对城乡基层宣传文化、党员教育、广播影视、新闻出版、计划生育、科学普及、体育健身、农技推广、普法等设施进行深度整合，建设综合性的文化服务中心，推动一专多能、综合利用、协同推进、提高效能、融合发展，有效改变多头管理、条块分割、单兵突进、各做各的规划、各搞各的布局、各提各的要求、“有钱建没钱养”、“边建设边流失”、“或空转或闲置”等松散尴尬局面。

6.创新服务方式。坚持重心下移、资源下移、服务下移；扩大政府购买公共文化服务规模，建立公共文化服务政府采购目录；引入竞争机制，实现无障碍、零门槛进入，创建开放式的多元参与制度和渠道，鼓励社会力量、社会组织、社会资本参与公共文化服务体系建设，形成政府主导下多元共治的格局。推动公共图书馆、博物馆、文化馆、科技馆等组建理事会，吸纳有关方面代表、专业人士、各界群众参与管理。加强对重大问题和突出矛盾的研究，比如：面对信息化、城镇化迅猛推进的新形势，基本公共文化服务体系建设如何适应数字化时代的要求，同传输传播手段的快速变化、社会结构的巨大变迁相适应；如何解决政府包办内容提供、硬塞服务，做到总体需求与个性化需求相结合；如何对免费提供的方式进行改进，有无必要重新界定免费服务的内容、对象和范围；等等。对这些矛盾和问题，都应未雨绸缪、妥善应对。

7.强化绩效评估。应以群众需求为导向，问需于民，问计于民，着眼于保障和改善文化民生，开展社会满意度调查，建立群众满意度评价和反馈机制；以服务效能为导向，制定基本公共文化服务绩效考核评估办法，打通“最后一公里”，推动文化惠民项目与群众文化需求供需对路、无缝衔接。

8.推进专项立法。抓紧制定《公共文化服务保障法》《公共图书馆法》等相关法律法规，为公共文化标准化、均等化提供法律保障。完善公共文化服务法律法规体系，包括各级政府的主导责任、各类社会文化组织的广泛参与、政府购买公共文化服务等，都应以法规的形式固定下来。

（2016年）

关于中医药传承与发展的提案

一、让中医药这一中华优秀传统文化瑰宝在新世纪大放异彩

中医药是中华民族特有的、以汉医药为主体、对中华各兄弟民族传统医药兼收并蓄的一门集大成的科学。不论是相克相生、相容相和的“五行之法”，还是“与天地相应，与四时相副”及形神相即的人与自然的整体观，抑或是阴内阳外、阴阳相合的“阴阳说”，中医药文化中蕴含着极其丰富的自然科学、哲学社会科学思想，为中华民族的生生不息、发展壮大和世界的文明进步作出了不可磨灭的重大贡献。早在20世纪50年代初期，毛泽东同志就将中医列为中国对世界三大贡献中的“第一”位，指出“中药应当很好地保护与发展。我国的中药有几千年历史，是祖国极宝贵的财产，如果任其衰落下去，将是我们的罪过”。中医药文化在形成和发展的历史长河中，吸纳了哲学、社会学、人文学、天文、地理、气象、历法、数学、农学、化学、心理学等多个学科的成果，也博采了诸多外来的医药文化。传承发展中医药文化，必须深刻理解中医药理论的本质和特点，弄清中医药文化的精要所在，而不能进行唯心主义的解释，使其沦为不可捉摸的“玄学”。习近平总书记把中医药比喻为“打开中华文明宝库的钥匙”。要用中医药这把钥匙打开中华文明这座宝库，就要立足传统、走向现代，实现中华文明包括中医药文化的创造性转化和创新性发展。广大中医药工作者、众多的自然科学工作者和哲学社会科学工作者，都应该深入研究探讨博大精深的中医药文化，走出一条用马克思主义社会科学和现代自然科学来阐发传承古老的中医药理念、拓展中医药事业的坦途。

二、让传承创新成为中医药事业发展永恒的主题

中医药文化充分体现了中华优秀传统文化的核心价值观念、原创思维方式，凝聚了儒、释、道文化的智慧，融汇了历代自然科学与人文科学的精粹，是古代流传至今并仍在造福人类的科技文化形态。然而，堪称科学史、文化史上一大奇迹的中医药，在近百年来中华传统文化遭受猛烈冲击的大潮中，也屡遭厄运，中医思维弱化，中医学术异化，中医技术退化，中医评价西化，中医药在中国失去了主导地位，多次蒙受被怀疑、否定和唾弃之灾。因此，就眼下的中医药文化而言，首要的是传承。强化师承教育，传承是创新的基础，只有传承的功夫下够了，才谈得上创新。应强化师承教育，师徒相授、薪火相传是几千年中医药发展的基本形式，传承应该成为中医药的永恒主题。应尊崇中医药的历史文化，重新找回中医药的价值观念、思维方式、表达语言，培育适应中医药发展的环境土壤，保持中医药固有的本质特色，突出有别于西医药的独特优势，中医药绝不能以现代化为由而迷失自我，丢掉优势与特色，沦为西医药的附庸；应组织开展中医药传承研究，包括中医药传承的重要性、紧迫性、可行性，传承工作的现状、内涵和重点，传承制度框架的构建，探索建立可持续的传承机制；应注重对中医药经典文献包括濒临失传的珍稀珍贵古典文献及其研究成果的抢救挖掘和传承应用，注重对中医药资源的普查与研究，注重对民间特色疗法、方剂的搜集和整理，注重对中医药文化的传播与推广，强化中药材资源保护利用和规范种养；应按照读经典、跟名师、多临床、有悟性、善思辨、医德好的要求，加强中医药传承人才培养，推动中医药人才合理流动，加大对全国老中医药专家学术经验继承、优秀中医临床人才研修等行之有效的项目的推广力度，大力培养中医药领军人才，不拘一格降人才。当然，中医药文化的发扬光大，既需要传承赓续、代代守护，也需要与时俱进、勇于创新。应加强中医药内部不同派别、不同门第之间的交流，推进中医、中药之间的沟通，组织针灸、推拿等各种医学、医术之间的切磋；应运用现代科技，引入“互联网+”，促进中西医结合，倡导高校、院所、企业、医疗机构之间深度合作，建立中医药传承创新平台。在推进中西医结合过程中，应纠正以西律中、以西养中、中医西管乃至中医西化的偏颇。随着我国经济社会的发展，中医药文化必将顺应时代发展，焕发出更加蓬勃的生命力。

三、让中医药发展上升为国家战略

中共十八届三中全会《决定》提出："完善中医药事业发展政策和机制"；国务院出台的《关于促进健康服务业发展的若干意见》，将"全面发展中医医疗保健服务"列为八项任务之一；李克强总理在每年的《政府工作报告》中都有发展中医药和民族医药事业的表述。作为我国独特的卫生资源、潜力巨大的经济资源、具有原创优势的科技资源、优秀的文化资源和重要的生态资源，促进中医药发展，对于增进人民健康福祉、助力全面建成小康社会，具有重要的战略意义。当此党和国家一再将中医药放在国家全局的战略高度来安排谋划之时，当此中医药在国家经济社会发展总体布局中的地位和作用大幅提升之时，当此中医药服务快速深入百姓日常生活之时，当此中医药发展处于天时、地利、人和的历史战略机遇期之时，我们有责任、有使命，以全面深化改革的视野，从促进民族复兴的高度，把握中医药发展所处的历史方位，切准中医药事业发展的脉搏，开好完善政策机制的处方，殚精竭虑、乘势而为，全力推动将中医药发展上升为国家战略，加强顶层设计，明确国家发展中医药的基本原则、总体思路、战略方针、战略目标、战略任务、战略步骤、战略措施，并据此编制实施国家中医药中长期发展规划。令人欣慰欣喜的是，国务院已经制定了《中医药发展战略规划纲要（2016—2020）》，将中医药产业列为国民经济支柱产业，中医药发展正式纳入国家战略，古老的中医药站在了新的历史起点。目前世界上已有54个国家制定了传统医学相关法案，92个国家对传统医药单独立法管理。中医药是我国的国粹，国粹需要国法来保障。人们千呼万唤始出来的《中医药法》在本月1日正式实施了。应在全社会大力宣传、全面贯彻、认真实施《中医药法》，在党政军民学、东南西北中各界各方面形成关注中医药、亲近中医药的浓厚氛围，让中医药插上腾飞的翅膀。

四、让中医药在中国式医改中显露身手

统计数据显示，2014年，全国中医院总诊疗1.7亿人次，增幅达47.2%，占全国医院总诊疗人次的17.9%；门诊次均费用、住院人均费用分别比综合性医院低12%和24%。也有统计显示，全国现在每年有5亿人次接受中医门诊和住院治疗，数量还在进一步增加；同时，接受中医养生保健调理的人数也很

可观，且增长迅猛。另据统计，2012年全国中医门急诊数为6.34亿人次，占全国门急诊总量的15%，这还不包括4万多个村卫生室和诊室的门急诊量。在前年的H7N9禽流感疫情防控中，对确诊者采用中西医结合为主诊疗的占1/3，其死亡率为9.1%，远低于单纯采用西医治疗的近30%的死亡率，中医药的疗效再一次得到彰显。事实证明，中医药正在凭借其取法自然和简、便、验、廉的独特优势，为深化医改贡献力量；没有中医药的积极参与和作用发挥，中国医改的任务就很难完成。应加大对中医药的投入和政策扶持力度；加快完善中医药标准体系，建立独立的中医药监管体系，构建具有中国特色、中西医紧密结合的医疗卫生保障体系；放宽中医药服务准入，将适宜的中医药预防保健服务内容列入国家基本公共卫生服务项目，在国家基本药物目录和地方增补目录中大幅度增加中药品种；应确保社会办的与政府办的中医机构在执业等方面享有同等权利；真正把以师带徒学有所成、确有医术专长的人员，经考核合格可取得中医医师资格的要求落到实处；建立健全中医药同步参与突发公共卫生事件应急救治和重大传染病防控机制，让中医药在缓解百姓“看病难”“看病贵”和基本医疗公共卫生制度建设中大显身手，为破解医改这个世界性难题探索中国式解决方案。

五、让中医药风行五洲四海

2013年8月，习近平总书记在会见世卫组织总干事陈冯富珍时提出：“促进中西医结合及中医药在海外的发展。”眼下，中医药已走进全球183个国家和地区，海外中医诊所达8万多个，中医药从业人员有30万之众，2/3的海外华人、1/3的当地人在医疗行为中用到中医药，中药进出口总额已达46.3亿美元，与外国政府及国际组织签订的中医药合作协议达86项，“一带一路”沿线已有9个国家建立了中医中心。中医药正在突破文化差异、技术壁垒等障碍，越来越多地在海外登堂入室，获得国际社会的广泛认可。中医药服务贸易已成为我国拥有完全自主知识产权、最具原始创新潜力的民族健康产业。应按照商务部、国家中医药管理局等14部委颁布的《关于促进中医药服务贸易发展的若干意见》精神，以中成药和中医药服务贸易为重点，努力在传播中医药健康文化、提高国际社会对中医药的认同、培育海外市场上下功夫；在提供养生医疗旅游等多元服务、吸引境外消费上做文章；在发展产业集群、打造知名品牌、提升竞争优势上想办法；积极参与国际规则和标准制定，引领国际传统医药发展；通过高层推动和贸易谈判，营造中医药海外发展的政策与法律环境，让跨越时空、超越国度、富有永恒魅力、具有当代价值的中医药风行五洲四海。

（2017年）

关于明确解释“既有住宅加装电梯”适用《物权法》第七十六条第七项的提案

为老式多层旧楼房加装电梯、解决老人上下楼困难的呼声日益高涨，已成为一个需要高度重视的社会问题。据统计，截至2016年底，全国大陆地区60岁以上老年人口超过2.3亿，占总人口的16.7%；预计2053年将达到4.87亿的峰值，约占总人口的三分之一。随着老龄化问题日益加剧，加之特定的社会背景，居家养老仍然是大多数。目前，我国的既有多层住宅旧楼房，多是单位房改房和部分规模小区多层商品房，其中很大部分是20世纪八九十年代建造的无电梯住宅楼。一些老人因行动不便或坐轮椅，上下楼梯十分困难，被迫多年“宅”在家中；若遇上大病需要急救，更是难上加难。为多层旧楼房加装电梯，技术难度不大，工序并不复杂，对完善既有住宅的使用功能，提升既有住宅区的居住品质，方便居民生活，具有十分积极的意义，是一项惠民工程。

《物权法》第七十六条规定：“下列事项由业主共同决定：……（五）筹集和使用建筑物及其附属设施的维修资金；（六）改建、重建建筑物及其附属设施；（七）有关共有和共同管理权利的其他重大事项。决定前款第五项和第六项规定的事项，应当经专有部分占建筑物总面积三分之二以上的业主且占总人数三分之二以上的业主同意。决定前款其他事项，应当经专有部分占建筑物总面积过半数的业主且占总人数过半数的业主同意。”从各地既有住宅加装电梯的实际情况看，一般将为既有住宅加装电梯归属《物权法》第七十六条第六项，需经“双三分之二”同意；然而，既有住宅中的一楼、二楼尤其是一楼基本上不使用电梯，加装电梯经常受到一楼、二楼的阻碍，极个别的一楼业主甚至互相串联、恶语中伤、无理阻挠，导致无法达到“双三分之二”的要求，致使无法加装电梯，这样的实例比比皆是。

鉴于加装电梯仅仅是对老住宅的垂直交通功能进行修补，不属于“改建、重建建筑物及其附属设施”，建议将加装电梯明确解释为“功能修补”，适用《物权法》第七十六条第七项规定之“有关共有和共同管理权利的其他重大事项”，“双半数”业主同意即可，使既有住宅加装电梯这项惠民工程能得到顺利实施。

（2018年）

【会议发言】

改变国人阅读窘境

2012年“世界读书日”的一项调查显示，中国阅读书籍和杂志的人数越来越少，阅读长文章的数量锐减。香港大学对6000名中国四五年级小学生的调查表明，1/3的孩子、有些班级甚至是1/2的学生存在阅读障碍。联合国教科文组织的一项调查更触目惊心：眼下全球每年阅读书籍最多的，仍是仅占世界人口0.2%、却获得29%诺贝尔奖的犹太人，多达每人64本；俄罗斯是55本，美国是21本，日本是17本；而一向秉承耕读传家、诗书继世的中国，扣除教科书，人均居然不到1本。

这组数据明白无误地告诉我们，阅读问题在我国陷入了多么严重的窘境！是由于受到了网络、电视、手机等电子媒体的强势冲击？是因为“事情太多”“工作太忙”而顾不上读书？——这些只是似是而非的原因。说白了，阅读窘境的深层原因：

一是源于社会浮躁心态作祟。而今是信息时代，是云计算时代，一切都在追求“神速麻利快”。身处转型期的中国，人们面临着利益格局的重大变化、金钱物欲的世态喧嚣、社会保障的相对滞后、各个领域的严酷竞争，其社会压力之大、生活节奏之快、娱乐方式之多前所未有，想从容淡定地坐得住、读得进，谈何容易！

二是源于功利阅读愈演愈烈。应试教育仍然大行其道，中、高考指挥棒拨得学生和家长们团团转的局面尚未得到有效扭转，一切与考试无关的阅读统统被排除在外；即使阅读，也只限于考试之书、教参之书、应景之书，根本谈不上自主阅读、快乐阅读。社会上风行急功近利的阅读观，将读书仅仅当做升官发财、改变命运的敲门砖，一旦登堂入室、功成名就，敲门砖自然就弃之如敝履了。

如何改变国人的阅读窘境？建议：

一、对全民阅读活动加强指导。党中央对读书学习一贯抓得很紧。近几年，习近平同志更是不厌其烦、诲人不倦地反复强调和阐释。从中央到地方，一直到基层，都应将营造更加浓厚的阅读氛围、培养国人良好的阅读习惯摆上重要议事日程。要少一些一般号召，多一些具体指导，针对当前存在的追求享乐、玩物丧志——不喜读书，热衷应酬、陷于事务——无暇读书，浅读闪读、一知半解——不善读书，学用脱节、知行不一——不会读书等问题，制定规章制度，把读书学习装进制度的笼子里，以制度对阅读加以约束与激励，建立完善的述学、督学、评学考核体系。细化阅读内容，优化阅读平台，强化机制保障，总结有效经验，推广先进典型，包括建立全民读书活动组织机构、推动全民阅读基础设施建设、择机设立中国读书节、将阅读指数纳入文明单位指标体系、纠正新的“读书无用论”思潮，开展好书伴我行、农村书屋、好书进社区、进军营等活动。各级领导干部要充分发挥行为导向和风气引领作用，既做读书的自觉实践者，又做学习型政党建设、学习型社会建设、全民阅读活动的积极倡导者、精心组织者和大力推动者，以自己的身体力行率先垂范，动员全社会广泛参与，为当代视野中的全民阅读添薪助火。

二、对应试教育体制动大手术。我国国民教育的链条中，许多环节都与功利挂钩。从小学生就开始功利性读书了，一路走来，功利化倾向如影随形，“应试绝杀秘籍”大行其道，学有所长、学有所用的教育本义，俨然成了买椟还珠。现在，是到了彻底扭转读书趋利倾向、对应试教育体制动大手术的时候了！只有把广大青少年从应试教育的桎梏中解放出来，变被动阅读为主动阅读，变死板阅读为自主阅读，才能激发他们的阅读兴趣和求知欲望，民族复兴的中国梦才能变成美好的现实。

三、对国民教育加大投入。大学生在总人口中的比重，发达国家如美国高达35%，低收入国家的平均水平为24%，而我国仅为8%。国民受教育程度，决定着国民阅读的指数，决定着国民素质。因此，应进一步加大教育投入力度，逐步改变横向比较我国教育支出占GDP比例低、人均受教育年限低、平均受教育水平低的状况。要通过不断加大教育投入，全面提升国民的综合素质，有效培养国民的阅读习惯。

四、对社会保障体系加快完善。这样做，有助于重塑社会公平正义，减缓国人工作与生活、精神与物质的多重压力，畅通人才上升的空间。有了比较完善的社会保障，才能把国人拉回到书桌、讲堂，人们才有可能与书籍为伴，将阅读当成一种生活实践、一种日常习惯、一种工作责任、一种精神追求，真正使读书成为人生不可或缺的重要组成部分，通过读书学习，增长知识，修身立德，陶冶性情，提升本领，体味人生价值，感悟人生真谛。

改变国人阅读窘境，朝着“书香中国”的目标进发，社会各界都不是局外人，教育的担当不可推卸，出版界任重而道远，各级政府更不应缺位。

（2013年）

构建城乡一体化的公共文化服务体系

各地在公共文化服务体系建设中，充分发挥了政府的主导作用、重大文化活动的带动作用、改革创新的驱动作用和人民需求的导向作用，取得了显著成效。

但是，在公共文化服务体系建设的城乡一体化方面，还存在一些问题：就城乡之间而言，城市居民文化生活已基本实现多层次和多样化，而农村地区还存在着一定程度的“文化荒”现象，城乡之间在公共文化服务的质和量上失衡严重；就地区之间而言，广大中西部地区的公共文化设施，与东部发达地区落差明显，欠账较多；就基础设施而言，与省城、省辖市相比，县乡文化设施匮乏，设备陈旧老化，场地面积狭小且被挤占挪用现象屡有发生；就人才队伍而言，文化人才主要集中在市级以上，而一些乡镇综合文化站要么未按规定配备文化专干，要么人员专业素质低下，专业人才稀缺，且流失严重；就内容提供而言，有些地方“送文化下乡”内容简单，形式单一，图书多为陈旧库存，电影则以老电影、拷贝电影居多，一些县级影院尚未加入电影院线。

针对以上问题，谨提以下建议：加大对乡村公益文化的扶持力度，缩小城乡差距。政府应建立以城带乡的联动机制，引导企业、城市社区开展面向农民工的公益文化活动；加大送图书、电影、戏曲等文化产品下乡的力度；完善文化非营利机构认定办法，把向文化非营利机构捐赠的企业税收优惠政策落到实处。

加大对中西部地区公共文化建设投入力度，缩小区域差距。对中西部地区特别是集中连片的贫困地区，要推行公益性文化免费提供，扩展免费开放的服务项目；为中西部地区乡镇配送流动图书车、展览车、流动舞台，为乡镇和社区配备数字电影放映设备；统筹互联网共享工程，实现公共文化资源无障碍共享共用。

加大乡村文化培育力度，缩小基础设施差距。中央财政应加大对中西部地区公共文化体系建设的支持力度，通过政府采购、项目补贴、定向资助、贴息贷款、以奖代补等形式，提高政府资金的使用效益；构建政府主导、企业赞助、民间融入的全社会融资体系，引导社会力量以多种形式投入公共文化服务；解决公共文化资源分属不同部门主管，“各建各的、各管各的、各用各的”的问题，改变重复建设、资源浪费的状况，建立“大文化”发展框架；扭转重硬件轻软件、重建设轻管理的倾向。

加大队伍建设力度，缩小人才差距。开展对县、乡文化专干和业余文艺骨干的培训，培育一批乡土文化能人和民间文化传承人；解决县以下公益性文化单位人员编制，鼓励大学生村官、文化志愿者承担基层文化工作。

加大公益文化产品内容提供力度，缩小文化资源差距。扩大农村广播电视宽带网络的有效覆盖，加快“三网合一”进度，解决农村信息化建设“最后一公里”的问题。依托农村传统节庆、庙会等民间文化资源和送文化下乡等文化载体，以农民喜闻乐见的形式，创造贴近农民生活的文化产品；清除民间文化中的低俗内容，营造健康向上的文化氛围。

总之，应采取一系列有效举措，推进城乡文化服务的经常性、多样化、一体化、均等化进程。

（2013年）

踩住污染“刹车” 建设生态乡村

一、严峻的挑战

党和政府对农村环境治理问题高度重视。2008年至2012年，中央财政安排设立农村环保专项资金135亿元，支持2.6万个村镇开展环境综合整治和生态示范建设，5700多万农村人口直接受益。

同时我们也应看到，我国的生态乡村建设依然面临着五大挑战：挑战一：化肥农药超施滥用。我国用世界7%的耕地消耗掉了全球35%的化肥和20%的农药。每公顷农田化肥施用量高达318公斤，是全球平均水平的2.5倍；施用农药12公斤，也远超世界平均水平。且利用率仅为1/3左右。超施滥用的化肥、农药直接渗透到周围的环境中，造成土壤、水体和农产品的污染，“毒生姜”“毒大米”等频遭曝光，“两块农田”的种植现象威胁着城市居民“舌尖上的安全”。

挑战二：白色污染愈演愈烈。塑料大棚和地膜覆盖技术的大面积运用，使残留薄膜逐年增多，其原料多为自身难以降解的聚乙烯，超过2/3的废膜被弃于农田、林带、水渠，成为农村白色污染的主要来源。

挑战三：生活垃圾乱排乱放。随着农民生活水平的提高和现代化工业用品的普及，农村垃圾的产生量与日俱增，垃圾的成分日趋复杂。全国农村每年产生的2.8亿吨生活垃圾和90多亿吨生活污水，大都未经处理，被随意丢弃和排放。每年产生的6.5亿吨农作物秸秆，综合利用率也很低，或被焚烧污染空气，或被堆积于渠畔路侧污染水土。“垃圾靠风刮，污水靠蒸发”，成为部分农村“脏、乱、差”的真实写照。

挑战四：过密养殖隐患重重。畜禽养殖业呈现集约化、机械化的趋势，千头猪场、万只鸡场大量涌现，畜禽粪便、养殖废水得不到有效处理，形成黑臭水体，造成养殖场周边环境亚硝酸盐、氨氮、大肠杆菌等严重超标。环保部门2013年5月9日通报的河南29家排污企业中，大型养殖场就占了13家。

挑战五：城市污染蔓延农村。城市污染包括工业“三废”向农村蔓延的势头有增无减。重金属污染在我国由来已久，部分地区大量使用城市污水灌溉农田，矿山开采等工业生产也加剧了污染程度。土壤重金属跨区域污染特征明显，污染面积增速惊人。有数据显示，我国已有16%的土壤受到了重金属污染，10多个省份的小麦和水稻检测出重金属，有一个小麦产地的灌溉区，小麦籽粒中镉的含量超出国家食品卫生标准20多倍。

二、整治的对策

1. 强化政府主导责任。彰显各级政府踩住农村环境污染“刹车”、建设生态乡村的公共服务职能。将生态乡村建设目标纳入各级领导干部政绩考核体系，完善考核评价指标体系和考核实施办法，提高环境保护、生态建设的考核权重；将农村环境综合整治纳入经济和社会发展规划及年度计划，贯穿于经济社会发展的全过程；按照建立公共财政体系的要求，将农村生态建设资金纳入本级财政预算，并逐年增长，加大财政转移支付力度，对农村生态环境保护和建设、农村生态环境监督能力建设等社会公益类项目，应以政府投资为主，实现投资多元化；采取建立政府引导资金、政府投资的股权收益适度让利、财政贴息、安排前期费用等手段，吸引民间资本投入生态乡村建设；支持生态农业项目申请世界银行贷款、设备租赁融资和国家专项资金；推进城乡环境基本服务均等化。

2. 凝聚生态乡村共识。运用各种传媒手段，开展深入持久的生态乡村宣传推广活动；结合世界环境日、地球日和环保世纪行等活动，开展形式多样的主题宣传；加快生态宣传网络建设，建成覆盖城乡的生态宣传普及网络；将生态教育纳入国民教育体系，以学校教育、社会教育、职业教育为载体，推进生态基础教育普及化和大众化；将环境教育培训纳入各级党校、行政学院和社会主义学院教学计划；开展生态乡村实践和体验教育，在全社会形成“既要金山银山、又要绿水青山”的高度共识和公民担当，牢固树立生态红线观念，使生态乡村建设成为社会各界的共同追求和自觉行动。

3. 健全农村环保法规。建议国家尽快制定《农村生态环境保护法》；完善现有农村生态环境保护、生态产业发展的地方性法规，加快制定和完善资源有偿使用、生态环境补偿、发展循环经济、清洁生产、公共环保工程设施有偿服务等法规。铁腕执法，铁面问责，全面推行农村环境执法责任制和责任追究制度，严格准入制度、许可证制度、污染物排放总量控制制度、环境损害赔偿制度、防止城市污染向农村转嫁制度、限期治理制度。建立农村环境治理的成本分摊机制，通过合理的制度设计，将环境保护和治理成本在全社会进行分摊，让消费者也分摊部分环境治理成本；建立农产品质量安全补偿机制，补偿对象的重点为实施农业标准化的生产主体；国家可择机开征农业生态环境保护税。

4. 综合治理面源污染。可借鉴农村环境连片整治、从源头上控制农业污染的示范经验，大力推行生态养殖模式，发展养殖小区，实行人畜分离；根据环境承受能力控制养殖规模，设立禁养区、限养区；对畜禽粪便进行减量化、无害化、资源化综合处理。大力推广农作物疾病综合防治技术，开展以虫治虫、以菌治菌等防治示范，推广高效低毒低残留农药，尽量减少农药施用量。大力推广测土配方施肥和秸秆综合利用技术，增加有机肥施用量，控制化肥施用量。加快农膜回收机械和可降解地膜的研发、推广进度，破解“白色污染”困局。大力推进农村污水处理设施建设，将乡镇驻地周边村庄的生活污水纳入乡镇污水收集管网，对偏远农村的生活污水采取分散式、低成本、易管理的方法进行处理；推广“村组收集、乡镇转运、县市处理”的农村垃圾处理模式；积极发展大中型沼气集中供气工程和农村户用沼气，鼓励农民使用太阳能等清洁能源。

5. 发展循环生态农业。在发展循环农业方面，可积极推广节水灌溉、旱作农业、配方施肥、秸秆还田、免耕播种、病虫害生物或物理防治、立体种养等先进适用技术，发展节水、节地、节肥、节药、节能等节约型高效农业。推进畜禽粪便的沼气化利用，秸秆的肥料化、饲料化、原料化、能源化利用，林业剩余物的材料化利用，逐步建立“植物生产—动物转化—微生物还原”的农业循环系统。平原、丘陵可加大“养殖—沼气—种植”“秸秆—养殖—沼气—种植”“秸秆—沼气—种植”等循环农业模式推广力度，山区可推广“山区复合型生态农林牧业”模式。在发展生态农业方面，可积极推广生态种植、生态养殖技术，引导农业生产方式转型。加快无公害、绿色和有机农产品生产基地建设及认证工作。建设功能齐全、布局合理、服务有效的农产品质量安全检测体系、监督管理体系、突发事件应急处置机制及“农超对接”、产品可追溯制度。

6. 推进绿色示范创建。创新农村环保活动载体，开展生态乡镇、生态村组绿色创建活动。可先在县政府所在乡镇、乡镇政府所在村、移民迁安村、新农村示范点率先创建生态乡镇、村组。推行农村绿色生态创建“以奖代补”政策，建立省、市、县三级资金奖励机制，对完成创建任务的生态市县、生态乡镇、生态村组分别给予奖励和命名，实现由重形式、重牌子向重实效、重过程的转变。

让我们把关注的目光投向希望的田野，通过切实有效的综合整治，踩住农村污染的“刹车”，严守生态红线，保障生态人权，还乡村一片美丽的净土，把我国农村建设得更加洁净、更加和谐、更加秀美！

（2013年）

革命老区的公共文化服务体系建设不容忽视

考察了几个革命老区，深切感受了革命老区经济社会发展和文化建设的巨大成就，深切感受了党和政府对革命老区的高度重视和亲切关怀，深切感受了老区人民对文化生活日益增长的期盼和渴望。在这一片片红色圣地、绿色家园，公共文化服务体系建设成果丰硕，文化惠民工作开展得有声有色，群众性文化活动多姿多彩，呈现出一片欢乐祥和的喜人景象。

同时也看到，这些地方毕竟是一些经济比较困难的革命老区，文化建设基础差、底子薄、投入少，历史欠账多，公共文化服务体系建设与老区人民不断增长的文化需求还不相适应，与经济社会整体发展水平还很不协调，还面临不少困难和问题。这些困难和问题，在其他革命老区、中西部地区、贫困地区，具有共同点和普遍性。

为解决这些困难和问题，谨提出以下建议：

建立公共文化服务经费投入长效机制。在财政保障方面，参照财政对教育、卫生、体育支出的做法，提高文化支出占财政支出的比例，保证公共财政对文化建设投入的增长幅度高于财政经常性收入的增长幅度，对中央苏区、革命老区、贫困地区优先安排、重点倾斜。设立中央、省、市三级农村文化建设专项资金，确保一定数量的财政转移支付资金用于革命老区、贫困地区的公共文化建设。提高各项彩票公益金用于文化事业的比重。在下达市以下文化项目时，取消地方配套资金。在社会资本方面，发挥财政资金的杠杆作用，采取政府购买服务、以奖代补、定向资助、项目补贴等方式，鼓励和引导社会力量、民间资本参与公共文化服务、提供公共文化产品；把社会组织、机构和个人捐赠、兴办公益性文化事业的税收优惠政策等经济政策落到实处。

加强革命老区基层文化队伍建设。针对老区基层文化工作人员不足、年龄老化、青黄不接、素质参差不齐的状况，落实乡镇文化站编制、经费，出台激励政策，吸引那些懂文化、爱文化的人才从事公共文化服务，鼓励大学生村官、中小学教师投身农村文化事业。县以上文化部门要抓好对农村基层文化骨干的培训工作，新调入或新聘任的人员要先培训后上岗。积极培养和发展民间文化队伍，扶持乡土文化能人。培养民间文化传承人，对在民间文化的继承与发展上做出重要贡献的人才要给予特殊津贴。发展壮大文化志愿者队伍，组织开展各具特色的文化志愿服务活动。

依靠农民群众开展健康文明的农村文化活动。农民是农村文化建设的主体。一定要调动农民群众参与农村文化建设的积极性和主动性，扶持群众自办自我表现、自我教育、自我服务的文化活动，让更多的群众成为文化活动的主角，引导并帮助农民兴办各种形式的民间文化团体，依托农村传统节庆、庙会等民间文化资源和文化下乡、文化大院、农家书屋等文化载体，以农民喜闻乐见的形式，开展具有浓郁地域风格、民族特色的基层文化活动。举办文明村镇、文明家庭、好媳妇、好婆婆等创建表彰活动，倡导团结协作、勤劳致富、诚实守信的道德风尚，消除民间文化中的低俗内容，营造健康向上的文化氛围。

强化地方政府在公共文化服务中的职能和责任。地方各级党委、政府，特别是基层党委、政府，要把公共文化服务体系建设作为提高党的执政能力、密切联系群众、建设服务型政府的重要任务，确立政府的主导地位，增强公共文化意识，完善政府组织结构和运行机制，建立党政相关部门共同参与的沟通协商制度。建立和完善县、乡（镇）、村三级文化管理体制，对农村公共文化服务建设实行分级管理，避免过多行政干预，扭转一些地方存在的错位、越位和不到位现象。加大对革命老区、贫困地区公共文化服务体系建设的倾斜力度，实现重心下移、资源下移、服务下移。科学界定公益性文化事业单位的性质和功能，充分发挥公共文化行业组织的重要作用。

提高公共文化产品和服务供给能力。建立以城带乡的文化援助机制，加大对农村的“文化扶贫”和“结对帮扶”，深入实施文化惠民、文化民生工程。克服重建设、轻管理的倾向，加强对各类公共文化设施的管理，提高使用效率；因地制宜地开展流动服务，建立起流动文化车、组装舞台等灵活机动、方便群众的流动文化服务网络。发挥公益性文化单位的骨干作用，面向基层、面向群众，多提供符合人民群众需求的文化产品和服务；改变单向输送方式，健全公共文化需求表达机制，实行有针对性的配送。充分利用革命老区丰厚的历史文化资源和红色文化资源，发掘其丰富的内涵以及对人类文明的贡献，寻找其先进文化的基因和核心价值观的内核，提高老区人民精神层面上的自信心。要适应当前农村人口结构的变化，多供给一些适合留守老人、留守妇女、留守儿童口味的文化产品和服务。

完善法规支撑体系和绩效考核评估体系。建立科学合理、操作性强的公共文化服务指标体系，引入群众评价机制和群众文化需求反馈机制。加强对各级党委、政府及文化部门、文化单位的绩效考核，将其列为各级党政领导干部业绩考核的重要指标。加快制定公共文化机构服务标准和服务规范，推进公共文化服务的制度化、标准化、规范化、均等化。

（2013年）

进一步管好政府这只“看得见的手”

一、行政权力需进一步“瘦身”甚至“割肉”。简政放权已进入深水区，行政审批和管理制度改革已从“瘦身”进入到“割肉”阶段。应将隐藏在各个角落的行政许可权力翻箱倒柜地清扫一遍，全面摸清各级政府及其职能部门行政审批事项的家底，并进行公示、评估；进一步加大简政放权力度，继续减少和下放审批事项，给市场和社会松绑减压；该取消的坚决取消，该调整的及时调整，该下放的立即下放；公布行政许可权力清单，加快建立行政审批负面清单制度，坚决杜绝政府这只“有形的手”成为“闲不住的手”。——这是对建设有限政府的要求。

二、做好简政放权的“加减法”。缩回政府干预企业微观经济活动之手，是在做“减法”；伸出政府公共服务之手，是在做“加法”。这一伸一缩，是政府转变职能的基础，是权力配置有序化的过程。做好“加减法”，既需要明晰政府与市场的边界，凡能由市场形成价格的都交给市场，政府不进行不当干预；又需要厘清政府与社会的边界，将政府包揽的一些社会事务交给社会，进一步放开公共服务市场准入，推进社会治理重心下移。应以审批权限的“减法”和事中事后监管服务的“加法”，换取市场效率和社会活力的“乘法”效应。——这是对处理好行政权力进退问题的要求。

三、放权不等于放任、“放羊”。放权并不是撒手不管、当“甩手掌柜”，而是对政府提出了更高的要求。政府应加大对经济社会发展趋势的分析、研判和预测，强化事中事后监管，将工作重点放在政策研究、宏观调控、规划制定、行业标准规范上，建立社会承诺制、年度报告制、信用监管制等，让诚信主体一路绿灯、失信主体寸步难行。通过制度建设和管理能力创新，不断提高政府的治理能力，包括政府的决策力、执行力、协调力和服务力，形成高效市场与高效政府的“双重”“双高”调节格局，以充分发挥社会主义制度的良性调节功能，避免陷入新自由主义陷阱和金融、经济危机风险。——这是对建设有为政府的要求。

四、关键是将经济社会活动纳入法制化轨道。认真清理现行不合时宜的行政法律法规，该废止的明令废止，该修订的抓紧修订，该立法的加快立法，将经济社会活动纳入法治化轨道；规范行政权力运行，把权力关进制度的笼子里，坚持运用“制度加科技”的办法，管人管钱管权管交易，营造投资贸易便利、监管高效便捷、制度法制健全的市场环境，推动政府运用法治思维和法治手段依法决策、依法行政、依法治理。——这是对建设法治政府的要求。

在国际经济竞争日益激烈、国内经济发展趋于放缓、外部压力加大、内部矛盾凸显的复杂严峻形势下，特别需要辩证把握好“看得见的手”和“看不见的手”的关系，动真碰硬，蹄疾步稳，在进一步发挥市场配置资源决定性作用的同时，更好地发挥政府作用，更好地发挥中国特色社会主义基本制度的优势，让政府更好归位、市场更强发力、百姓更多受益。

（2014年）

告别“GDP崇拜”不能与“放弃GDP”画等号

我赞成李克强总理所作的《政府工作报告》，应该为中央政府的工作全面点赞。赞成设定一个年度经济增长预期目标，也赞成将预期增速由去年的7.4%左右，调低为今年的7%左右。这符合适应和引领经济发展新常态的要求，有利于把各方面的精力更多地引导到加快转型升级、培育新的增长动力上来。

一、在经济发展新常态下，淡化GDP正当其时

在今年地方“两会”上，上海市的政府工作报告破天荒地首次未提GDP增长的具体指标，而是以“经济平稳增长，结构继续优化，质量效益进一步提高”的表述来代替。一石激起千层浪。上海这一具有标志性意义的宣示，自然引起了各省市区的高度关注和舆论的热烈讨论。各地尽管并没有纷纷跟进，但大都对上海这种放弃“GDP崇拜”的做法表示肯定和理解。长期以来，GDP增速一直是考核地方官员政绩、决定他们能否升迁的一项关键衡量指标。过度关注GDP增长目标，造成了环境退化甚至灾难性环境污染、城市无序扩张与社会的不和谐，导致了雄心勃勃的官员们不惜一切代价推动经济总量的增长和经济规模的膨胀。在经济发展新常态下，政府不再把GDP这一单纯的经济增长指标作为唯一考虑，不再以GDP论英雄，而是聚焦其他重要的衡量指标，更加关注通胀、通缩、就业等，有利于更加专注改革的深度、转型的力度和创新的广度，有利于经济增长的可持续、高质量、包容性、有后劲、惠民生，实现更平衡的经济增长；而不必一味念兹在兹，对GDP的些微升降耿耿于怀。但愿上海这种重治理能力、轻GDP的表述方式，能够成为政府工作报告的“新常态”，加重对社会治理和政府自身建设的着墨分量。

二、不唯GDP论英雄，并非完全不关心GDP

我们对上海的做法也大可不必过度解读。上海不刻意渲染、乃至干脆不提GDP，并不意味着没有经济增长目标；上海是我国率先奔向全面小康社会的经济高度发达的城市，已经发展到了把更多精力倾注到民生、环保等方面的阶段，需要的不再单单是高速增长的奇迹，而是对经济增长质量和居民生活水平的更多关注，努力实现创新驱动发展，传递的是更加科学的政绩导向。

反观广大中西部地区，与上海等东部经济发达省市处于不同的发展阶段，经济转型缓慢，产业结构不优，资产质量不高，如果在这个时候人云亦云，也不再提GDP，就可能陷入盲目性。君不见，中西部的部分省区，特别是一些矿产资源型的重化工集中区域，GDP增速的下滑趋势明显，有的地方甚至出现了经济增速“塌陷”。在这种情况下，倘若也高调宣称淡化GDP指标，就难免有削足适履之嫌了。

告别“GDP崇拜”，与放弃GDP不能画等号；不以GDP论英雄，并不是对GDP发展指标不屑一顾；不搞唯GDP论，但又不能完全不讲GDP。GDP毕竟是世界上通用的、用以衡量各个国家和地区经济增长的、既简单直观又比较容易核算的、非常重要的综合性指标。我们要客观辩证地看待这一指标。立马就废止它，还为时尚早。

三、探讨设置一个量、质兼顾的经济发展新参数

那么，能不能对GDP这一指标加以改进，使之兼顾经济增长的质与量，以适应和引领新的发展需要呢？我们不妨开动脑筋，作些探讨。比如：可否将GDP分为GDP增速和GDP质量两大构件；设置一个新的参数，以GDP增速为分母，以GDP质量为分子。鉴于参数的分子部分（即GDP增长质量）是一个崭新的指标，因此，当务之急是加强研究论证，科学制定指标体系，将转型升级、技术进步、环境治理、民生改善、收入增长等足以反映经济可持续发展能力的指标都囊括进来，以构建综合衡量经济发展速度、质量、效益的引领科学发展的评价体系。

（2015年）

让法治信仰、法治文化落地生根

一、法治信仰缺失、法治文化不彰的状况不容小觑

社会法治呼声高与国民法治素质低、权力色彩浓与法治色彩淡的落差明显，法治观念不强、法治能力不足，以权压法、以权扰法、以权乱法的现象时有发生；“拍脑袋就干、拍胸脯就上”仍然是一些基层党政领导干部惯用的决策方式；重法律条文灌输、轻法治理念教育，重行政手段、轻法治手段，重个人权威、轻法治权威，重维稳、轻维法；行使权力人治化，权力行使不公开不透明，违法成本低而守法成本高的状况尚未根本改变；传统“人情社会”对“法治社会”的惯性挤压，一些有“权、钱、名”的人无视法律的问题依然存在；一些人信访不信法、信闹不信法，笃信“大闹大解决、小闹小解决、不闹不解决”；一些官员迷恋于“花钱买稳定”“搞定就是稳定、摆平就是水平”，往往以维稳的名义“法外施恩”“个别解决”，借维稳乱作为或不作为，公权力出格、越位的现象并非个例；那边强调用法律来保护个人利益，这边却不满法律限制个人自由；那边谴责他人不守法，这边却钻法律空子坦然违法；维护权益时将法律举过头顶，获取利益后将法律弃之脑后；领导干部说群众违法事例多，群众说领导干部以权压法问题大；执法人员说被执法对象肆意抗法多，被执法人员则痛批执法人员执法不公；如此等等，不容小觑。

二、在法治文化的熏陶下，让法治成为全社会的共同信仰

1. 培育法治信仰应从“小”处（青少年）入手，从“大”处（领导干部）下力。“小”，即把普法纳入国民教育体系，强化学校法治教育的主体责任和

考核办法，加大法治进校园、进教材力度，使学校成为法治教育的主战场；按照不同年龄段学生的特点，制定针对性更强的法治教育规划，切实改变在小学教大道理、在大学教守规矩的本末倒置现状。“大”，即更加注重对各级领导干部法治思维、法治信仰的培育。法治素养培育之难，难就难在如何把法治内化为各级领导机关和领导干部的日常思维。应把促进政府依法行政作为培育法治信仰和普法的难点、重点，下大气力克服“黑头”（法律文件）不抵“红头”（行政文件）、“红头”不抵“笔头”（领导批示）、“笔头”不抵“口头”（领导交代）的错位现象。普法教育应区分重点，对公民重在树立依法维权意识、不弃权，对公权力重在严格依法行政、不越权。调整全民普法功能定位，变单向灌输为双向互动，变突击普法为常态普法，讲道理用百姓语言，举事例用百姓故事，让抽象的法治理念和高大上的法治精神点滴渗透进广大民众的心坎中，使办事依法、遇事找法、解决问题用法、化解矛盾靠法成为人们的自主选择、自觉行动。

2. 将司法公正和依法行政实践作为更深层次、更高层级的普法。了解与掌握法律知识，并不等于树立了对法律的信仰；法律知识的简单叠加，也并不等于法治信仰的养成。应将公正司法和依法行政的实践作为更深层次、更高层级的普法。应使立法执法司法改革与法治信仰培育同步、制度设计与锐意创新并重，建立有效的违宪监督、审查纠错和责任追究机制。强化庭审公开，把不涉及保密与隐私的庭审全程进行网上直播或视频录播，让公众眼见为实；推动裁判过程实质性公开，坚持真正的当庭审判，最大限度地压缩当事人庭外“勾兑”的空间；实行陪审团制度，为公正审判、少出冤假错案多上一道保险；运用网络等手段，倒逼执行公开；在推进司法队伍专业化、职业化的同时，注重防止“司法神秘化”，不能以独立办案、不受外界干扰为由拒绝群众监督。应将政府权力清单制、法无授权不可为、法定职责必须为的要求落实到位，尽可能压缩擦边权力、交叉权力、模糊权力、灰色权力和任意自由裁量的空间，政府设什么机构、配置什么权力、行使多大权力，都应有法律依据和具体的程序性规范，真正做到公权力的权依法授、权依法行、权依法督。剥离信访解决矛盾纠纷的功能，回归创设时的本意与初衷，发挥党和政府听取民意、吸纳民智的作用，废止因信访维稳一票否决的考核规定；降低行政诉讼门槛，敢于依法处置行政违法行为，扭转行政复议案件数量居高不下的局面。加强决策合法性审查，落实重大决策终身责任追究制度。对于不作为、乱作为，懒政、怠政，失职、渎职要坚决查处。

3. 政府应加快向社会、市场放权，将社会治理的主体由一个变为三个。积极扶持和培育包括律师协会、民间帮教中心、慈善基金会等在内的社会组织，鼓励其通过政府购买服务、志愿者行动等形式，担负起法治社会建设职能，主动地开展法律援助、纠纷调解、社区帮教等活动。从国家层面创立更为科学的社会矫正措施，纠正一些地方悄然兴起的打着“训诫中心”旗号的变相劳教。应将现代法治与历史传统结合起来，重拾村规民约，悉心推进基层自治。我国传统农村长期活跃着一个乡绅阶层，在教化乡民、稳定民心方面发挥了不可替代的作用。不妨探讨在党的领导下和法规框架内，发挥农村“新乡绅”积极作用的办法，采取更加灵活多样的形式，动员社会力量参与社会治理，以改变一些地方存在的“上边法治、下边人治、基层没治”的状况。

4. 以广泛的公众立法参与，助力法治信仰的养成。把拓宽公众有序参与立法渠道，作为对人民群众法治信仰潜移默化的过程。对行之有效的传统的意见箱、电话问询、问卷调查、电子邮箱、听证会等公众参与立法渠道，应进一步用足用活，使参与门槛更低、便捷性更强；对于广义法律如部门规章、行政法规的制定，也同样应完善立法信息公开制度，对公众参与地方立法的具体形式、程序、内容等作出明确规定，搭建公众有效参与的制度平台。

（2015年）

公共文化服务建设六议

就“十三五”期间的公共文化服务建设提六点建议。资源配置切忌缺位错位。伴随城镇化进程，部分地区公共文化服务资源配置出现了缺位、错位、流失现象，形成了新的“盲区”：农村放映数字电影门可罗雀，露天电影少人问津，为农民工送电影到工地却受到异乎寻常的欢迎；农村书屋书籍更新慢、适用性差、可读性不强、空壳化严重；农民工大量聚集地、边疆地区服务供给严重不足；城乡接合部一些“因拆暴富”的居民，肆意挥霍补偿款，甚至出现了“白发赌徒”和“赌博童子军”；在村镇合并中不少服务站点被撤销，群众享受的公共文化服务大为缩水；一些城市社区设施短缺、资源不足现象相对凸显，存在“灯下黑”。建议“十三五”期间，在城乡规划和建设中纳入公共文化服务评估内容，新建、改建、扩建居民点，应邀请文化部门参加，未按规定配置公共文化设施的，城乡规划部门不得批准其规划方案；以城乡接合部、大型工业园区、产业集聚区、经济开发区为重点，研究制定针对性的“补位”方案；在主城改造、保障房建设中确需拆除图书馆、文化站、社区文化活动室等设施的，应当先建后拆；政府和文化主管部门应从“花钱办文化”转向“出钱管文化”，将有限的财政资金与百姓想看、想要、急需的公共文化需求对接；提高农村文化产品和服务手段的科技含量，增加数字化内容向农村倾斜配送的额度。

社会参与政策重在激励。在制定“十三五”规划时，应按照治理能力和治理体系现代化的要求，把政府、市场、社会三方面的力量有机结合起来；通过科学的课题研究，统筹制定系统化、专业化的公共文化服务扶持政策和激励措施。引导和鼓励社会各界通过捐助、捐赠、自办的方式，投资建设公共文化服务设施，加大赞助企业减税力度，引入政府与社会资本合作的模式（PPP模式），推动投入主体多元化；对一些缺乏盈利空间、但服务辐射作用明显的社会非营利组织，可设立相应的专项基金，给予“以奖代补”扶持；细化土地出让等方面的优惠政策，对社会力量参与给予信贷、保险等金融工具支持；设立公共文化扶持基金，增加文化事业建设费、彩票公益金用于公共文化服务的投入；政府购买公共文化服务不能简单“一买了之”，可借鉴各地涌现的文化消费券、图书快递、个人定制等方式，探索政府购买公共文化服务的新形式、新样态。

地方标准规范亟待细化。各地发展水平差异较大，有些尚处于“补欠账、保基本”的层面，有些则已过渡到“提水平、上层次”的阶段。应尽快制定与当地发展水平及群众需求相适应的地方标准，确定公共文化服务项目与内容标准，细化服务标准，建立经费及人员保障标准。应以公平性和受众满意度为导向，建立群众评价和反馈机制，研究制定群众满意度指标，对受众构成及忠实度、接受效果进行综合评估。探索第三方审计、专家咨询及评价机制。

人才短板制约不容小觑。为解决文化专干不专职、不专业、不专心这一制约公共文化服务的短板，建议理顺、修订编制，按照服务半径和人群配置人员编制，出台公共图书馆、博物馆、文化馆、科技馆等公共文化事业单位的全国性编制标准；加强文化专干队伍进出、管理、培训、激励制度建设，尤其是要进一步加强对县一级文化人才的培养；在文化事业单位中，除专业技术和关键岗位外，一般性、辅助性、事务性的工作，可以探索人员使用上的创新管理，通过政府购买服务的方式解决；壮大“编外”公共文化队伍，组织大学生“村官”参与基层文化工作，招募文化工作志愿者，支持农村“土才子”、民间艺人担当“文化义工”，鼓励老干部、老军人、老专家、老教师、老模范发挥“余热”，形成“种文化”的队伍资源。

政府主导作用不可或缺。进一步明确地方政府在构建现代公共文化服务体系中的主导作用，将其作为各级党委、政府的“一把手”工程，纳入本级经济社会发展总体规划和科学发展综合考核体系，将其转化为相应的政策和制度安排。可设立一些便于核查的定量指标，诸如文化财政拨款占地方财政支出的比重、人均文化经费及增长率、人均购书费、文化站馆人均业务活动经费、公共文化服务设施达标率等。

文化建设立法应当提速。在我国的法律体系中，文化立法相对滞后，这种状况应当尽快改变。作为公共文化领域基本法的“公共文化服务保障法”，已先后列入全国人大立法规划和中宣部五年文化立法工作建议，呼吁紧锣密鼓，早日出台；在制定这一法律时，建议借鉴法国《文化赞助法》中对文化赞助者加大减税力度、减免赞助企业税负等内容。大力推进公共图书馆法、古籍保护条例等重要法律法规的出台，努力形成一套比较完善的公共文化服务法律制度。

（2016年）

在精准扶贫中推进公共文化服务均等化

一应提升文化扶贫效能。在贫困地区基层综合性文化服务中心建设中，应加强资源整合，发挥统筹服务功能，无论是新建、改建、扩建，还是合建、租赁、利用现有公共设施，都可借鉴诸如安徽农民文化乐园、山东农村文化大院、浙江农村文化礼堂、广西村级文化中心等实践经验，着力推动基层有关公共设施的统一管理和综合利用，以有效解决基层文化设施建设中存在的“散、乱”问题；应建立贫困地区群众参与的公共文化设施使用效能考核评价制度和反映文化需求的征询反馈制度，督促管理单位依据评价、反馈结果及时改进，坚决克服建而不用、用而不当和重设施建设、轻管理使用的倾向；因地制宜地开展流动服务，建立起扶贫流动文化车、组装舞台等灵活机动、方便群众的流动文化服务网络，构建流动服务、场馆服务、数字服务相结合的文化设施网络；改变单向输送方式，告别“大水漫灌”模式，健全公共文化需求表达机制，实行有针对性的配送，不仅要为贫困人群送文化、送演出，而且要到点、到户、到人，适应贫困地区人口结构的变化，多供给一些适合留守老人、留守妇女、留守儿童口味的文化产品和服务。

二应落实政府主导责任。政府是文化精准扶贫的主体，理应唱主角，打好“组合拳”。应做到四个“纳入”：将农村公共文化建设纳入经济社会发展总体规划，纳入地方扶贫攻坚方案的重要内容，纳入公共财政支出预算，纳入干部业绩考核体系。各级政府都应在贫困地区公共文化服务的组织、管理、提供、传播、保障中履行主体责任，发挥主导作用。重点增加农村贫困地区公共文化产品的供给，提高文化支出占财政支出的比重，通过转移支付等方式，对老少边穷地区的公共文化服务进行重点扶助、重点倾斜；合理划分公共文化服务的事权与支出责任，形成明确事权、落实支出责任、与预算挂钩的投入格局，避免“拍脑袋”决策、盲目立项投入和“钱在上面、事在下面”的弊端。为把政府主体责任落到实处，建议加大对不作为、乱作为以及各种违纪违法行为的责任追究力度。

三应激励社会力量参与。引导和鼓励公民、法人和社会各界通过捐建、捐赠、自办等方式，投资贫困地区建设公共文化服务设施，参与运营和管理，提供公共文化产品，并依法享受税收优惠，引入政府与社会资本合作的模式（PPP模式），推动投入主体多元化；对一些缺乏盈利空间、但服务辐射作用明显的社会非营利组织，可设立相应的专项基金，给予“以奖代补”扶持；设立公共文化扶持基金，增加文化事业建设费、彩票公益金用于贫困地区公共文化服务的投入；政府对贫困地区购买公共文化服务不能简单“一买了之”，可借鉴各地涌现的文化消费券、图书快递、个人定制等方式，探索政府购买公共文化服务的新形式、新样态。

四应细化实施标准。贫困地区应依照“国家标准兜底线、地方标准促特色”的分级保障思路，依据国家指导标准，尽快制定与当地发展水平及群众需求相适应的地方标准，确定公共文化服务项目与内容标准，细化服务标准，建立经费及人员保障标准。应以公平性和受众满意度为导向，研究制定群众满意度指标，对受众构成及忠实度、接受效果进行综合评估。

五应补上文化人才短板。针对贫困地区基层文化工作人员不足、年龄老化、青黄不接、素质参差不齐的状况，落实所在乡镇文化站编制、经费，出台激励政策，吸引那些懂文化、爱文化的人才从事公共文化服务，鼓励大学生村官、中小学教师投身文化扶贫事业。要抓好对贫困地区基层文化骨干的培训工作，新进或新聘人员要先培训后上岗。积极培养和发展民间文化骨干，扶持乡土文化能人，善待民间文化传承人。招募文化扶贫志愿者，支持农村“土才子”、民间艺人担当“文化义工”，鼓励老干部、老军人、老专家、老教师、老模范发挥“余热”，形成在贫困地区“种文化”的队伍资源和扎根不走的文化团队。

（2016年）

学前教育五议

“国十条”下发以来，经过两期三年行动计划的实施，我国学前教育发展风生水起，取得了举世瞩目的伟大成就。统计数据显示，全国幼儿园总数已从2009年的13.8万所增加到2015年的22.4万所，民办幼儿园占2/3强，学前教育毛入学率已达75%，涌现出一大批优秀园所和幼教战线领军人物，赢得了方方面面的点赞。

当前学前教育发展存在的问题，可以概括为“两少一高一低”，即幼儿园总量少、公办园数量少、民办园收费高、师资整体素质低。“入园难、入园贵”的现象依然存在，学前教育仍是我国教育链条中最薄弱的环节。针对现存短板，提出以下建议：

1. 完善顶层设计。应根据城乡经济社会发展、人口流动趋势和全面二孩政策实施等综合因素，把幼儿园建设与城市住宅小区建设、小城镇建设、农村易地搬迁安置点建设紧密结合，修订完善学前教育发展规划，精心制定实施第三期学前教育三年行动计划。比如，在公共财政资金的投放上，既“患寡”更“患不均”，应突出补偿教育，主要是“雪中送炭”，而不能是“锦上添花”，即把公共财政资金投向贫困弱势群体，投向处境不利的孩子，投向保基本的幼儿园；应与扶贫政策精准对接，把保障建档立卡贫困家庭适龄幼儿入园作为教育精准扶贫的工作重点，保障中西部农村适龄儿童和实施二孩政策城镇新增适龄儿童的入园需求，加大对城乡贫困家庭子女的资助救助力度。这种能够改变一个弱势家庭、甚至有利于切断贫困代际传递的补偿教育，迫在眉睫。补偿教育不仅仅是对这些孩子的补偿，也是对整个困难家庭的补偿，一定要把好钢用在刀刃上，力避个别地方用公共财政资金建设豪华幼儿园的偏颇。加大对公办园建设的投入，加大对公益性民办园的公助，加大对外来务工人员子女入园的补贴，加大对城乡接合部幼儿园的支持；制定生均公用经费和财政拨款标准。鉴于贫困地区农村幼儿园附设在小学的不在少数，小学生能享受到免费营养餐，而同一所学校内的学龄前儿童却不能享受，建议国家将学前教育阶段幼儿纳入营养餐改善计划，提高幼儿体质健康水平。建议将学前一年免费教育提上日程，尽早将其纳入全民义务教育范畴。

2. 继续扩容增量。择园热、择所热、入公办园难、入民办园贵，说到底还是投入不足、资源短缺使然。各级政府应加大投入，持续扩容，增加普惠性学前教育资源，通过新建、改扩建、以租代建等方式，提供资金、土地等要素保障，大力发展公办幼儿园，积极兴办普惠性民办幼儿园。城镇新建小区配套幼儿园建设，一要建足建够，二要公益普惠；充分发挥城市街道、农村乡镇的主观能动性，将适宜发展学前教育的空间改建成幼儿园；充分利用义务教育布局调整后的闲置校舍，举办农村小学附设幼儿园。鼓励部门、企事业办园，增加对其办园生均补助额，稳定学前教育存量；支持小学开办附属幼儿园，支持现有幼儿园利用多功能教室、教学辅助用房等改扩建成班级；各地可根据社会需求，采取灵活多样的办园方式，如半日制、分部制、托儿班、社区学前教育服务中心等；也可视家长的接受程度，探索试办半日制班；鉴于学前教育目前属于非义务教育，可最大限度地发动社会力量，兑现普惠性民办园在办学用地、税费减免、水电气暖费征收、幼儿资助等方面的扶持政策，多渠道、多形式引进社会资本创办公益、普惠性幼儿园；突破体制机制障碍，积极探索对民办园派驻公办园长、民办公助、以奖代补等多种办园模式，有效盘活现有资源；将一批现有符合条件的民办园认定、转型为普惠性幼儿园；切切实实地简化幼儿园审批手续。

3. 强化师资建设。为解决幼教师资不足的瓶颈，建议建立和完善幼教师资补充机制，多渠道扩充合格教师，包括幼儿保健医生和保育员。可通过公开招聘、农村小学富余人员转岗、政府购买服务等方式，缓解幼教师资不足的燃眉之急；扩大师范院校幼儿师范类专业招生规模，采取奖学金制，吸引更多学子进入学前教育队伍；适当降低农村学前教育人才的定向培养录取门槛，提高农村普惠性幼教人才培养的针对性。这方面，海南的做法就很值得借鉴，他们出台了《海南省乡村教师支持计划》，实行“县来乡去”定向培养，毕业后回生源地的乡村学校和乡镇中心幼儿园任教，服务期不少于5年。推广“老园带新园、城园扶乡园、名园带弱园”的结对帮扶机制，从省级示范园和省级一类园中选拔骨干人员担任新建园园长，强化示范引领作用，扩大优质教育资源覆盖面。国家应加快落实“国十条”要求，核增幼儿教师编制；在当前养老金并轨、事业单位改革深入、编制淡化的总趋势下，尝试构建基于幼教资格、公办民办一体的教师聘用制度，以从源头上保证公办园与民办园享有同样的幼儿教师聘用权；在广大农村，可建立县训、乡管、园用的机制；认真落实幼儿教师包括民办园幼儿教师的职称评定、资格认证、评优评先、医疗养老等各项待遇；加大对现有各类幼儿教师的培训力度，将所有公办、民办园教师纳入各级培训范围，包括远程培训工程，增强培训的针对性和实效性，培养其敬业、乐业、专业、创业精神，提高幼教的科学保教能力和专业水平。

4. 加大督导力度。进一步落实对学前教育的监管责任和县级政府的主体责任，克服重前置审批、轻后期监管的现象。教育主管部门应明确职能机构和专职人员，负责学前教育管理工作。建立科学的幼儿园保教质量监测评估体系和管理办法，健全日常监管、督导检查、考核奖惩机制，规范幼儿园办园行为。对屡禁不绝的幼儿园“小学化”倾向，应“严”字当头，从源头上进行专项治理，即严格规范小学招生和起始年龄教学，严禁小学以各种名义搞选拔性入学考试，严格实行小学一年级零起点教学，严禁提前教学进度。与其扬汤止沸，不如釜底抽薪。只有治理了幼儿园“小学化”这一顽疾，才能从根本上解除家长们“怕孩子跟不上趟”的普遍担忧。

5. 推进幼教立法。据悉，国家正在起草《学前教育法》。建议对接《教育法》《慈善法》《民办教育法》（修正案）以及正在进行中的民法总则立法工作，加快《学前教育法》立法进度，早日将完善学前教育体制机制、扩大学前教育资源、加大政府主体责任、提高幼教质量以及规范学前教育办园准入、办园条件、办园质量、收费标准、合法权益等幼教内容，以法律的形式固定下来，形成促进学前教育的重要制度设计。

（2016年）

让扶贫考评更接地气

扶贫攻坚在全国开展得如火如荼，其力度之大、规模之广、影响之深、效果之好，前所未有。在扶贫攻坚深入推进的过程中，也出现了一些不容忽视的问题：有些地方制定的扶贫表格种类过多过繁，且需要填写的“表海”又不断翻新，占用了一线扶贫干部大量的时间和精力；有些地方实功虚作，政策“写在纸上、说在嘴上、挂在墙上”，识别不精准，措施不精准，退出不精准，热衷于“指标”脱贫、数字脱贫；有些地方对扶贫工作的各种检查、抽查过密过频，这个检查组前脚走，又一个检查组后脚到，都少不了提前布置、准备材料、全程陪同，使乡村干部和扶贫干部应接不暇；有些地方的农户刻意哭穷喊穷，认为“国家的谁不拿就吃亏”，争着戴“贫困户”的帽子，为“争贫”隐瞒收入者有之，告状上访者有之，提出“奇葩”要求者有之，已达到脱贫标准而不愿摘帽、坚持续贫者有之。

克服在扶贫攻坚中出现的这些不良倾向迫在眉睫。建议：

一、精准践行精准扶贫、精准脱贫方略，聚焦精准发力。习近平总书记在总结扶贫攻坚经验时强调：“把握精准是要义。”扶贫攻坚贵在、重在精准，应以解决突出制约问题为重点，以重大扶贫工程和到村到户帮扶措施为抓手，以补齐短板为突破口，把准脉、开对方、用好药，靶向治疗，精准施策，切实做到帮扶对象、项目安排、资金使用、措施到户、因村派人、脱贫成效“六精准”，精准解决好扶持谁、谁来扶、怎么扶和扶真贫、真扶贫、真脱贫的问题，在精准识别、精准帮扶、精准推进、精准退出上下足功夫，确保扶贫工作务实、脱贫过程扎实、脱贫结果落实和扶贫成果的可持续性，让贫困人口有更多的获得感。

二、完善更加科学、更接地气的扶贫脱贫考核评价办法。应削“文山”、填“表海”，对各种表格，能合并的合并，能简化的简化，增强实用性；用好考核指挥棒，变以看表格、查资料为主，为以群众受益度、认可度、满意度为主要标准的考评方式，不搞繁文缛节，摒弃表面文章。对各级各类督查、检查应加以整合、统筹安排，探索省市县联合督查、纪检财政审计联合督查等办法，拉开突击检查频次，减轻一线迎检负担；优化监督检查队伍结构，多选派熟悉基层的干部参加检查组；建立对扶贫政策落实情况和扶贫成效第三方评估机制，加强对扶贫工作绩效的社会监督。应把严管与厚爱结合起来，既要严格督查考核，又要完善激励措施，对于一线同志在探索过程中出现的“无心之过”，应启动容错机制，给他们以敢于尝试、敢于试验的空间。

三、培育激发内生动力，扶贫重在扶志、扶智。一些家庭的贫困说到底是“贫在精神，困在发展”上。“等靠要”是最大的贫困。应加大宣传教育力度，实施“扶志”工程。扶贫先扶志，攻坚先攻心，解决部分贫困户“等着扶、躺着要”的“懒汉”思想，变“要我脱贫”为“我要脱贫”；改变送钱送物式的扶贫，更多地运用以奖代补、以工代赈、劳务补助等方式；不大包大揽，不吊高胃口，以发展生产扶贫作为主攻方向，灵活采取托管帮扶、合作帮扶、股份帮扶、社会帮扶、能人帮扶等多种形式，建立公司带农户、基地连农户的产业发展模式。应立足于提高素质，实施“扶智”工程。“授人以鱼，不如授人以渔。”家庭贫富的差别，在很大程度上是人口素质的差别。要搞好各种类型的职业技能培训，注重培养贫困群众发展生产和务工经商的基本技能，让更多年轻人通过职业培训实现稳定就业；加大教育扶贫力度，让贫困家庭子女都能接受公平有质量的教育，完善建档立卡贫困家庭子女从幼儿园到大学各阶段教育保障和资助制度，从根本上阻断贫困代际传递。

（2017年）

随感・报道

委员随感

蓬勃发展的五年

一、总结与回顾

九届省政协这五年，是我省经济建设、政治建设、文化建设、社会建设取得重大成就的极不平凡的五年。中共河南省委、河南省人民政府以邓小平理论和“三个代表”重要思想为指导，认真贯彻落实科学发展观，坚持科学发展，高度关注民生，加快“两大跨越”，推进“两大建设”，在全面建设小康社会、奋力实现中原崛起的伟大进程中创造了辉煌的业绩。这五年，也是我省人民政协工作亮点纷呈、人民政协事业蓬勃发展的五年。五年间，中共河南省委先后两次召开省委政协工作会议，制定下发了贯彻《中共中央关于加强人民政协工作的意见》（中发〔2006〕5号文件）的实施意见，就加强和改善党对政协工作的领导、推进全省各级政协组织切实履行职能作出了全面部署。政协第九届河南省委员会在全国政协的关心指导下，在省委的坚强领导和省政府的大力支持下，广泛动员全省广大政协委员、政协各参加单位和各族各界人士，高举爱国主义和社会主义两面旗帜，牢牢把握团结和民主两大主题，切实履行政治协商、民主监督、参政议政三项职能，围绕中心、服务大局，求真务实、开拓创新，为我省经济社会发展作出了积极贡献。在全国政协上个月召开的全国地方政协工作经验交流会上，河南作了典型发言，获得了广泛好评。

（一）注重围绕中心、服务大局，履行职能取得新成效

九届省政协始终把促进发展作为履行职能的第一要务，按照聚精会神搞建设、一心一意谋发展的要求，积极为加快经济发展、构建和谐社会建言献策。

协商议政富有成效。在每次全体会议上，委员们都紧紧围绕省委决策部署和政府工作报告中经济社会发展的重大问题进行充分的协商讨论。先后安排

了10次以专题议政为主要内容的政协常委会议，就深化国企改革、发展非公有制经济、做强旅游产业、化解“三农”问题、扩大对外开放、制定我省全面建设小康社会规划纲要、制定“十一五”规划、构建和谐中原、建设社会主义新农村、建设创新型河南、建设文化强省、建设资源节约型环境友好型社会等问题，进行专题协商议政，提出意见建议。十八次常委会议围绕上学难、就业难、看病难、购房难、养老难、收入差距过大等六大社会难题，提出了38条建议；十九次常委会议围绕建设社会主义新农村和创新型河南，提出了36条建议；二十四次常委会议围绕加快建设资源节约型、环境友好型社会问题，提出了28条建议。一些建议案受到了中央领导的关注，温家宝总理、贾庆林主席等中央领导作了重要批示。省委、省政府高度重视，克强、光春、成玉等同志多次作出批示，不少建议进入了决策程序。

视察调研喜结硕果。在省政协常委会统筹规划和省政协办公厅、各专门委员会悉心组织下，九届省政协视察调研工作取得了丰硕成果。五年来，先后组织住豫全国政协委员、省政协委员开展视察调研活动200余次，提交视察调研报告300余篇。2004年4月，省委、省政府召开县域经济大会后，省政协由主席、副主席带队，组成10个视察团，对县域经济发展情况进行了全面视察，有力地促进了省委、省政府决策的落实。2005年4月，省政协联合中部地区其他五省政协，共同开展了促进中部崛起大型调研活动。由我省政协执笔起草的《六省政协关于促进中部崛起的若干建议》，为中央制定促进中部地区崛起政策措施提供了重要决策参考。2007年7月，为加快资源节约型、环境友好型社会建设，省政协组织常委视察团，先后对三门峡、平顶山、鹤壁、焦作四市进行了视察，向省委、省政府呈送了《用足用活中央优惠政策，加快促进资源型城市转型》等4份视察报告，徐光春书记、李成玉省长、陈全国副书记等省委、省政府多位领导同志作了重要批示。

提案办理有序开展。五年来，共收到提案3806件，立案3708件，已全部办理完毕。提案质量、办理质量、服务质量不断提高。其中，关于加快郑汴一体化发展进程的提案，被《中原城市群总体发展纲要》采纳；关于加强我省自主创新工作的提案，相关意见被吸收进《中共河南省委、河南省人民政府关于增强自主创新能力，建设创新型河南的决定》；关于河南省图书馆古籍善本保管条件亟待改善的提案，省财政厅拨出专款解决了经费问题。重新修订了《政协河南省委员会提案工作条例》，完善了与之配套的《提案审查立案实施办法》和《办理重点提案实施办法》，建立了主席督办重点提案制度，确保委员提案“事事有着落、件件有回音”。召开两次全省政协提案工作座谈会，并对省政协九届一次会议以来的92件优秀提案和20个先进承办单位进行了表彰。

信息工作不断加强。坚持把了解和反映社情民意作为履行职能的一项经常性工作，提倡每个委员每年至少提出一条建议、反映一条社情民意；2006年开通了省政协“民情热线”，与省电台联办了《代表委员听民意》节目；把握好编辑和呈报信息的质量和着力点，为党政领导提供了大量有价值的意见建议。五年来，共编发《政协信息》335篇。在向全国政协专报的信息中，《推进城镇化进程中应加强城市地质调查工作》等信息，被全国政协转中央有关部门办理；《关于进一步促进农民增收的建议》，温家宝总理、回良玉副总理批转有关部门研究办理；《关于制定司法礼仪规范标准的建议》，河南省高级人民法院积极采纳，在全国率先制定了《河南省人民法院司法礼仪规范（试行）》；《关于落实转制科研单位职工退休后医保政策的建议》提出后，省政府领导同志专门主持召开会议，研究解决转制科研单位退休职工医保问题。

省政协还积极推荐专委会负责同志参加省委组织的巡视工作、保持共产党员先进性教育活动督导工作、干部考察工作，推荐委员担任有关职能部门的督导员、督察员，支持委员参加有关部门组织的执法检查、行风评议等工作，为发挥民主监督作用广辟渠道。

（二）注重拓宽思路、创新载体，政协工作呈现新亮点

充分发挥人民政协人才荟萃、智力密集、联系广泛、位置超脱的优势，锐意创新，精选载体，拓宽了履行职能的领域。成功主办黄帝故里拜祖大典。按照省委、省政府的安排，先后主办了丙戌年、丁亥年黄帝故里拜祖大典和中华炎黄二帝巨型塑像落成庆典，全国人大常委会和全国政协领导、国民党荣誉主席连战等出席大典，万余名华夏儿女同拜共祭，中央电视台多个频道现场直播，100多家海内外媒体集中报道，《人民日报》《中国日报》《光明日报》和《人民政协报》专版宣传，弘扬了黄帝文化和中原文化，提高了河南的知名度和美誉度，加深了港澳台同胞和海外侨胞对中华民族的认同感和归属感，增进了海峡两岸的交流与合作。

深入开展河洛文化国际研讨。主办了三届河洛文化国际研讨会，完成全国社科规划基金重大项目“河洛文化研究——河洛文化的起源、传承与影响”，从不同角度和不同层面对河洛文化的精义、实质、历史地位及其在海外的传播等进行研究探讨。在此基础上编写出版了《河图洛书探秘》等8部专著，在《光明日报》上发表了长篇研究报告《河洛文化：连结海峡两岸的纽带》。河洛文化研究对增强中华民族的凝聚力，反对和遏制“台独”分裂势力，产生了积极影响。与全国政协港澳台侨委员会共同发起成立中国河洛文化研究会，经民政部和文化部批准于去年正式挂牌。

积极搭建文化产业发展平台。与中国文联、中国侨联、中国对外友协、中华民族文化促进会共同主办以“中华一脉、万姓同根、寻根谒祖、共谋发展”为主题的“2006中华姓氏文化节”，与全国工商联、中国侨联共同主办以“拜谒华商始祖、传承中华商德”为主题的“2006国际华商文化节”。搭建了让世界了解河南、让河南走向世界的文化平台，为我省扩大对外开放、加强文化交流拓宽了渠道。与省文化体制改革和文化产业发展领导小组一起，催生了民办公助性质的河南文化产业发展研究院。在全国政协成功举办“当代国画优秀作品——河南作品展”，贾庆林主席出席开幕式并破例发表了重要讲话，对河南的经济社会发展、文化建设和政协工作给予了高度评价。画展在全国美术界产生了强烈反响。还促成了河南卫视名牌栏目《梨园春》《武林风》赴南美巡演的对外文化交流活动。

助推海内外豫商群体发展。加强同省内外新豫商群体的联系，相继推动和促成了广东、上海、重庆等18家异地河南商会的成立，并以“联络乡情，增进交流，关怀全球豫商，助推豫商发展”为宗旨，举办了第一、第二届豫商大会。积极组织开展豫商历史文化研究，编辑出版了数百万字的研究成果。豫商大会的举办和豫商历史文化的深入研究，弘扬了新豫商文化，塑造了新豫商形象，促进了新豫商崛起，加强了外地豫商与河南经济社会发展的合作。在此基础上，策划、实施了上海、广东两地河南商会与信阳、南阳、周口、驻马店、商丘五市的“5+2”经济合作计划，在沿海发达地区豫商与豫南、豫东五市之间搭建了资金、项目、技术、人才对接的合作平台，引进了一批带动能力强、投资数额大、经济效益好、市场前景广、就业岗位多的投资项目。据不完全统计，2006年首届豫商大会以来，海内外河南商会会员与全省开展经济技术合作项目180余项，累计投资金额500多亿元。

建立区域政协主席联席会议机制。为增强中原城市群经济隆起带的辐射带动能力，促进区域功能对接、资源共享、生态共建、环境同治、产业互补、协调发展，省政协发起组织了中原城市群政协主席联席会，经过两年多的努力，初步形成了定期专题议政的机制。在已经召开的三次联席会议上，九市政协分别围绕打造中原城市群90分钟都市交通圈、建立中原城市群旅游共同体、推进中原城市群居民同城待遇等问题，提出了很多富有可操作性的意见和建议。省委、省政府领导对联席会这种参政议政形式给予充分肯定，有关部门正在积极落实这些建议内容。作为中原城市群政协主席联席会的延伸，省政协还主持举行了郑—许产业带发展座谈会，就郑州市与许昌市如何实现产业互补和对接提出了建议。

（三）注重凝聚力量、深化合作，团结联谊开辟新领域

发挥人民政协作为最广泛爱国统一战线组织的特殊优势，通过扩大接触面，增强包容性，努力形成经济发展、社会和谐的强大合力。充分发挥党派作用。切实加强与省各民主党派、工商联、各人民团体及各界人士的联系与协作，营造广开言路、畅所欲言、求同存异、体谅包容的浓厚氛围。尊重并保障各民主党派、工商联和无党派人士在政协各种会议上发表意见的权利，安排他们就省政协常委会议中心议题进行调研并作大会发言，对他们报来的提案重点办理，对他们反映的社情民意重点报送，对他们提出的意见建议重点研究。运用主席会议、秘书长会议等形式，经常向各民主党派、工商联负责人和无党派人士通报情况，听取意见，邀请他们协商讨论政协工作中的共同性事务，参加视察、调研等重要活动。

着力突出界别特色。积极探索发挥界别作用的新途径、新方法，在召开政协全体会议、常委会议时，提倡以界别名义向会议提交发言材料，有重点地安排一些跨界别的联组讨论，突出界别的群体参政作用。组织开展有界别特色的考察、调研、联谊等活动，鼓励和支持委员中的各类专业技术人员参与“三下乡”活动。注意反映不同界别和特殊群体的意见建议，重点督办界别提交的

重点提案。

广泛团结港澳台侨。先后组织三次驻港澳地区省政协委员视察活动，帮助委员了解我省改革开放和现代化建设的新成就，增强他们来豫投资创业的积极性。开展台情侨情调研考察，协助政府解决台资企业发展和困难归侨的生活补助、医疗保险等问题。加强与台湾党派高层人士的接触交流，接待了国民党荣誉主席和副主席、新党主席、工党主席等头面人物，加强了相互理解，促进了合作交流。

切实加强联系协作。配合全国政协完成了“京九绿色长廊建设”“南水北调中线工程水质保证”“黄河沿岸经济社会协调发展”“大运河的保护与申遗”等多项视察调研任务。坚持每年召开一次省辖市政协主席联系会和全省政协秘书长座谈会，总结交流经验，研讨共性问题。各专委会注重加强与市、县政协的联系与协作，多次召开工作座谈会，开展联合视察调研活动。举办住豫全国政协委员和省辖市政协秘书长、县（市、区）政协主席学习贯彻《中共中央关于加强人民政协工作的意见》轮训班。对换届后的市、县两级政协主席、副主席分四期进行了全员培训。接待全国政协和兄弟省（市、区）政协来豫考察团、组400多批次。

积极开展对外交往。组团访问了英国、日本、澳大利亚、委内瑞拉、巴西、南非等10多个国家，接待了拉脱维亚、塞内加尔经社理事会等代表团，加强了交流，增进了友谊，达成了一些结好意向，签订了一些合作协议。

（四）注重扩大宣传、营造氛围，政协形象得到新提升

按照“突出重点、体现特色、讲求实效”的要求，积极组织有计划、有重点、有深度的宣传活动和人民政协理论研讨，提高了政协工作的社会认知度。

利用各种媒体搞好宣传报道。九届省政协切实把宣传工作摆在政协全局工作的重要位置，努力探索和把握新形势下人民政协宣传工作的特点和规律，在搞好政协日常工作宣传的同时加强对重点工作的宣传，在注重利用省内媒体宣传的同时加强在中央新闻媒体上的宣传，在注重运用传统媒体宣传的同时重视在网络上的宣传。2006年4月，我们邀请全国政协办公厅组织的《人民日报》、新华社、《光明日报》、中央人民广播电台、中央电视台等18家中央新闻媒体来豫集中采访，对河南进行了多角度、全方位的宣传报道。五年来，共在省级以上新闻媒体播发政协工作稿件1600多篇（条），宣传了人民政协作出的新贡献和人民政协事业的新发展。

适时成立人民政协理论研究会。按照全国政协对各省（市、区）和副省级城市政协提出的要求，在中国人民政协理论研究会成立大会暨首次理论研讨会举行之后，省政协于2007年9月成立了河南省人民政协理论研究会，并举行了首次理论研讨会。研究会的成立，对整合全省人民政协理论研究力量、加强我省人民政协理论研究工作起到了积极的推动作用。

继续办好《河南文史资料》和《协商论坛》。五年来，编辑出版《河南文史资料》20辑，举办了《河南文史资料》出版百辑座谈会，发挥了文史资料存史、资政、团结、育人的社会功能。《河南文史资料》第三次被评为省一级社科期刊，2007年荣获全国优秀文史出版物一等奖。编辑《协商论坛》60期，为全省各级政协交流工作信息、开展理论研究提供了平台，《协商论坛》杂志也进入了省一级社科期刊方阵。认真开展《河南省政协志》《河南省志》人民政协部分和《全国政协年鉴（河南卷）》的编写和续修工作。

（五）注重加强学习、完善制度，自身建设迈上新台阶

认真贯彻政协章程和《中共中央关于加强人民政协工作的意见》精神，结合新情况，把握新要求，全面推进政协自身建设，为政协事业健康发展奠定了坚实基础。

不断完善规章制度。按照中央《意见》要求和政协章程规定，结合我省实际，先后制定和修订了全体会议工作规则、常委会工作规则、主席会议工作规则、秘书长会议工作规则、专门委员会通则、提案工作条例、委员视察工作条例、反映社情民意工作条例等，推进了政协履行职能的制度化、规范化、程序化建设。

发挥委员主体作用。通过举办报告会、印发学习材料、组织全员培训等形式，不断提升委员整体素质，为委员知情明政、发挥主体作用创造条件；重视专委会的基础作用，加强与所联系界别委员的联系，组织委员深入基层、深入群众，开展调查研究，发表真知灼见；加强与党政部门的沟通，建立健全政协委员意见建议的跟踪办理和反馈机制，建立省政协委员联络管理、常委会议请假制度，增强委员履行职能的使命感和责任感。

全面加强机关建设。按照党中央和省委的统一部署，组织省政协机关全体共产党员和干部职工，认真开展保持共产党员先进性教育活动和“讲正气、树新风”主题教育活动。以综合考核名列省直机关第一名的优异成绩，成功申报新一轮省级文明单位。重视机关干部的培养教育和选拔使用，选派优秀干部到基层挂职锻炼。重视机关行政、后勤、接待和老干部服务工作，机关办公和生活条件有所改善。

在总结收获、回顾既往的时候，我们忘不了一贯关心支持省政协工作的省委、省人大、省政府、省军区、省法检两院、住豫解放军、省武警总队的领导，忘不了一贯关心支持省政协工作的省直各部门、中央住豫单位、各市县区、各高校院所、各企事业单位的同志们，忘不了一贯关心支持省政协工作的各民主党派、工商联、各人民团体、各族各界人士，忘不了一贯关心支持省政协工作的港澳台胞、海外侨胞、国际友人，忘不了为人民政协事业付出大量心血和汗水的历届省政协老领导、老同志。请允许我代表九届省政协一并向他们表示衷心的感谢和崇高的敬意！

各位委员：在总结本届政协工作的时候，还要清醒地看到存在的问题和薄弱环节。比如，如何通过卓有成效的工作和加大宣传力度，进一步提高社会各方面对中国共产党领导的多党合作和政治协商制度以及政协工作重要性的认识；如何按照中共中央的要求，进一步推进政治协商、民主监督、参政议政的制度化、规范化和程序化；如何把政治协商纳入决策程序，完善民主监督机制，提高参政议政实效；如何为参加政协的各党派、团体参政议政创造更好的条件，使人民政协的界别活动开展得更为活跃和有序；如何充分发挥委员的主体作用，进一步组织好委员视察工作；如何加强机关建设，提高工作效率和服务水平；等等。在新世纪新阶段要不断地研究解决工作中出现的新问题，不断地探索总结实践中创造的新经验，不断地把人民政协事业推向前进。

二、体会与共识

在回顾政协第九届河南省委员会五年来的工作时，大家深深体会到：

1. 做好人民政协工作，必须坚持党的领导、维护核心。始终坚持党的领导，自觉维护核心，体现了参加政协的各党派、各团体和各族各界人士的共同意志，是人民政协开展工作必须始终遵循的一项根本原则。只有坚定不移地以邓小平理论和“三个代表”重要思想为指导，贯彻落实科学发展观，始终与党中央保持高度一致，才能使人民政协始终保持正确的政治方向，以国家宪法为准则，以政协章程为规范开展工作；只有坚决贯彻中央和省委的各项决策、部署，坚持重大事项、重要问题向省委请示、汇报，才能使政协工作与省委的中心工作同步合拍，确保中央和省委决策在政协工作中得到落实；只有经常主动地与省政府和有关部门沟通协商，努力形成“党委重视、政府支持、政协主动、部门配合”的工作格局，才能为人民政协履行职能创造宽松的环境，赢得广阔的用武之地。

2. 做好人民政协工作，必须坚持围绕中心、服务大局。政协的工作只有紧紧围绕党委、政府的重大决策和各个时期的中心工作，把主要精力放在对改革、发展、稳定深层次矛盾的分析上，放在对全面建设小康社会、加快实现中原崛起的综合性、全局性问题的思考上，放在人民群众关心的热点难点问题的研究上，善于抓主要矛盾，善于抓重点领域，才能按照科学发展观的要求，参政参到点子上，议政议到关键处，使履行职能活动服从和服务于党政决策的需要，提出更多富有前瞻性、科学性、可行性和可操作性的意见建议。

3. 做好人民政协工作，必须坚持以人为本、履职为民。高度关注民生，积极协助党和政府解决民生问题，是人民政协履行职能的重要内容。实现好、维护好、发展好最广大人民的根本利益，是人民政协一切工作的出发点和落脚点。牢固树立以人为本、履职为民的理念，把服务大局与关注民生紧密结合起来，把为党分忧与为民解忧紧密结合起来，使履行职能的过程成为广泛听取群众意见、反映群众要求的过程，成为加强党和政府与人民群众密切联系的过程。唯其如此，政协工作才能彰显自身价值。

4. 做好人民政协工作，必须坚持选准坐标、帮忙补台。我们认为，人民政协参政不行政、议政不干政、立论不立法、献策不决策的特点，决定了政协工作虽然不是“火线”，但也不是“二线”，而是名副其实的“一线”，是发扬社会主义民主的第一线，是构建社会主义和谐社会的第一线，是为推动经济社会又好又快发展建言献策的第一线。只有始终保持奋发有为的精神状态，始终保持知难而进的昂扬锐气，始终保持求真务实的工作作风，以对党和人民政协事业高度负责的态度，把心思和精力集中到干事创业上，把智慧和力量凝聚到促进发展上，爱岗敬业，忠于职守，才能有所作为、大有作为。只有找准位置，选好角度，努力增强拾遗补阙的主动性、发现问题的敏锐性、研究问题的积极性、发挥作用的能动性，才能真正做到尽职而不失职、到位而不越位、帮忙而不添乱、切实而不表面。

5. 做好人民政协工作，必须坚持与时俱进、开拓创新。创新是人民政协事业始终保持勃勃生机的不竭源泉。随着改革开放和现代化建设的逐步深入，政协工作面临着许多新情况、新问题，新时期、新形势也不断给人民政协提出新要求、新课题。只有始终站在时代前列，增强创新意识，高扬创新旗帜，才能不断激发人民政协的内在活力；只有认真研究并努力把握人民政协事业的特点和规律，创新工作制度、工作机制、工作载体、工作方法，才能不断提高解决实际问题的能力；只有立足人民政协新的实践和新的发展，深入开展人民政协理论研究，才能不断通过理论创新推动工作创新，开创政协工作新局面。

以上五点体会，是九届省政协在工作实践中达成的共识，也是十届省政协应该注意把握和遵循的原则。

三、建议与展望

胡锦涛总书记在十七大报告中指出："支持人民政协围绕团结和民主两大主题履行职能，推进政治协商、民主监督、参政议政制度建设；把政治协商纳入决策程序，完善民主监督机制，提高参政议政实效；加强政协自身建设，发挥协调关系、汇聚力量、建言献策、服务大局的重要作用。"这是新时期中共中央对人民政协工作提出的新的更高的要求。未来五年，是我省加快"两大跨越"、推进"两大建设"，奋力夺取全面建设小康社会新胜利，开创中原崛起新局面的关键时期，也是人民政协发挥更大作用、实现更大作为的重要时期。谨向政协第十届河南省委员会提出如下建议：

第一，深入学习贯彻中共十七大精神。政协各参加单位、广大政协委员、全体政协工作者要按照中央和省委的统一部署，把深入学习贯彻十七大精神作为当前和今后一个时期的首要政治任务。深入学习贯彻十七大精神，就要高举中国特色社会主义伟大旗帜，切实巩固参加人民政协的各党派团体、各族各界人士团结奋斗的共同思想政治基础，坚持用这一伟大旗帜统一思想、凝聚力量，把人民政协事业统一于发展中国特色社会主义的伟大实践中；深入学习贯彻十七大精神，就要全面贯彻落实科学发展观，切实把促进科学发展贯穿于人民政协履行职能的各个方面，将其作为履职尽责的第一要务，为实现我省的全面协调可持续发展作出贡献；深入学习贯彻十七大精神，就要紧紧围绕全面建设小康社会奋斗目标的新要求，切实发挥人民政协协调关系、服务大局的作用，对全省经济社会发展中具有综合性、全局性、前瞻性的课题调查研究、建言献策，为省委、省政府科学决策、民主决策服务，协助党委、政府促进政党关系、民族关系、宗教关系、阶层关系、海内外同胞关系的和谐；深入学习贯彻十七大精神，就要始终把推进改革开放摆在政协履行职能的重要位置，积极参与改革开放的伟大进程，坚定不移地做改革开放的拥护者、推动者和促进者，毫不动摇地坚持社会主义市场经济的改革方向，坚持互利共赢的开放战略，努力提高改革决策的科学性，增强开放措施的协调性；深入学习贯彻十七大精神，就要坚持以人为本，切实把实现好、维护好、发展好最广大人民的根本利益作为人民政协一切工作的出发点和落脚点，把关注民生、保障民生、改善民生作为政协履行职能的重要内容，真诚倾听群众呼声，真实反映群众愿望，真情关心群众疾苦，努力推动以改善民生为重点的社会建设。

第二，切实履行人民政协三项职能。要紧紧围绕十七大和省八次党代会、省委八届四次、五次全会提出的目标任务，认真履行政治协商、民主监督、参政议政职能。要扎实搞好对我省大政方针以及经济、政治、文化和社会生活中的重要问题在决策之前和决策执行过程中的协商，在新的决策形成中“雪中送炭”，在决策完善中“锦上添花”，在影响未来发展的决策中“出谋划策”。要切实加强以提出建设性意见为主要形式的民主监督，通过视察、调研、提案和反映社情民意等形式，对宪法、法律和地方法规的实施，重大方针政策的贯彻执行，政府机关及其工作人员的工作，提出意见和建议。要充分发挥政协人才荟萃、智力密集的优势，拓宽参政议政范围，丰富参政议政内容，创新参政议政形式，提高参政议政实效，力求提出的意见建议在技术上是可能的、经济上是合理的、法律上是允许的、操作上是可执行的、进度上是可实现的、政治上是能够为各方面所接受的，积极促进我省经济建设好中求快、好字优先，政治建设稳中求进、循序渐进，文化建设大中求强、又优又精，社会建设难中求解、构建和谐。

第三，牢牢把握团结民主两大主题。人民政协是中国共产党领导的各党派、各团体、各民族、各阶层大团结、大联合、大融汇、大和谐的组织，在壮大最广泛的爱国统一战线、调动一切积极因素、团结一切可以团结的力量方面有着不可替代的作用。要充分发挥各党派、各界别、各阶层代表人士的作用，全面准确地反映他们的愿望和诉求，把包括新的社会阶层在内的不同党派、团体、阶层、民族和信仰的全体社会主义事业建设者团结起来，形成珍惜、维护、巩固、发展我省来之不易大好形势的强大合力。要坚持和完善中国共产党领导的多党合作和政治协商制度，认真贯彻“长期共存、互相监督、肝胆相照、荣辱与共”的方针，大力支持各民主党派、工商联和无党派人士参与我省重大事务的协商讨论，促进参加人民政协的各民主党派、工商联和无党派人士的团结合作。要广泛宣传党的民族政策、宗教政策，巩固和发展平等、团结、互助、和谐的社会主义民族关系，积极引导宗教与社会主义社会相适应。要进一步拓展反映社情民意的渠道，为各个阶层的群众提供说话的平台，积极引导各界群众有序合法理智地行使“话语权”，主动协助党和政府做好协调关系、化解矛盾、理顺情绪的工作。要广泛团结港澳台侨各界人士，鼓励他们为促进我省经济社会发展贡献智慧和力量。

第四，继续加快履行职能三化进程。制度化、规范化、程序化是人民政协履行政治协商、民主监督和参政议政职能的重要保证，对于按照民主化和法制化紧密结合的要求推进社会主义民主政治建设，具有十分重要的意义。要继续深入贯彻落实《中共中央关于加强人民政协工作的意见》（中发〔2006〕5号文件）和省委政协工作会议精神，根据政协章程，逐步建立、健全和完善人民政协开展工作的各项程序，形成包括充分发挥委员主体作用、专门委员会基础作用等各个层面在内的完备的制度体系，使政协工作的各个方面和主要环节都有章可循。要对近年来履行职能的情况进行认真回顾，将实践证明行之有效的好经验、好方法，用制度的形式确定下来，进一步规范政协履行职能的内容、形式和程序，形成合理有效的工作机制。要高度重视人民政协理论研究，加深对人民政协基本理论和工作规律的认识。

第五，全面加强人民政协自身建设。加强以思想为核心、以组织为基础、以作风为关键、以制度为保证的自身建设，是一项重要的基础性工作。要注重加强对政协委员尤其是新委员的人民政协理论知识培训，密切同委员的联系与沟通，通过多种有效形式，积极为委员履行职责、发挥作用创造条件。政协委员要增强主体观念和责任意识，珍惜荣誉，不辱使命，切实发挥好在本职工作中的模范作用，在政协工作中的主体作用，在经济社会生活中的表率作用，在各界别群众中的代表作用。要加强专委会建设，不断提高专委会组成人员的政治业务素质，创新专委会工作形式，增强专委会工作的全局意识和协作意识，使各专委会工作形成一个有机整体，发挥群体优势，形成集聚效应。要充分认识界别在政协工作中的重要作用，进一步探索开展界别活动的方式和内容。要按照团结、勤政、务实、高效的要求，切实加强机关干部队伍的思想、作风建设，加大对机关干部的教育、培训、选拔和交流力度，努力造就一支政治坚定、作风优良、学识丰富、业务熟练的高素质政协干部队伍，努力把政协机关建设成为学习型、创新型、服务型、和谐型机关。

各位委员、同志们，我们正站在一个新的历史起点上。新的一年，我们将迎来改革开放30周年，中华民族百年奥运的梦想将成为现实。机遇考验着我们的智慧，挑战锤炼着我们的意志，使命召唤着我们的行动。让我们更加紧密地团结在以胡锦涛同志为总书记的中共中央周围，高举中国特色社会主义伟大旗帜，在中共河南省委的坚强领导下，以邓小平理论和“三个代表”重要思想为指导，全面贯彻落实科学发展观，沿着十七大指明的方向，万众一心、开拓奋进，在全面建设小康社会、奋力实现中原崛起的金光大道上，以无愧于人民、无愧于时代、无愧于历史的新业绩，谱写河南人民政协事业的新篇章！

（2008年）

不负重托　不辱使命

政协第十届河南省委员会第一次会议选举产生了新一届省政协主席、副主席、秘书长和常务委员，顺利实现了省政协领导班子的新老交替。为了表明心迹，我撰了一副对联，与大家共勉。

上联是：非火线、非二线，仍是一线，一如既往是公仆；下联是：无权力、无财力，但有活力，活动依旧有平台；横批是：找准定位。我们一定不辜负组织信任和委员重托，决心在中共河南省委的坚强领导下，在省政府和社会各界的大力支持下，紧紧依靠政协各参加单位、广大政协委员和政协工作者，严格遵守政协章程，认真履行政协职能，尽心竭力地把人民政协事业推向前进。

一、高举伟大旗帜，把握正确方向

改革开放30年的成功经验已经证明并将继续证明，中国特色社会主义伟大旗帜，是当代中国发展进步的旗帜，是中国共产党和全国各族人民团结奋斗的旗帜，也是人民政协事业不断发展的旗帜；中国特色社会主义道路，是建设富强民主文明和谐的社会主义现代化国家、实现中华民族伟大复兴唯一正确的道路，也是人民政协事业不断发展必须遵循的正确道路；中国特色社会主义理论体系，是马克思主义中国化的最新成果，是全国各族人民团结奋斗的共同思想政治基础，也是人民政协事业不断发展的行动指南。只有高举中国特色社会主义伟大旗帜，才能确保人民政协事业沿着正确的政治方向阔步前进。

高举中国特色社会主义伟大旗帜，就要按照中央和省委的统一部署，把认真学习、深刻领会、全面贯彻中共十七大精神作为当前和今后一个时期的首要政治任务，坚持用中国特色社会主义理论体系统一认识、把握方向；就要紧密结合政协组织和政协委员的实际，把中国特色社会主义理论贯彻落实到履行职能、做好岗位工作中去；就要在各自所联系的群众中深入宣传中国特色社会主义理论体系，团结教育全省各族各界人士坚定不移地走中国特色社会主义发展道路，把全社会的智慧和力量凝聚到中国特色社会主义建设的伟大事业上来。

二、坚持党的领导，自觉服务大局

坚持党对政协工作的领导，体现了参加政协的各党派团体和各族各界人士的共同意志，是人民政协事业胜利推进的根本保证。我们要进一步强化核心意识，始终与以胡锦涛同志为总书记的党中央保持高度一致，不折不扣地贯彻执行省委的决策部署，确保省委的意图真正得到落实。要确立省委的中心工作就是政协的工作中心的思路，紧紧围绕省委的统一部署开展工作，使政协工作与党政工作同频共振，做到思想上同心、目标上同向、工作上同步。遇到重大问题和重大事项、组织重要活动和重要会议，要主动向省委请示；活动结束后，要及时将活动开展情况和政协意见建议报告省委。省政协党组要身体力行地贯彻省委的决定决议，为省委加强对政协工作的领导出谋划策，努力把省委的意图化为全省各党派团体和各族各界人士的广泛共识。

政府是党委决策的行政执行机关，支持政府工作、积极参政议政，是坚持党的领导的重要体现。要根据省政府的工作部署，精心选择我省经济社会发展中的重大问题和与人民群众利益攸关的热点难点问题，组织委员视察调研，忠实反映社情民意，切实搞好民主监督。要在所联系的界别和群众中，做好对有关政策的宣传教育、解疑释惑工作，维护政府威信，确保政令畅通。要继续坚持和完善与省政府的联系协商制度，及时将政协的工作计划、活动安排向省政府及有关方面通报，努力争取支持和帮助。

三、履行政协职能，助推科学发展

人民政协人才济济、群贤荟萃，在服务科学发展、促进科学发展方面，具有不可替代的优势，负有义不容辞的责任。要在协商中求得科学发展的共识，在监督中求得科学发展的成功，在参与中求得科学发展的合力。要依托政协各专门委员会和各界别，组织委员就转变经济发展方式、推动结构优化升级、统筹城乡协调发展、提高自主创新能力、推进生态环境建设、健全现代市场体系、拓展开放广度深度等事关全省科学发展全局的重大问题，深入开展调查研究和协商讨论，促进速度质量效益、出口投资消费、改革发展稳定、人口资源环境和三次产业发展相互协调。

实现科学发展，离不开和谐的社会环境。要把促进和谐中原建设作为服务全省科学发展的重要内容，按照民主法制、公平正义、诚信友爱、充满活力、安定有序、人与自然和谐相处的总要求，以及共同建设、共同享有的原则，围绕完善社会管理、扩大公共服务、促进社会公平等重大问题和教育、就业、分配、医疗、住房、社会保障等关系人民群众切身利益的现实问题，积极出主意、想办法，扎扎实实做好促进社会和谐的各项工作。要动员广大政协委员贴近实际、贴近基层，倾听群众呼声，体察群众情绪，反映各个阶层和不同群体的利益诉求，引导各族各界群众正确认识和处理个人利益与集体利益、局部利益与整体利益、当前利益与长远利益的关系，倍加珍惜、努力营造安定和谐的政治局面。

四、围绕团结民主，汇聚各方力量

紧紧围绕团结和民主两大主题，促进政党关系、民族关系、宗教关系、阶层关系、海内外同胞关系和谐，在全面建设小康社会进程中，为谋事增添智慧，为干事增添帮手，为和事增添渠道，为成事增添希望，是时代赋予人民政协的神圣职责。要认真贯彻“长期共存、互相监督、肝胆相照、荣辱与共”的方针，进一步加强与各民主党派、工商联、无党派人士的协商合作，促进各党派团体、各族各界人士的有序政治参与。要切实维护少数民族合法权益，进一步促进平等团结互助和谐的社会主义民族关系。要全面贯彻党的宗教工作基本方针，积极引导宗教界人士和信教群众与社会主义社会相适应，鼓励和支持他们在促进经济社会发展中发挥积极作用。要广泛开展对外友好和联络联谊工作，加强同港澳同胞、台湾同胞、海外侨胞的联系与交往，支持他们更好地为促进经济发展、增加社会财富贡献智慧和力量。要在共同的政治基础之上，尽一切努力把包括新的社会阶层在内的全体社会主义事业的建设者团结起来，共同致力于开创中原崛起新局面的伟大事业。

在人民政协内部，要坚持广开言路、畅所欲言、求同存异、体谅包容的原则，容人、容言、容事，求真、求实、求是，和谐、和睦、和顺，形成团结民主、生动活泼的议政氛围。要运用主席会议、常委会议、专门委员会会议、秘书长会议等形式，经常向各民主党派、工商联负责人和无党派人士通报情况，听取意见，邀请他们协商讨论政协工作中的共同性事务。要加强与政协各参加单位的合作共事，使政协真正成为中国共产党领导的多党合作和政治协商的重要机构，成为政治生活中发扬社会主义民主的重要形式。

五、加强自身建设，开创崭新局面

在新的历史起点上推进中国特色社会主义伟大事业，既为人民政协事业提供了广阔舞台，也对政协各项工作提出了更高要求。我们要适应新形势、开创新局面，就必须加强学习、提高素质，不辱使命、开拓进取，完善制度、规范程序。

加强学习、提高素质，就是要切实增强学习的紧迫感和自觉性，把学习当作一种境界，视为一种追求。我们正处在一个大开放、大发展、大变革的时代，新情况、新事物、新问题层出不穷。我们新一届省政协刚刚成立，加强学习的任务十分紧迫和繁重。政协所有领导干部、全体政协委员和广大政协工作者，都要认真学习邓小平理论、“三个代表”重要思想，全面把握科学发展观的科学内涵和精神实质，坚定不移地用十七大精神武装头脑、统一思想，用科学发展观指导实践、推动工作。要认真学习党和国家的方针政策，学习人民政协理论，学习政治、经济、科技、法律、文史知识，通过锲而不舍的学习，提高自身素质，增强履职能力。

不辱使命、开拓进取，就是要始终保持昂扬向上的精神状态，与时俱进、求实创新，努力开创人民政协事业新局面。按照党的十七大对人民政协工作提出的新要求，把我省人民政协事业继续推向前进，是新一届政协及其常委会所肩负的重大历史使命。我们要以对党和人民事业、对人民政协事业高度负责的态度，满腔热忱、殚精竭虑地做好人民政协的各项工作。要大胆探索、锐意进取，在发扬人民政协光荣传统、坚持历届政协成功经验的基础上，拓展政协工作思路，创新政协工作形式。

完善制度、规范程序，就是要进一步加强人民政协履行职能的制度化、规范化、程序化建设。人民政协履行职能的“三化”建设虽然取得了显著进展，但是还不能完全适应新时期人民政协事业发展的需要，还有大量的工作要做。我们要进一步修订完善和研究制定各项工作制度、工作规程，尽快形成与《中共中央关于加强人民政协工作的意见》和政协章程相适应的制度体系。要通过具体的制度设计和制度安排，将履行职能的主体、原则、范围、过程等确定下来，使政治协商程序更加规范，民主监督机制更加完善，参政议政活动更加有效。

（2008年）

政协工作要发挥好四个方面的作用

顺利完成省政协十届一次会议确定的各项任务，发挥好政协常委会的组织领导作用、专委会的基础作用、委员的主体作用和政协机关的服务作用至关重要。

一、政协常委会的组织领导作用

政协常委会是全体委员会议闭会期间主持政协工作的领导和决策机构，负有召集全体会议、制订工作计划、协商重大会务、审议重要报告、组织实现政协章程规定的任务和上级政协作出的决议等职责。常委会要切实负起组织领导责任，就要认真抓好省政协十届一次会议确定的各项工作部署的实施，在以下几个方面尽职尽责。

一要抓好委员学习。这次省政协换届，新委员占63%以上。大家都是来自社会各界的精英，但对人民政协的历史、性质、地位、作用和主要职能等问题未必都那么明确，对政协委员的权利、义务以及如何撰写提案、反映社情民意等未必都那么了解。新的起点、新的形势、新的任务，对政协工作提出了新的要求，对政协委员提出了新的期望。提高委员们的整体素质，成为摆在我们面前的一项重要而紧迫的任务。要制订委员培训计划，完善委员培训制度，创新委员培训方法，加大委员培训力度，通过集中学习、实地参观、外出考察和组织委员参与视察调研等形式，组织委员认真学习中共十七大精神，学习省八次党代会和省委八届四次、五次全会精神，学习人民政协理论和统一战线知识，学习人民政协履行职能所必需的专业知识，不断提高委员们的政治素养、理论素养、道德素养、文化素养、业务素养，增强委员参政议政、履行职能的能力。

二要提高履职实效。胡锦涛总书记强调："人民政协只有围绕国家发展的大目标，立足整个国家建设的大格局，才能有所作为，多作贡献。”省政协常委会作为人民政协履行职能的组织者、谋划者，必须把围绕中心、服务大局作为各项工作的重中之重，用战略的思维思考大事，用民主的作风讨论大事，用科学的方法谋划大事，用务实的行动办好大事。只有紧紧围绕省委、省政府的重大决策和各个时期的中心工作，想大事、议大事、谋大事，突出重点，关注热点，破解难点，善于抓主要矛盾，抓重点领域，不一般性地提建议，不提一般性的建议，才能参政参到点子上，议政议到关键处，才能使政治协商、民主监督、参政议政活动服从和服务于党政决策的需要，得到党政领导和职能部门的重视和支持。要精心确定常委会议中心议题，广泛组织委员开展视察调研，在全面掌握情况、深入咨询论证的基础上进行协商讨论，提出更多富有前瞻性、科学性、可行性和可操作性的意见建议。进入新的一年，我们将隆重纪念改革开放30周年，北京奥运会的圣火将辉映东方。盛事多多，好事连连。我们要组织委员开展一系列丰富多彩的活动。

三要当好楷模表率。政协常委会是由160多名常委会组成人员构成的，常委会的表率作用，要通过每位常委会组成人员的一言一行来体现。大家作为各界别的优秀代表和委员中的骨干中坚，一要勤奋敬业，热爱人民政协事业，珍视常务委员荣誉，不辱使命，不负众望，殚精竭虑，恪尽职守；二要乐于奉献，发扬人民政协的优良传统和作风，不计得失，任劳任怨，努力为人民政协事业增辉添彩；三要求真务实，要说实话，吐真言，出实招，献真策。通过大家的共同努力，把十届省政协常委会建设成为一个团结民主、务实创新的领导集体，成为一个能够有效组织委员履行职能、不断推动政协工作向前发展的领导集体。

二、专委会的基础作用

政协各专委会是在常委会和主席会议领导下联系委员、组织委员开展经常性活动的常设机构，是把政协委员个体优势转化为政协工作整体优势的有效载体。做好专委会工作，对于活跃政协工作、履行政协职能，具有十分重要的意义。

一要突出界别特点。人民政协由界别组成，政协多数专委会是以界别为主要依据设置的。提升专委会的工作水平，必须突出界别特点，注重发挥界别的群体作用。政协常委会要以专委会为依托，组织专业相近的委员和专家学者组成精干队伍，深入实际调查研究；抓住各界别反映比较强烈的问题，组织实施专题视察，及时反映不同界别和群体的意见建议；根据界别的专长和智力优势，有选择地组织开展一些研讨论证和咨询服务工作；提倡委员以界别名义提出意见建议。

二要协调各种关系。首先，要协调好专委会内部的关系。专委会的成员，来自不同岗位、不同职业，所代表的利益群体、自身的专业、个人的阅历各异。大家要相互信任，相互尊重，相支互持，相互帮助，坚持广开言路、畅所欲言、求同存异、体谅包容的工作原则，营造民主协商、平等议事、团结合作、活跃和谐的议政氛围。其次，要协调好各专委会之间的关系。省政协设置的10个专委会，工作上虽然各有各的职责、各有各的侧重，但都是政协整体工作不可分割的组成部分，而且工作上也存在着一些交叉。常委会要注意听取各专委会工作计划和工作情况的汇报，加强各专委会之间的协调配合，避免他们安排的视察调研题目、地点、对象相互撞车。最后，要协调好同相关部门的关系。专委会的工作，离不开社会各方面的支持与配合。要在专委会和党政职能部门之间建立密切的工作联动机制，根据省委、省政府的中心工作，确定专委会的工作重点。要切实加强专委会同各党派团体、高等院校、科研院所、市县政协等的联系协作，集中各方面的智慧和力量，联合开展参政议政。

三要提升调研质量。人民政协履行职能，主要是通过提出意见建议实现的，无论是建议案、提案，还是反映社情民意，都离不开调查研究。专委会会集了各方面的优秀人才，是政协开展调查研究的主要参与者和承担者。政协常委会要指导各专委会坚持“突出重点、量力而行”的原则，选择事关全省经济社会发展全局的重大问题和人民群众关注的热点难点问题，从不同的层次和角度，深入开展多种形式的调查研究。要注重发挥专委会的自身优势，强化专委会的精品意识，努力使专委会提出的意见建议言之有物、言之有据、言之有理、言之有度，尽量避免做力不从心的工作，提似是而非的建议。

刚刚任命的专委会主任、副主任，大多数长期担任党政领导职务，具有扎实的理论功底和丰富的实践经验，是一支高水平的领导干部队伍。希望各位主任、副主任尽快适应新的岗位，进入新的角色，明确新的职责，创造新的业绩，团结带领专委会成员，做好本专委会的各项工作。专委会的专职副主任，既是专委会领导班子成员，又是政协机关的厅级干部，在做好专委会工作方面负有重要责任，起着特殊作用。可以这样说，专委会工作水平高，则专职副主任功不可没；专委会工作平平，则专职副主任难推其过。各位专职副主任既要当好主任的参谋助手，又要当好专委会与办公厅之间的桥梁纽带；既要为专委会主任出主意、提建议、想办法、拿方案，又要扑下身子带领专委会办公室的同志们踏踏实实地完成服务委员、提供保障的各项任务。

三、政协委员的主体作用

政协委员是人民政协工作的主体。政协工作的实力在委员，活力在委员，潜力也在委员。充分有效地发挥政协委员的主体作用，是人民政协性质特点的具体体现，是提高人民政协履行职能整体水平的关键所在，也是新时期推进人民政协制度化、规范化、程序化建设的内在要求。

一要丰富委员活动。除组织委员参加各种政协会议、视察调研等活动外，要不断丰富委员活动形式，拓宽委员活动空间。比如：在新闻媒体开办议政专栏，在政协网站设立专用邮箱，为委员与群众直接交流、良性互动畅通渠道；在广大政协委员中深入开展“争当合格政协委员”“为加快中原崛起作贡献”“为构建和谐中原献良策”“委员活动日”等主题活动，为委员履行职能、发挥作用搭建广阔平台；组织委员中的专家学者和各类专业技术人员，积极开展送理论、送政策、送法律、送文化、送科技、送卫生下乡活动，科教、文体、法律、卫生进社区活动，为委员推进城市文明社区创建、参与农村精神文明建设开辟途径。

二要加强委员管理。常委会要适应新形势的要求，结合政协工作实际，进一步完善委员管理制度，对委员应当做什么、如何做、不应当做什么等作出明确规定。要对委员参加学习培训、出席会议、参与视察调研、撰写提案、反映社情民意等情况进行考核，对积极主动履行职能的委员给予肯定和褒奖；对不认真履行职能的委员，要做好耐心细致的思想工作，或通过适当形式进行提醒和告诫；对个别严重违反政协章程和省政协管理规定的委员，要依据情节给予相应处理，直至取消其委员资格。提倡每位委员每年至少提一件高质量的提案、反映一条有价值的社情民意、写一份调研报告、为群众办一件实事、提一条有见地的意见建议。

三要维护委员权益。政协委员不论在什么岗位，做什么工作，都是政协这个大家庭的一员。常委会要坚持以人为本，切实维护委员的各种合法权益。要按照中央文件精神和政协章程规定，鼓励和支持他们在政协发表意见、建言献策，尊重并保障他们的话语权。要积极推荐委员担任有关职能部门的督导员、督察员，支持委员参加有关部门组织的执法检查、行风评议等工作，鼓励委员对社会上存在的各种不正之风进行监督批评。要切实关心委员的事业发展，为他们创造条件、排忧解难，支持他们在各自的岗位上建功立业。

四、政协机关的服务作用

政协办公厅是政协常委会的综合办事机构，承担着为主席会议和常委会服务、为专门委员会服务、为政协委员履行职能服务、为上下级政协服务、为人民群众服务等多重职责，维系着机关的正常运转。注重发挥办公厅和专委会办公室的服务作用，是新时期人民政协工作适应新形势、再上新台阶的必然要求。政协常委会要加强对办公厅的领导，通过各种行之有效的措施，促进机关的思想建设、制度建设、组织建设和作风建设，增强机关全体工作人员的服务意识和服务能力，提高办公厅办文、办会、办事，政务服务、会务服务、事务服务的整体水平。秘书长和各位副秘书长在常委会和办公厅之间起着承上启下的作用，既是主席会议和常委会的重要参谋和助手，也是贯彻落实主席会议和常委会各项决议、决定的组织者、实施者。秘书长班子要认清自己的责任，按照各自的分工，积极主动、认真负责、创造性地开展工作。要按照政协章程规定，切实发挥秘书长会议的协商议政职能，形成全体会议、常委会议、主席会议、专门委员会会议、秘书长会议互为补充、相得益彰的参政议政格局。

（2008年）

开创政协机关工作新局面

政协机关是政协主席会议和常务委员会的办事机构，承担着为人民政协履行职能提供服务、当好参谋的各项工作，是做好人民政协工作的重要保证。多年来，省政协机关紧紧围绕常委会的中心工作，切实发挥参谋助手作用，求真务实，开拓创新，出色地完成了各项任务。可以说，省政协取得的每一项成绩，都饱含着机关全体同志的心血和汗水，凝结着同志们的智慧和奉献。

未来五年，是我省夺取全面建设小康社会新胜利、奋力开创中原崛起新局面的关键时期。新的形势、新的任务，既为人民政协事业开辟了广阔的天地，也对政协工作者发挥作用提出了更高的要求。我们要在总结成功经验、发扬优良传统的基础上，认真研究新情况、新问题，积极探索新思路、新方法，努力开创政协机关工作新局面。

一是机关学习要有新加强。圣贤由学而成，道德由学而进，本领由学而强，事业由学而兴。政协办公厅要把加强学习作为提高机关同志理论素养、知识功底、业务水平和办事能力的重要途径，作为机关建设的一项重要内容，纳入议事日程，切实抓紧抓好。要紧密联系机关工作实际，制订学习计划，对学习内容、学习方法、学习进度、学习要求等作出明确、具体的安排。领导干部要率先垂范，先学一步，以自己的实际行动激发其他同志的学习热情，带动整个机关形成励志笃学、好学成习的浓厚氛围。机关每位同志都要明确学习目的，提高学习兴趣，自觉把学习当作一种境界，视为一种追求，变被动学习为主动学习，变要我学习为我要学习。要博览群书、博采众长，在认真学习十七大精神、中国特色社会主义理论体系和人民政协理论、统一战线知识的基础上，大量涉猎当代政治、经济、历史、文化、科技、法律等方面的最新成果，刻苦钻研做好本职工作所必需的专业知识，用厚重的知识积累武装自己，用开阔的理论视野丰富自己，通过坚持不懈的学习，提高综合素质，提升服务水平。

二是服务质量要有新提高。要进一步强化服务意识，努力实现由被动服务向主动服务、由粗放服务向精细服务转变。机关工作时效性强，急事、特事比较多，既等不得、拖不得、误不得，又急不得、乱不得、粗不得。不论是机关业务工作还是领导交办的事，都要办得明明白白，不能稀里糊涂；都要雷厉风行，不能拖拖拉拉；都要严谨细致，不能粗枝大叶；都要有始有终，不能虎头蛇尾；都要严格有序，不能杂乱无章。要在“快、准、细、实”上下功夫。快，就是要做到急事急办，特事特办，有事速办，坚决不误事；准，就是要理解意图准、掌握情况准、处事角度准，不要说错话、办错事；细，就是要大事不糊涂，小事不马虎，生事不大意，熟事不自负；严，就是要严格按照法规办事，按照程序办事，按照规则办事，按照职责办事，坚决杜绝办事随意、程序错乱问题的发生。要根据新时期新任务的要求和人民政协实践的需要，进一步修订完善已有制度，研究制定新的制度，以制度建设规范服务程序，以制度创新提高服务实效。机关各处室要虚心倾听政协各参加单位和广大委员的意见，及时改进工作，做到服务周到、保障有力，为广大委员更好地履行职能提供强有力的支持。

三是部门协调要有新局面。协调是促进机关高效运转、和谐稳定的基本要求。随着人民政协事业的不断发展，政协机关的工作任务越来越重，内部分工越来越细，任何一个部门、任何一个同志配合不力，任何一个程序、任何一个环节衔接不当，都会阻碍机关整体功能的正常发挥，影响人民政协的对外形象。我们要注重培养机关同志们的大局意识、协作意识，坚决克服任何形式的本位主义、个人主义，切实搞好办公厅与专委会、处室与处室、处室与个人、个人与个人等各个层面的相互协调，使机关始终保持一种相互协作、相互补台、共谋事业的整体合力。办公厅和各专门委员会尽管职责不同，但都是政协全局工作中必不可少的有机组成部分，相互之间要多联系、多沟通，多支持、多配合。机关每个处室的工作，只有岗位不同，没有主次之分，绝不能为了过分强调自己而贬损别人，更不能由于某些局部利益而相互掣肘。机关每位同志要正确处理个人与组织、个人与他人的关系，不断增强集体荣誉感。要崇尚和谐，提倡包容，以团结为贵、以大局为贵、以整体利益为贵，切实做到相互尊重不轻视，相互理解不埋怨，相互信任不猜忌，相互关心不冷漠，相互支持不拆台，遇到困难大家帮，出现分歧多沟通。

四是工作作风要有新转变。良好的作风是我们干好事业、成就事业的重要条件。机关每个同志的行文办事、一言一行，都关系到政协的荣誉，折射着政协的形象。作为政协机关工作人员，我们要学会做好四种人：一是做老实人，要说老实话，办老实事，言行一致，表里如一，坚决反对当面不说、背后乱说，会上不说、会后乱说的不正之风；二是做正派人，要为人正直、公道正派、光明磊落、真诚坦率，敢于坚持原则、敢于坚持批评和自我批评；三是做谦虚人，要谦虚谨慎、戒骄戒躁，多发现别人的优点，多查找自己的不足，虚心向他人学习，取人之长，补己之短；四是做干净人，要防微杜渐、警钟长鸣，严以律己、廉洁自律，不以权谋私，不打着领导的旗号乱办事。要通过积极引导，在机关营造干事创业的良好氛围，形成靠实绩进步的强大声势，真正让那些想干事、能干事、会干事、干成事、不出事的同志得到发展、得到进步，使政协机关人才辈出。

（2008年）

打牢理论功底　注重学以致用

学习是人民政协的重要任务，也是人民政协的光荣传统。借助常委会议组织学习讲座，是全国政协坚持多年的好做法、好经验，在促进大家学习、提高履职实效等方面发挥了重要作用。借鉴全国政协和兄弟省市区政协的做法，省政协主席会议议定，本届政协也要利用常委会议的机会，适当安排一些专题学习讲座。在加强省政协常委学习的问题上，有三点需要注意。

首先，要打牢理论功底。在党的十七大精神指引下，新一轮解放思想的热潮正在辽阔的中原大地涌动，改革开放不断深化，科学发展全面推进，和谐社会正在构建，科技领域日新月异，新情况、新矛盾、新问题层出不穷。所有这些，都对我们的思想观念、理论素养、知识结构、业务水平提出了新的更高的要求。有道是：做人要知足，做事要知不足，学习要不知足。一定要进一步提高对学习重要性的认识，高度重视学习，自觉坚持学习，养成勤奋学习、终身学习的良好习惯，打牢发挥作用、履行职能的理论功底。

其次，要突出学习重点。一要认真学习马列主义、毛泽东思想、邓小平理论和“三个代表”重要思想，认真学习以胡锦涛同志为总书记的党中央提出的全面落实科学发展观、构建社会主义和谐社会、增强党的执政能力建设等一系列治国理政的重大战略思想，进一步增强用中国特色社会主义理论武装头脑、指导实践、推动工作的自觉性和坚定性。二要认真学习党的三代中央领导集体和以胡锦涛同志为总书记的中共中央关于人民政协的一系列重要论述，认真学习《中共中央关于加强人民政协工作的意见》，认真学习政协章程，掌握政协工作的程序、方式和方法，努力成为政协工作的行家里手。三要认真学习政治、经济、文化、科技、法律等人民政协履行职能所需要的各类业务知识，调整知识结构，丰富知识储备，努力使自己跟上理论创新和实践发展的步伐。

最后，要注重学以致用。大力弘扬理论联系实际的马克思主义学风，把理论学习与履行人民政协职能紧密结合起来，与进一步加强人民政协自身建设紧密结合起来，与推动人民政协理论创新和实践创新紧密结合起来，做到学以致用，学用相长。要注重加强学习的计划性和针对性，活跃学习形式，提高学习质量，增强学习实效，真正使学习成为提高履职水平的不竭动力，更好地发挥协调关系、汇聚力量、建言献策、服务大局的重要作用。

（2008年）

记述一个人　团结一大片

人民政协文史工作是周恩来同志亲自倡导和培育起来的一项富有统一战线特点的重要工作，是人民政协的一项经常性、基础性工作。改革开放30年来，随着中国特色社会主义事业特别是人民政协事业的蓬勃发展，我省各级政协的文史工作取得了长足的进步和丰硕的成果。1979年至今，省政协已编辑出版《河南文史资料》107辑，各省辖市、县（市、区）政协也编印了大量文史资料。《河南文史资料》实现了三连冠，即连续三次被评为河南省一级期刊，去年11月又荣获全国优秀文史资料图书一等奖。郑州市政协的《铁路史料专辑》、洛阳市政协的《纪念抗日战争胜利五十周年专辑》也获得全国优秀文史资料图书提名奖。政协文史资料发挥了“存史、资政、团结、育人”的社会功能，为我省新时期爱国统一战线的发展壮大、人民政协事业的健康发展，为推进全省改革开放和社会主义现代化建设，作出了积极的贡献。

2007年11月，全国政协召开了文史工作座谈会，这是人民政协文史工作史上具有重要意义的一次会议。中共中央政治局常委、全国政协主席贾庆林同志在座谈会上发表了重要讲话，讲话将文史工作放在党和国家工作的大局之中，放在人民政协事业发展的全局之中，指出了发展方向，明确了方针原则，确定了工作重点，是新世纪新阶段开展人民政协文史工作的指导性文献。会后下发的《关于加强文史资料工作的意见》（以下简称《意见》），在系统总结近半个世纪特别是改革开放以来人民政协文史工作经验的基础上，确定了当前和今后一个时期文史工作的方针、原则和任务，围绕加强领导和开拓创新提出了具体要求。《意见》是第一次以全国政协的名义颁发的关于文史工作的文件，是进一步推进文史工作制度化、规范化、程序化的纲领性文件。讲话和文件，对于推进人民政协事业和人民政协文史工作必将产生重要而深远的影响。

一、提高认识，明确政协文史工作存史、资政、团结、育人的社会功能

在全面建设小康社会、奋力实现中原崛起的新阶段，加强文史工作，对于人民政协更好地履行职能、发挥作用，对于全省的经济建设、政治建设、文化建设和社会建设，具有诸多方面的意义。

第一，加强政协文史工作，是助推中国特色社会主义事业发展、加快中原崛起的需要。我省的文史工作从不同角度、不同层面，具体、生动地记录了河南百余年来波澜壮阔的历史进程，反映了我省人民参加民主革命、社会主义革命和建设的伟大实践，揭示了坚持中国共产党的领导、坚持走中国特色社会主义道路的历史必然性、正确性和伟大意义，起到了用民族精神凝聚力量、团结各界、促进社会和谐的重要作用；文史资料中关于新中国成立前后我省经济社会发展的翔实记载，蕴含着许多宝贵经验和深刻教训，对今天我们进行社会主义现代化建设，有着很强的现实借鉴作用。

在新的发展阶段，我们要全面建设小康社会、加快中原崛起，就必须充分发挥文史工作的“资政”功能，善于运用文史资料这一有效的团结渠道和民主形式，为全省改革、发展、稳定的大局服务，为中国特色社会主义事业服务。

第二，加强政协文史工作，是助推社会主义文化大发展大繁荣、建设文化强省的需要。几十年来，极具史料性、可读性和浓郁中原气息的河南政协文史资料，以其重要的学术价值、教化功能和文化积累，在继承光荣传统、挖掘和弘扬民族精神、丰富社会主义先进文化内涵等方面发挥了重要作用，已经发展成为一项具有鲜明统战特色和政协特色的社会主义文化事业。

河南在政治、军事、经济、科技、教育、文化艺术、民族宗教、社会生活等各个方面，蕴藏着丰富的文化资源。要发展社会主义先进文化、推进我省由文化资源大省向文化强省跨越，加强政协文史工作，深入挖掘河南近现代丰富的人文资源，发挥好政协文史资料“存史”“育人”的社会功能，是必然的选择。

第三，加强政协文史工作，是助推人民政协事业发展、构建和谐中原的需要。政协文史资料，反映了全省各界代表人士从不同角度对历史事件的认识和看法，体现了博大的历史胸襟和对人对事的高度公允性和科学性，展示了政协的广泛代表性和巨大包容性，使文史工作成为发扬民主、促进团结、增加共识的过程，使文史工作成为人民政协独具特色的招牌性工作。不少文史资料编写得非常服人心、动人心、暖人心、振人心，于不经意间，起到了“记述一个人，团结一大片”的作用。

根据统一战线组织的特点开展关于中国近现代史料的征集、研究和出版工作，是各级政协组织的重要职责，是人民政协事业发展的客观要求。要巩固和壮大新时期的爱国统一战线，构建和谐中原，将人民政协事业推向前进，就需要充分发挥政协文史工作的“团结”功能。

我们即将迎来周恩来同志倡导的人民政协文史工作50周年。半个世纪前，在团结一切可以团结的力量开展社会主义建设的大形势下，在探索人民政协是什么和干什么的历史进程中，周恩来同志以其特有的政治睿智、人文精神和文化修养，倡导了人民政协的文史工作。今天，我们有充足的理由相信，随着中国特色社会主义和人民政协事业的发展，政协文史工作的路子必将越走越宽，新形势下的文史资料工作必将大有作为。

二、突出重点，落实全国政协文史工作座谈会精神

贯彻落实贾庆林主席重要讲话和全国政协《意见》要求，做好新形势下全省政协的文史工作，要突出以下三个重点：

第一，要在把握关键、保持特色上着力。保持好统战性和亲历、亲见、亲闻“三亲”性特色，就抓住了做好政协文史工作的关键。反之，离开了统一战线和“三亲”的特点，将政协文史出版物混同于一般的历史文化读物，政协文史工作就没有优势可言，就失去了它存在和发展的必要性。

保持“三亲”性特色，就是要以亲身经历、亲眼所见、亲耳所闻的第一手资料为主，征集、出版历史事件的参与者和见证人的回忆记录。唯有如此，才能把政协文史资料与近现代史研究资料、档案资料、文献资料区别开来，使文史资料作为历史科学的一个独特门类发挥作用。

保持统战性特色，就是要从人民政协这个统一战线组织的实际出发，重视各民主党派、工商联、政协委员及其所联系的社会各界爱国人士提供的资料，重点征集与统一战线相关的人和事的史料。唯有如此，才能把政协文史资料与中共党史和国史的资料区别开来，避免重复，较少交叉，才能更好地为统一战线和人民政协事业的发展服务，进而为发展中国特色社会主义事业作出特有的贡献。

第二，要在夯实基础、打造精品上着力。征集，是文史资料第一位的、基础性的工作。抢救，是文史资料征集工作的常态，是文史工作面临的最紧迫的任务。很多“三亲”资料，对年事已高的当事人来说，确实是“生死存亡”的问题，生则有，死则无。文史资料征集工作的“抢救”意识不强，就会“弃宝于地”，留下遗憾。

要树立精品意识，精选精编，悉心搞好装帧设计、出版印刷和推介发行工作，努力使《河南文史资料》和其他的政协文史类读物，达到思想性、史料性与可读性的最佳统一，精彩内容与完美形式的最佳结合，社会效益与经济效益的最佳体现。文史工作是一项长期而细致的工作，不要一味追求速效、显效。要坚持把社会效益放在首位，尽可能地扩大文史出版物的社会读者群和市场覆盖面，充分发挥文史资料的多种功能。

这里特别强调一下新中国成立以后史料的征集和编辑、出版工作。对新中国成立后史料的征集，最重要的是解放思想、实事求是，做到“征集无禁区”。而编辑、出版工作，则要以中共中央《关于建国以来党的若干历史问题的决议》为准绳，严格执行党的统一战线政策，遵守国家有关新闻出版的法律法规；要注意掌握先易后难、由远及近的工作方法，尽力而为、量力而行；对于敏感性较强的问题，要坚持团结起来向前看、既往宜粗不宜细的方针，唯真唯实地加以记述。

第三，要在参政议政、创新发展上着力。全省各级政协文史工作部门，要注意从所征集的史料中提炼和总结出能够直接为现实服务的观点、意见和建议；要重视发挥委员中文史人才的优势，从历史文化的角度选择题目，进行历史文化遗存和非物质文化遗产的抢救、保护等方面的调研、考察。这对发挥文史委委员在参政议政中的作用、拓展文史工作的领域大有好处。在开展这些活动的过程中，一定要清醒地认识到，作为文史委员会的主导性工作，对文史资料的征集、编辑和出版工作，丝毫不能懈怠放松，这是衡量文史工作成效最重要的标准。

文史工作的理论建设是人民政协理论建设的重要组成部分。要全面总结几十年来人民政协文史工作的实践经验，加强系统性的理论研究，把握工作规律；要注意分析、研究工作中出现的新情况新问题，更新观念，积极探索、创新工作手段和工作方法。制度化、程序化、规范化建设是政协各项工作的基本建设。政协文史工作也面临着“三化”建设的任务。从一定意义上讲，制度建设比队伍建设、思想作风建设更重要。制度更带有根本性、全局性、稳定性和长期性。我们要把《意见》对文史工作经验的理论总结和实践要求，具体化为工作制度、工作规范的设计，为落实《意见》提供强有力的支撑，为人民政协文史工作的持续健康发展提供更可靠的保证。

三、加强领导，构建“四位一体”的政协文史工作格局

要努力构建全省各级政协组织加强领导、各级政协委员积极参与、广大文史工作者爱岗敬业、各有关部门大力配合的“四位一体”的工作格局，奋力开创全省政协文史工作的新局面。

首先，切实加强各级政协对文史工作的领导。重视政协工作，重视统战工作，就必须重视文史工作。全省各级政协组织要把文史工作作为人民政协的一项基础性工作，纳入议事日程，摆在重要位置，切实抓紧抓好。对政协文史工作的地位、作用和意义认识到不到位，文史资料的社会功能发挥得到不到家，是检验各级政协组织履行职能的水平和政协领导人的政治素质、个人修养的一个重要标准。

要加强对文史工作的督促检查和指导，政协主要领导同志要注意听取文史委员会的汇报，认真研究解决文史工作中存在的问题和困难，在健全机构、充实人员、保障经费和改善工作条件等方面，为文史工作的开展提供支持。

要努力营造政协内部各部门和社会各界共同重视、支持政协文史工作的浓厚氛围。要综合运用各类新闻媒体资源，加大对政协文史工作的宣传，扩大其社会影响。

其次，有效发挥政协委员在政协文史工作中的主体作用。文史工作要取得更大成效，有赖于政协委员们的积极参与，以从不同角度全方位地反映历史的面貌。各级政协组织要研究制定有效措施，鼓励政协委员们撰写“三亲”史料，为他们参与文史工作创造条件，搞好服务。做好自身及其所联系的各界人士的文史资料工作，是每位政协委员的权利，更是每位委员的责任和义务。广大政协委员要以强烈的使命感，增强参与文史工作的积极性和主动性，自觉做好文史工作。

再次，培养建设符合新世纪新阶段要求的政协文史工作队伍。政协文史工作是一项很严肃的工作，它不仅具有为历史研究提供可靠的第一手史料的专业性，还有为统一战线服务的鲜明的政治性。这就要求我们必须把队伍建设作为文史工作的一项基本建设，认真抓好。

各级政协组织要从政治上、工作上关心和爱护文史工作人员，为文史工作者创造良好的成长与工作环境。对于为文史工作呕心沥血、作出突出贡献的集体和个人，要给予表彰奖励。

广大文史工作者要增强责任感和荣誉感，要具有讲究政策、维护团结的政治头脑，要继承实事求是、秉笔直书的优良传统，要树立恪尽职守、精益求精的敬业品格，要弘扬扎扎实实、埋头苦干的奉献精神，要增强相互支持、通力合作的大局意识，从多方面充实武装自己，做适应新形势新任务要求的高素质的人民政协文史工作者。

最后，拓展完善政协文史工作的协作机制。省政协学习和文史委员会要加强对各省辖市、县（市、区）政协文史工作的指导，开展对各级文史工作人员的业务培训，发挥在重大题材协作中的规划、组织、协调作用。要进一步密切与各党政机关历史研究部门、其他历史研究机构的工作联系，努力实现信息互通、优势互补、资源共享，以获取更多的史料来源和征集题目的线索，拓展发挥文史资料社会功能的有效途径。为推进“两大跨越”、加快“两大建设”，为全面建设小康社会、奋力实现中原崛起作出新的更大的贡献。

（2008年）

说调研

开展调查研究，解决影响和制约履行政协职能、助推科学发展的突出问题，是省政协学习实践活动第一阶段的重要内容，也是确保省政协学习实践活动扎实开展的关键环节。在学习实践活动第一阶段，我们根据中央和省委的统一部署，结合政协自身建设的实际，组织开展了大规模、多层次、宽领域、高质量的调查研究，取得了扎实的成效。

一是结合常委会议专题议政开展调研。省政协十届三次常委会议围绕“高举旗帜、科学发展”进行专题议政，共收到34份调研报告，在此基础上形成了《关于促进我省经济社会科学发展的建议案》；省政协十届四次常委会议围绕“统筹城乡发展，促进形成城乡经济社会发展一体化”进行专题议政，共收到43份调研报告，在此基础上形成了《统筹城乡发展，促进形成经济社会一体化新格局的建议案》。这两份建议案报送省委、省政府后，均得到徐光春书记、郭庚茂省长等领导同志的充分肯定和高度重视，分别作出重要批示，正在进入党政决策。

二是结合各自联系单位工作实际开展调研。按照省委的统一部署，省政协党组成员分别到学习实践活动联系点进行调研指导，通过听汇报、召开座谈会、实地考察等形式，了解掌握联系点的工作情况、领导班子和干部队伍的思想状况，以及在贯彻落实科学发展观方面的有关情况，帮助联系点查找差距、厘清思路，提出指导性意见和具体要求。11月4日，我和张秉义秘书长到联系点省文化厅及其直属单位进行了调研，为文化厅机关干部及所属单位负责人作了“实践科学发展观，推动文化强省建设”的辅导报告。11月5日以后，训智、绥东、永俭、王平等4位副主席分别到省环保局、省林业厅、省国资委、省民委等联系点进行了调研指导。

三是结合全国政协征求意见提纲开展调研。10月29日，全国政协向各省区市政协、计划单列市政协发函，就6个方面的问题征求意见。我们把全国政协提出的调研课题和省委的要求相结合，使省政协的调研更具针对性。其一是以发放征求意见函的形式征求各省辖市政协的意见，共收集到省辖市政协五大方面37条意见建议。其二是组织召开各民主党派、工商联、省政协各专门委员会主要负责同志座谈会，就如何进一步充分发挥各民主党派、工商联参政议政的作用、加强政协自身建设、加强与政协各参加单位的联系、构建人民政协促进科学发展的体制机制等问题，征求到24条意见建议。

四是结合破解政协工作难题开展调研。经过研究，我们决定由省政协党组成员领题，以履行职责上水平、推动发展作贡献为目标，以提高政协自身建设为主要内容，分专题进行调查研究。按照确定的履职尽责助推发展，建设"学习型、服务型、创新型、和谐型"机关，推进人民政协理论创新，加强和改进人民政协经常性工作，高度关注民生、反映社情民意，建立健全促进科学发展体制机制等6个调研题目，形成了6篇有情况、有分析、有对策的调研报告。

总的看，省政协机关学习实践活动第一阶段的工作，开局良好，进展顺利，学习方式丰富多样，调研工作深入扎实，讨论交流富有成效，较好地完成了第一阶段的各项任务，取得了阶段性成果。下一阶段，各专门委员会、办公厅要继续坚持以科学发展观为统领，紧密结合政协工作实际，进一步增强责任感、紧迫感，扎扎实实做好各项工作。

一要在深入学习上着力。科学发展观作为推进社会主义经济建设、政治建设、文化建设、社会建设全面发展必须长期坚持的指导思想，内容博大精深，涉及方方面面。学习科学发展观不是一朝一夕的事情，而是一项长期的任务。虽然学习实践活动的第一阶段已经结束，但对科学发展观的学习才刚刚开始，必须持之以恒，一以贯之。要把认真学习科学发展观变成一种自觉意识、自觉行为，充分认识学习实践科学发展观的艰巨性、复杂性和长期性，切实做到真学、常学、深学、实学，决不能图形式、走过场。要通过不停地学习、不断地总结、不懈地实践，促进工作迈上新台阶、取得新成效。

二要在深化调研上着力。调查研究是人民政协发挥优势、履行职责的基础性工作。这次党组成员领题的调研活动成果丰硕、反响很好，为深入开展调研活动提供了宝贵经验。今后但凡调研，都要注意做到四点：一是精心选择省委、省政府高度重视的重大问题，人民群众普遍关心的热点问题，统一战线、人民政协事业发展的实践问题开展调研。二是领导带头，深入基层，深入实际，切实弄清存在问题的症结，拿出破解难题的办法。三是调研过程中要加强同各级政协、各民主党派、工商联和各社会团体的联系，博采众长，广开言路，形成合力。四是进一步完善健全调查研究的科学程序、有效方法和工作机制，在求深、求新上动脑筋，在求实、求效上下功夫，多建科学发展之言，多献促进和谐之策。

三要在成果转化上着力。从实践中来，到实践中去是马克思主义认识论的基本原理，我们开展调研的最终目的是为了促进实践。省政协党组成员领题调研形成的这六篇调研报告，提出了颇有针对性、指导性和可操作性的意见建议，下一步的任务就是把这些调研成果转化为促进政协机关科学发展的制度举措。办公厅要安排专门人员，抓紧时间对这六篇调研报告提出的措施建议作进一步的梳理和研究，做好充实、延伸、具体化的工作，分清轻重缓急，认真吸收采纳。

四要在推动工作上着力。科学发展观的根本方法是统筹兼顾。学习实践科学发展观，不仅要将这一科学理论植根于头脑里，更要落实到工作中，体现在行动上，出实绩，见成效。要坚持开门教育，边查边改，把开展学习实践活动与推进当前各项工作有机结合起来，以学习实践活动成果推动实际工作开展，以实际工作成效检验活动效果。年底之前，省政协工作任务十分繁重，除了要召开十届六次主席会、十届五次常委会、省会各界人士新年茶话会、纪念改革开放30周年全省人民政协理论研讨会等会议外，还要做好十届二次全会的各项筹备工作。我们要按照科学发展观的要求，统筹兼顾，全面协调，合理安排好各项工作，努力做到两手抓、两不误、两促进。

（2008年）

发扬改革开放精神　创新人民政协事业

改革开放作为中国共产党大力倡导、正确领导、精心组织、全面推动的一场新的伟大革命，对人民政协事业发展的各个方面、各个领域都产生了重大而深远的影响。人民政协也通过履行职能的伟大实践，对改革开放和中国特色社会主义经济建设、政治建设、文化建设和社会建设作出了重要而独特的贡献。

一、改革开放为人民政协事业发展注入了强大活力

30年前的今天，中国共产党召开具有重大历史意义的十一届三中全会，开启了改革开放历史新时期。从那时以来，中国人民的面貌、社会主义中国的面貌、中国共产党的面貌发生了具有重大历史意义的变化。在改革开放的强力推动下，人民政协事业也焕发了蓬勃生机，实现了空前繁荣。

1. 人民政协的正常活动得到恢复。“文革”期间，人民政协事业受到巨大冲击，全国政协和地方政协履行职能的正常活动被迫停止。1978年，在中共中央的高度重视下，在各界人士的翘首企盼下，全国政协五届一次会议隆重开幕，中断12年之久的全国政协正式恢复。随着政治路线、思想路线的拨乱反正和大批冤假错案的平反昭雪，一度受到冲击的民主党派负责人、党外民主人士、社会各界代表性人士陆续回到政治舞台，停止活动多年的全国政协机关重新正常运转。与此相衔接，各省、市、自治区地方政协也分别召开换届会议，启动人民政协履行职能的各项活动。河南省政协四届一次会议于1977年11月召开。中共十一届三中全会召开后，各项工作开始逐步走向正轨。

2. 人民政协的组织网络得到健全。中共十一届三中全会之前，虽然各省、自治区、直辖市以及省会城市、统一战线工作较多的城市，都基本上建立了地

方政协委员会，但由于缺乏县级政协组织的支撑，人民政协一直处于规模偏小、人员偏少的被动局面。1982年，新修订的《中国人民政治协商会议章程》明确规定，可以在省、自治区、直辖市，自治州，设区的市，县、自治县，不设区的市和市辖区，凡有条件的地方都可以设立地方政协组织，一下子把人民政协建设延伸到了县一级，形成了覆盖每一个县以上行政区划的完整的组织网络体系，奠定了新时期人民政协事业进一步发展的组织基础。目前，全国共有各级政协组织3000多个，各级政协委员60余万。我省共有各级政协组织170多个，各级政协委员2万余人。

3. 人民政协的性质地位得到确立。1954年制定的宪法，没有直接提到人民政协，更没有对人民政协的性质、地位、作用作出具体规定。1982年，邓小平同志亲自主持修改宪法时，第一次明确指出，中国人民政治协商会议是有广泛代表性的统一战线组织。此后，随着改革开放的不断深入，中共第二代、第三代中央领导集体和以胡锦涛同志为总书记的中共中央，相继发表了一系列重要讲话，出台了一系列重要文件，从不同角度、不同侧面对人民政协进行了定性定位。2006年，《中共中央关于加强人民政协工作的意见》明确指出，中国人民政治协商会议是中国人民爱国统一战线的组织，是中国共产党领导的多党合作和政治协商的重要机构，是我国政治生活中发扬社会主义民主的重要形式。这个表述，是迄今为止对人民政协法律地位、政治地位所作出的最全面、最科学、最规范、最富有远见的概括。

4. 人民政协的两大主题得到强化。1979年，邓小平同志在全国政协五届二次会议上指出，新时期统一战线和人民政协的任务，就是要调动一切积极因素，努力化消极因素为积极因素，团结一切可以团结的力量，同心同德，群策群力，维护安定团结的政治局面，为把我国建设成为现代化的社会主义强国而奋斗。1999年，江泽民同志在庆祝中国人民政治协商会议成立五十周年大会上的讲话中进一步强调，人民政协50年不平凡的发展历程，可以归结为两大主题：团结和民主。在中国共产党领导下实行团结和民主，是人民政协性质的集中体现，是人民政协产生和发展的历史根据，是人民政协继往开来的方向和使命。中共十七大报告把政协工作的部署全部放到推进社会主义民主政治部分，进一步凸显了人民政协在国家政治生活和民主政治建设中发扬社会主义民主的作用。把人民政协的主题归纳为团结和民主，是对半个多世纪以来的人民政协工作宝贵经验的科学总结，为推动新时期人民政协事业的发展指明了方向。

5. 人民政协的履职领域得到拓展。1954年制定的政协章程，没有人民政协职能的概念。1982年，邓小平同志亲自主持修改章程时，第一次在章程修改说明中将政协的主要职能规定为政治协商、民主监督。李瑞环同志担任政协主席期间，倡导将参政议政列入了政协的主要职能。进入新世纪新阶段，面对经济体制深刻变革，社会结构深刻变动，利益格局深刻调整，思想观念深刻变化，中共中央又及时提出，人民政协的本质属性、主要职能、组织原则、活动方式与构建社会主义和谐社会的要求完全一致，与构建社会主义和谐社会的各项工作紧密相连。人民政协要发挥其在构建和谐社会当中的作用，促进党派关系、民族关系、宗教关系、阶层关系、海内外同胞关系的和谐。这一系列重要思想和重大方针政策的提出，不仅极大地丰富了人民政协理论体系，而且也为广大政协委员及其所联系的各界人士参与国事、发挥专长提供了更多机会。

6. 人民政协的工作机制得到完善。改革开放30年来，各级党委高度重视政协工作，切实加强和改善对人民政协的领导，积极组织和推动人民政协的理论研究和宣传教育工作，及时研究和解决人民政协工作中的重大问题。各级政府及其部门主动加强与人民政协的联系，大力支持人民政协依照章程开展工作，千方百计为人民政协履行职能创造条件。一个“党委高度重视、政府大力支持、政协主动努力、各方积极配合”的政协工作格局已经确立。与此同时，改革开放带来的思想观念大解放、大更新，社会结构大发展、大变化，国内国外大交流、大合作，也为人民政协不断扩大工作领域，拓宽工作平台，在更大范围、更高层次履行职能、发挥作用奠定了坚实的社会基础，创造了良好的社会氛围。

二、人民政协对深化改革扩大开放作出了重大贡献

1. 政治协商有力地促进了党政决策的科学民主。改革开放以来，全省各级政协组织充分运用政协全体会议、常委会议、主席会议、秘书长会议等形式，精心选择国家和全省的大政方针以及改革开放中的重要问题，积极组织广

大委员在决策制定之前和决策执行之中进行协商，有力地促进了党委、政府决策的科学化、民主化。据不完全统计，1978年以来，历届河南省政协组织委员协商讨论的重大方针政策包括中共中央《关于经济体制改革的决定》《关于进一步加强农业和农村工作的决定》《关于坚持和完善中国共产党领导的多党合作和政治协商制度的意见》《关于加强人民政协工作的意见》以及河南省贯彻落实这些重要方针政策的实施方案等；重要法律法规包括《宪法》《政协章程》《国旗法》《归侨侨眷权益法》《见义勇为法》以及《河南省计划生育条例》《河南省信访条例》等；重要发展规划包括《河南省20年经济社会发展规划》《河南省“八五”计划和十年规划纲要》《河南省科技发展纲要》《河南省国民经济和社会发展“九五”计划和2010年远景目标规划》《河南省国民经济和社会发展第十个五年计划》《河南省国民经济和社会发展第十一个五年规划纲要》《河南省全面建设小康社会规划纲要》《河南省建设文化强省纲要》等；重要改革措施包括财税体制改革、物价体制改革、教育体制改革、科技体制改革、文化体制改革、金融体制改革、国有企业改革、农村综合改革、劳动制度改革、人事制度改革等。

2. 民主监督有力地促进了各项政策的贯彻落实。改革开放以来，全省各级政协组织创造性地将民主监督与政治协商、专题议政、视察调研、委员提案、反映社情民意信息等结合起来，围绕国家制定的法律、法规在我省的实施情况，党和国家大政方针在我省的贯彻执行情况，全省国民经济和社会发展规划执行情况，党政机关工作作风建设情况以及群众关心的热点难点问题等，积极开展形式多样的民主监督活动。如四届省政协对物价、卫生工作的关注，五届省政协对黄河公路大桥工程建设中存在的钢材供应不及时、预算经费到位慢等问题的批评，六届省政协对个别地方、个别单位乱摊派、乱收费、乱罚款现象的暗访，七届省政协对社会治安、扶贫开发、库区移民、文物保护等工作的重视，八届省政协对《教师法》《村民委员会组织法》等法律法规贯彻实施情况的督促，九届、十届省政协对重点工程进展、县域经济发展、社会主义新农村建设、节能减排、科技创新等工作的视察，以及省政协各参加单位和广大政协委员30年来提交的17500多件提案等，都提出了不少富有针对性、科学性和可操作性的意见、批评和建议，促成了有关问题的解决。此外，历届省政协还多次组织委员深入基层，深入实际，就密切党群关系、加强廉政建设、减轻农民负担、纠正不正之风、清理私建住房和实行目标管理等问题进行调查，并推荐政协委员担任特约监察员、审计员和教育督导员，直接参与群众举报的重大事件和案件的调查，对推动有关部门完善措施、改进工作起到了积极的作用。

3. 参政议政有力地促进了改革开放的不断深化。改革开放以来，全省各级政协组织充分发挥人才荟萃、智力密集、联系面广、代表性强的独特优势，紧紧围绕事关全省经济社会发展的综合性、全局性、前瞻性问题，制约深化改革、扩大开放的突出问题，以及人民群众普遍关注、反映强烈的热点问题，深入调查研究，开展咨询论证，反映社情民意，积极献计献策。五届省政协撰写的《科技革命将在哪些方面向我省提出挑战？我省应采取哪些对策？》等9篇论文和对《我省科技发展战略构思》的23份书面意见，为研究制定科技战略和科技政策提供了重要参考。六届省政协对黄淮海中低产田改造和农产品系列开发、双高一优技术改进、旱作农业综合治理、农业科技推广、引黄灌溉等问题进行调研，提出的农业科技开发新思路对推动全省科技兴农战略的实施产生了重大影响。七届、八届省政协针对深化国有企业改革和实施开放带动战略过程中存在的问题，分别提交的《关于搞好国有大型企业的建议》《关于国有企业如何走出困境的调查与建议》《关于国有企业债务重组问题的研讨》以及《关于进一步改善我省投资环境，促进外资企业健康发展的建议案》等报告，受到国家有关部门和省领导的高度重视。九届、十届省政协围绕深化国企改革、发展非公经济、扩大对外开放、构建和谐中原、建设社会主义新农村和创新型河南、建设资源节约型和环境友好型社会、促进形成城乡一体化新格局等问题认真组织专题议政，所提的许多意见和建议都对扎实推进改革开放、奋力实现中原崛起颇具参考价值，被省委、省政府所采纳。我省政协牵头联合中部六省政协调研提出的促进中部地区崛起的建议，更是引起中共中央、国务院的高度重视，对国家科学制定促进中部地区崛起的决策起到了独特作用。

4. 团结联谊有力地促进了发展力量的汇集融合。改革开放以来，全省各级政协组织高举大团结、大联合的旗帜，注重发挥各党派、各界别、各阶层代表人士的作用，努力把不同党派、不同团体、不同阶层、不同民族和不同信仰的全体社会主义事业建设者团结起来，共同致力于我省改革开放的伟大事业。五届省政协大力推动落实政策工作，会同省各民主党派、工商联分赴郑州、开封、洛阳等地，对政协委员政策落实情况进行检查，及时向当地党委反映问题、提出建议，使许多委员落实政策的问题得到解决。六届、七届省政协高度重视党派、团体在政协全会上的发言和提案，主动为他们参政议政提供机会、创造条件。八届省政协经常召开民族宗教座谈会，听取民族宗教界委员的意见和要求，推动民族宗教政策的贯彻和落实。九届、十届省政协充分发挥党派作用，着力突出界别特色，广泛团结港澳台侨，切实加强联系协作，积极开展对外交往，通过扩大接触面、增强包容性，努力形成促进经济发展、社会和谐的强大合力。近年来，省政协还通过成功主办黄帝故里拜祖大典、河洛文化国际研讨会、中华姓氏文化节、华商文化节、老子文化节等，弘扬了黄帝文化和中原文化，提高了河南的知名度和美誉度，增强了中华民族的凝聚力，促进了海峡两岸的沟通交流；通过成功主办豫商大会，加强了同省内外豫商群体的联系，搭建了外地豫商与河南互利多赢的合作平台。在此基础上策划实施的有上海、广东两地河南商会与信阳、南阳、周口、驻马店、商丘五市参加的“5+2”经济合作计划，催生了一批带动能力强、经济效益好、市场前景广、就业岗位多的投资项目。

三、始终坚持用改革开放精神推动人民政协工作

一要始终坚持党的领导。坚持中国共产党对政协工作的领导，是参加政协的各党派、各团体和各族各界人士的共同意志，是人民政协在我国政治生活中正确发挥作用的根本保证，也是我国社会主义民主区别于西方议会民主的主要标志。我们要坚定不移地在政治上、思想上、行动上与中共中央和省委保持高度一致，不断加强和改善党对政协工作的领导，切实保证政协工作沿着正确的政治方向前进。要坚决贯彻中共中央和省委的各项决策、部署，坚持重大事项、重要问题及时向省委请示、汇报，确保党的路线方针政策及省委的决定决议决策在政协工作中的贯彻落实。要始终高举中国特色社会主义伟大旗帜，不断巩固参加人民政协的各党派团体、各族各界人士团结奋斗的共同思想政治基础，切实把人民政协事业统一于发展中国特色社会主义的伟大实践中。要进一步加强政协机关党的建设，充分发挥政协党组的政治核心作用，不断提高领

导和驾驭政协工作全局的能力。要经常主动地与省政府和有关部门进行沟通协商，努力为人民政协履行职能创造宽松的环境，赢得广阔的用武之地。

二要始终坚持促进发展。发展是中国共产党执政兴国的第一要务，也是人民政协履行职能的第一要务。关注发展、服务发展、参与发展、推动发展，是人民政协的光荣传统，也是政协工作的永恒主题。我们要紧紧围绕省委、省政府的重大决策和各个时期的中心工作，找准能够发挥政协优势的着力点，瞄准能够提高履职成效的切入点，求真务实，扎实工作，为加快实现中原崛起、全面建设小康社会献计出力。要以正在深入开展的学习实践科学发展观活动为动力，善于运用当代中国马克思主义的最新成果发现问题、分析问题、研究问题、解决问题，努力使我们所提的意见建议更加符合科学发展、更加符合客观规律、更加符合时代特征、更加符合人民意愿。要动员和组织广大政协委员利用自身特长，发挥独特优势，积极投身经济发展和社会建设，力争在推动发展上有新作为、在破解难题上有新探索、在关注民生上有新建树、在构建和谐上有新贡献，切实把政协组织智力密集的人才优势转化为服务发展的工作优势。

三要始终坚持团结民主。团结民主既是人民政协的两大主题，也是政协工作的最大特色。我们要充分发挥人民政协作为最广泛爱国统一战线组织的优势和作用，不断加强与各民主党派、工商联、各人民团体和各族各界人士的联系，努力促进政党关系、民族关系、宗教关系、阶层关系、海内外同胞关系的和谐。要积极营造民主协商、平等议事、畅所欲言、各抒己见的宽松环境，悉心培育意见和建议能充分反映、愿望和要求能充分表达、智慧和力量能充分集中的良好氛围，切实使人民政协成为各界代表反映利益要求的重要渠道，成为各方精英发表真知灼见的重要平台。要高度重视改革发展进程中出现的深层次矛盾和问题，继续发挥反映社情民意的重要作用，真诚倾听群众呼声，真实了解群众愿望，真情关心群众疾苦，积极协助党委政府做好协调关系、化解矛盾、争取人心、维护稳定的工作。

四要始终坚持改革创新。创新是人民政协事业兴旺发达的强大动力，也是政协工作始终保持蓬勃生机的重要保证。我们要始终站在时代前列，增强改革意识，高扬创新旗帜，认真研究人民政协工作面临的新形势、新特点，大胆探索人民政协履行职能的新思路、新途径，激发人民政协的内在活力，提高政协工作的总体水平。要不断丰富政治协商内容，提升政治协商层次，切实从制度层面把政治协商纳入党政决策程序，努力做到重大问题协商在党委决策之前、人大立法之前、政府实施之前。要注重整合民主监督力量，完善民主监督机制，加快推进由委员个人监督行为向政协组织监督行为、由分散监督活动向集中监督活动的转变。要创新视察调研方式，提高委员提案质量，健全意见建议反馈机制，畅通社情民意反映渠道，进一步提高人民政协参政议政的质量和实效。要坚持解放思想，加强协调配合，扎实推进人民政协理论研究工作。通过理论创新，推动制度创新和工作创新，推动人民政协事业发展。

（2008年）

建设“四型”机关　提升工作水平

4月21日，贾庆林主席到我省政协机关调研，看望了政协机关干部，并发表重要讲话。贾主席的讲话，以深刻的哲理、广博的知识、翔实的数据、生动的例证，谈形势、论责任、议发展、话未来。其言谆谆、其情切切、其意深深，令人感佩、令人动容、令人振奋。尤其是他对河南统一战线和人民政协工作给予充分肯定、寄予殷切期望，既使我们如沐春风，又使我们感到重任在肩。认真学习领会、深入贯彻落实贾主席重要讲话精神，是做好当前和今后一个时期全省政协工作的强大动力和重要抓手。

现结合正在开展的“讲党性修养、树良好作风、促科学发展”活动，就学习贯彻贾主席重要讲话精神，进一步加强学习型、服务型、创新型、和谐型政协机关建设，促进人民政协工作的科学发展，讲几点意见。

一、关于建设学习型机关

建设学习型政协机关，就是要营造学习氛围、拓宽学习领域、丰富学习形式，让学习成为政协机关全体干部职工长期的政治任务、自觉追求和良好习惯，使干部职工通过不断学习，提高认识世界和改造世界的能力，成为本职工作的行家里手。建设学习型机关要做到“五要五忌”：

一要把握精髓，忌浅尝辄止。把握精髓就是要把握理论的核心和本质。建设学习型机关，就是要用中国特色社会主义理论体系指导政协机关工作，用科学发展观统揽政协机关工作全局。要把握中国特色社会主义理论体系的时代性、实践性和指导性，把握科学发展观的科学内涵，用中国特色社会主义理论体系和科学发展观指导中国特色社会主义民主政治理论的研究，掌握新时期统一战线和人民政协的基本理论、基本政策和基本知识，保持清醒的政治头脑和敏锐的政治洞察力，保证政协机关工作坚定正确的政治方向。

二要突出重点，忌大而化之。知识经济时代，学无止境。要根据形势的变化和工作的需要，选定不同的学习重点，避免眉毛胡子一把抓。根据政协机关服务履行职能的实际，当前，政协机关的学习要突出三个方面：一是学习服务科学发展的社会、经济、法律等知识，围绕省委省政府今年“三保两抓一促进”的工作思路，为人民政协在应对危机、化危为机、共克时艰中献计出力搞好服务；二是结合正在开展的“讲、树、促”活动，重点学习胡锦涛总书记在中纪委三次会议上的重要讲话和习近平副主席在河南调研时的重要讲话，学习徐光春书记贯彻这两个重要讲话的讲话精神，大力弘扬焦裕禄精神，狠刹四股歪风，解决政协机关在党性党风党纪方面存在的突出问题；三是学习政协机关办文、办会、办事必须具备的知识技能，提高政协干部职工服务政协履行职能工作的能力和水平。

三要联系实际，忌纸上谈兵。联系实际说到底是一个学风问题。我们党一贯倡导理论联系实际的马克思主义学风。理论来源于实践，需要实践来检验其真理性并指导实践。如果理论学习与实际工作脱节，不仅难以发挥理论的指导作用，也会使学习活动流于形式，最终使干部职工对建设学习型机关丧失热情和信心。联系实际学习，就是要立足人民政协工作实际，结合政协中心工作，确定学习内容；结合处室职能和工作性质，确定处室学习内容；结合个人知识结构和岗位工作特点，确定个人学习内容，做到有的放矢，学有所得，学有所用。

四要持之以恒，忌虎头蛇尾。持之以恒是一个学习态度问题。每一名干部职工都要树立终身学习的理念，把学习作为修身养性的必要条件，纳入生活的惯性中；把学习作为工作的一部分，纳入自我的考评中；把学习作为进步的阶梯，纳入理想的实现中。机关各级党组织，要切实负起抓学习、促学习的责任，建立健全各项学习制度，使学习工作固定化、常态化，谨防三天打鱼、两天晒网。要注意创新学习形式，特别是要结合网络时代的特点，创新载体，寓教于乐，提高参与性，增强实效性。

五要体现特色，忌东施效颦。体现特色就是体现政协的特点。政协是统一战线组织，具有位置超脱、渠道畅通、人才荟萃、包容性强的特点。我曾经为人民政协撰过一副对联："非火线、非二线，仍是一线，一如既往是公仆；无权力、无财力，但有活力，活动依旧有平台。""非火线"说明我们有学习的时间，"非二线"说明我们有学习的精力，"仍是一线"说明我们有学习的条件和动力。这些特点正好使我们可以拿出相对充裕的时间多看一些书，深入地研究一些问题。在"四大家"中，只有政协设立有学习委员会，足见学习既是人民政协的优良传统，也是人民政协的分内工作。搞好学习，政协机关责无旁贷。政协有条件也应该多举办一些适应不同需求的专家讲座或培训班，以期优化机关人员的知识结构，提高机关人员的工作能力。

二、关于建设服务型机关

建设服务型政协机关，就是要围绕党和政府的中心工作，从综合协调、督办落实、参谋建议、文稿起草、宣传研究、后勤保障等各层次各领域，为人民政协助推科学发展、履行三项职能，为主席会议成员、政协委员、各专委会和机关干部职工做好服务工作。建设服务型机关要切实做到"严、细、深、实"。

严，就是高标准、严要求。机关工作尤其是省直机关工作，目标一定要定高一些，不高不足以拉升标杆，不高不足以增加压力，不高不足以提高水平。省政协是关乎全省一亿人民生和发展的参政议政机构，服务这样的机构，没有足够的理论造诣不行，没有足够的政策水平不行，没有足够的协调能力不行，没有足够的奉献精神更不行。高标准、严要求是省级政协机关肩负使命的需要，也是社会各界和广大人民群众对政协机关的热切期待。高标准、严要求决不是存心同政协机关干部过不去，恰恰是从更高层次对机关干部成长进步的关心和爱护。只有从思想、作风、工作、生活等各方面严格要求机关干部职工，才能使机关干部职工在高标准下提升能力，增长才干，为在更广阔的舞台上发挥作用创造条件。

细，就是慎细微、常自省。有道是，"细节决定成败"。机关工作的宗旨是服务，服务常常表现在一些细枝末节的事情上，问题也常常出现在对一些细节的不慎处理上。机关工作的"细"，表现在办文上，就是要明辨文理、准确鲜明；表现在办会上，就是要讲究仪规、周密严谨；表现在办事上，就是要热情周到、务实高效，尽力做到委员满意、领导满意、各界群众满意。

深，就是深钻研、做行家。做机关工作既需要复合型人才，又需要专门型人才。一般来讲，行政机关的日常运作在很大程度上是靠专门型人才来支撑的，西方公务员制度的长期稳定发展就体现了这个特点。机关干部职工要有立足本职做奉献的精神，干一职、爱一职、专一职。政协机关一些同志身上存在的突出问题就是思想浮躁，学习上不求甚解，工作上挑肥拣瘦，作风上得过且过，没有把政协工作当作自己的事业来干，缺乏对社会的感恩之心。我们要通过这次“讲、树、促”活动，务使机关思想作风有一个大的转变。

实，就是讲科学、尚实干。科学就是实事求是，尊重客观规律；实干就是脚踏实地，埋头苦干。只有实干才能使抽象的东西具体化、生动化、实物化。机关工作千头万绪，无论大政方针、意见决定，还是视察调研、咨询议政，无论是上下联络、横向交流，还是行政后勤、群团活动，样样都要抓落实，样样都要见成效。机关工作就是要使各项规章制度都具有针对性、可行性和操作性；就是要使各项工作和活动都导向明确、内容具体、成效明显；就是要让殚精竭虑、忠于职守、富于创新的人，受到应有的尊重，得到合理的使用，在全机关营造干事创业的浓厚氛围。

三、关于建设创新型机关

建设创新型政协机关，就是要站在全局和战略的高度审视机关自身建设，勇于探索，锐意进取，善于根据新形势、新情况创造性地开展工作，力求在拓展工作领域、创新履职方式、改进机关服务、规范工作程序等方面不断取得新成果。建设创新型政协机关要做到“四新”：

一是思想要有新境界。这是创新的认识问题。思想是行动的先导，思想境界决定工作思路，工作思路决定工作成效。毋庸讳言，目前在我们的头脑中，还或多或少存在着思想解放得差不多了的麻痹思想，小成即满、停滞不前的自封意识，因循守旧、四平八稳的思维定式，推推动动、不推不动、多一事不如少一事的懈怠心态。我们提倡的思想要有新境界，就是要坚持用中国特色社会主义理论体系武装头脑，深入探索理论学习的新方式、新方法，全面提高马克思主义理论素养；就是要使广大干部职工深刻理解和把握科学发展观的科学内涵、精神实质和根本要求，牢固树立正确的权力观、地位关、利益观和科学的事业观、工作观、政绩观；就是要自觉按照科学发展观的要求审视过去、明辨得失、分析现状、查摆问题、规划未来、完善机制；就是要摒弃落后的思想观念和陈旧的思维定式，成为政治上更加坚定、品行上更加高尚、作风上更加优良、纪律上更加严明的新时期的政协工作者。

二是活动要有新内容。这是创新的载体问题。近年来，政协工作在继续发挥例会、视察、调研、提案、反映社情民意等传统参政议政方式的基础上，不断创新工作思路，搭建新的平台。黄帝故里拜祖大典、河洛文化研究、豫商大会等成为政协履职尽责发挥作用的新亮点，有效地扩大了政协凝聚力量、服务大局的社会影响。政协机关工作要因时而变、因势而动，不断创新活动内容，寻求新的活动抓手。前几天，省政协机关党委组织了拜谒焦裕禄陵园活动，机关老干部处组织了老委员保健知识讲座，机关妇委会组织了乳腺癌防治讲座等，都受到大家的热情欢迎和积极响应。创新活动载体，一定要坚持积极向上、体现特色、量力而行、群众满意的原则，使创新活动达到社会价值取向、单位工作成效和个人志趣需求的有机统一。

三是运行要有新机制。这是创新的制度保障问题。要逐步建立起完善的工作落实机制、工作推进机制和激励约束机制，向机制和制度要活力、要动力。要加强机关内部管理，统筹协调好各委办处室之间的工作衔接与配合，强化工作目标责任制和工作失误问责制。在“讲、树、促”的整改活动中，要做好机关规章制度的废、改、立工作，加强分工负责制，明确各环节的责任和要求，使各项工作都有据可依、有章可循。要加大干部培训、考核、述职力度，加大干部岗位轮换、挂职锻炼和竞争上岗力度，使更多责任心特强、特别肯干、特别能干、特别会干、在工作中挑大梁的优秀人才脱颖而出。

四是工作要有新成效。这是创新的标准问题。创新的目的是提高政协机关的工作水平。衡量机关工作水平的高低需要建立科学的考评工作体系。要不断完善机关工作管理考核机制，把年终考核与平时考核结合起来，整体考核与单项考核结合起来，社会评议与机关自评结合起来。要对理论学习、业务培训、完成任务、工作创新、勤政廉洁等考核内容进行细化、量化，加强对信息化建设、新闻报道、社情民意、调研视察、理论研讨、提案督办等单项考核工作，形成合理配套的目标管理考核体系。要通过创新型机关建设，使干部职工思想认识有新提高，专委会履行职能工作有新成效，发挥委员主体作用和界别优势有新突破，机关规范化、制度化、程序化建设有新进展，机关工作环境和精神面貌有新改变。

四、关于建设和谐型机关

建设和谐型政协机关，就是要坚持以人为本的理念，秉持团结民主两大主题，把政协机关建设成为民主协商、平等议事、求同存异、体谅包容的“委员之家”；就是要弘扬人民政协合作共事的优良传统和长期形成的协作精神，把政协机关建设成市县政协之家和机关干部之家，保证政协履行职能协调有序进行，为人民政协事业的深入持续发展提供稳定、高效、良好的环境。建设和谐型政协机关，应该做到规范有序、公平公正、团结友爱、充满活力。

规范有序，就是机关管理调控体系能够充分发挥作用。要发挥机关党组在政协机关建设中的核心作用，进一步完善党组议事和决策机制，充分发挥领导班子的整体效能；要建立工作责任制，使班子成员有分工有合作地开展工作，增强领导班子的团结和活力。要加强对专委会工作的协调和管理，既要保证各专委会围绕常委会议中心议题调查研究、参政议政，又要按照不同职责合理安排专委会的调研和考察工作，做到规范有序，少而精，见显效。要规范机关处室与处室、上级与下级之间的关系，使办文、办会、办事有章可循，有条不紊。要建立有效的矛盾调处机制和利益诉求表达机制。

公平公正，就是使不同的利益需要都能得到公正对待。公平是协调机关干部职工利益的基本准则，也是增强机关凝聚力、向心力和感召力的重要途径。在解决机关公平问题上，一方面要保证利益的公平，也就是在干部的晋升、工作的安排、生活的救助等方面，要与实际的资质和需求相符合；另一方面要保证机会的公平，使每个人在统一的规则下，享受到平等竞争的机会和施展才干的空间。当然公平绝不等同于绝对平均主义，公平也不能不顾效率乃至牺牲效率。公平公正，应把用人的公平公正放在突出的位置，坚持德才兼备、以德为先、群众公认的原则选人用人，把想干事、能干事、干成事、不出事的干部放到应有的位置，坚持正确的用人导向。

团结友爱，就是要形成有政协机关特色的价值观念和文化氛围。友爱在机关表现为一种工作关系，如上下级关系、处室与处室关系、人与人之间的关系等等，而工作的过程就是处理关系的过程。在处理这些关系中，大家互相尊重、互相理解、互相关心、互相帮助、融洽相处、共同前进，从而形成一个和谐和睦的群体。友爱是纽带，它能使不同背景、不同年龄、不同级别、不同经历的人紧密地团结在一起。友爱是润滑剂，它能使各种矛盾、各种摩擦、各种误解在团结的氛围中化为乌有。缺少友爱，就难以建立起良好的人际关系；缺少友爱，就不可能建设和谐机关。

充满活力，就是顺畅的流动途径和有效的疏导机制。活力来自于活动，以活动为载体。近年来，我们先后开展了保持共产党员先进性教育活动、讲正气树新风活动、学习实践科学发展观活动等。通过这些活动，广大机关干部职工的思想得以陶冶，能力得以提高，作风得以转变，风清气正的为政环境得以营造。活力来自于工作，以成效为动力。有为方能有位。要激励广大干部职工干事创业的积极性，以政协工作的实绩赢得社会的尊重，以社会尊重激发新的工作热情。活力来自于自省，以自省为推力。要切实加强理论修养、政治修养、道德修养、纪律修养和作风修养，加强主观世界改造，淡泊名利，敬业奉献，甘为公仆。政协机关干部职工不要不把政协机关当省级机关，不要自我放松、自我放纵，不要自我降格、自我矮化，而要立足岗位做奉献，鞠躬尽瘁履职责，使人民政协成为实现自己人生价值的舞台。

“四型”机关建设是一个有机的系统工程。在这个系统中，学习是动力，服务是宗旨，创新是关键，和谐是根本。加强“四型”机关建设，对学习、服务、创新、和谐提出明确而具体的要求，意在激发和调动广大干部职工狠抓学习、提升素质、干事创业的积极性、主动性和创造性，从而造就一支政治坚定、业务精湛、作风过硬、纪律严明的高素质政协机关干部职工队伍，营造团结和谐、廉洁奉公、务实高效的良好工作环境，全面提高政协机关工作水平。

（2009年）

肯于学习　勤于学习　善于学习

一、重视学习

重视学习是学习的认识问题。欧阳修说："立身以立学为先，立学以读书为本。"在现代，学习这个概念当然不仅指读书，也包括从实践中获取知识或技能，但最基本的仍是从书本中获取间接知识。就个人而言，学习是人们获取知识、陶冶性情、培养和提升思维能力的重要途径，是人们赖以生存、发展的根本。对于党的领导干部而言，学习是提高执政能力、加强党性修养、提升道德水平和精神境界的重要方法。从社会组织来说，学习是一个团体适时顺应环境变化、持续寻求和获取竞争优势并保持长久旺盛生命力的重要基础。

重视学习是我们党的优良传统。中国共产党的诞生和成长，中国革命和建设的探索和成功，就是不断学习马克思主义并持续把马克思主义普遍真理同中国实际相结合的结果。"只有社会主义才能救中国，只有中国特色社会主义才能发展中国"，正是我们党在长期的学习、实践过程中得出的科学论断。以毛泽东同志为代表的中国共产党人，坚持把马克思主义的普遍原理同中国革命的具体实践相结合，形成毛泽东思想，并带领全国人民取得了新民主主义革命、社会主义革命和建设的伟大胜利。以邓小平同志、江泽民同志、胡锦涛同志为代表的中国共产党人，根据当代中国实践和时代发展继续推进马克思主义中国化，形成和发展了包括邓小平理论、"三个代表"重要思想、科学发展观等重大战略思想在内的中国特色社会主义理论体系，带领全国人民取得了改革开放和社会主义现代化建设的伟大胜利。

重视学习是建设学习型政党和形成学习型社会的要求。十六大以来，中共中央政治局坚持集体学习并形成制度。胡锦涛总书记亲自主持，已就经济、政治、文化、社会、法律、历史、科技、军事、体育等方面的诸多重大问题集体学习57次，共邀请115位专家学者进行专题讲解。中央政治局的集体学习每次都紧紧围绕中央工作部署和治国理政的重大理论和实际问题展开，具有很强的针对性和战略性，学习气氛严肃而热烈，学习效果深入而扎实，成为我们党加深认识共产党执政规律、社会主义建设规律和人类社会发展规律，提高领导能力和领导水平的重要途径，为建设学习型政党、建设学习型社会起到了重要的推动和示范作用。在中共中央的带动下，全国人大、全国政协每次常委会议，都拿出半天时间举办专题学习报告会，由吴邦国委员长、贾庆林主席主持并讲话；国务院也是在温家宝总理的主持下进行集中学习。目前，建设学习型政党和学习型社会，已经成为全党全社会的共识和实际行动。

重视学习是领导干部胜任领导工作的必然要求。事有所成，必是学有所成；学有所成，必是读有所得。前不久，机关处级干部进行了竞争上岗。竞争上岗的结果说明，在干部成长的过程中，真才实学是硬道理；学有所成，事有所成，就会得到绝大多数人的认可，就会得到组织的肯定。竞争上岗是对学习型机关建设最直观、最现实的促进。我们要看到，当今世界和当代中国正在发生广泛而深刻的变化，按照党的十七大部署继续解放思想、坚持改革开放、推动科学发展、促进社会和谐，对领导干部的素质和能力提出了新的要求，对领导干部读书学习也提出了新的要求。领导干部如果不加强读书学习，知识就会老化，思想就会僵化，能力就会退化，就难以做好领导工作，就会贻误党和人民的事业。领导干部一般来说都拥有某一方面的话语权和决策权，其对事物的认识程度往往是决定一个部门、一个地区、一个单位发展的重要因素；如果长时间不读书、不看报，思想就会慢慢僵化，作决定只能更多地凭借经验，凭拍脑袋决策，其结果可想而知。毛主席给这种人送了一副对联："墙上芦苇，头重脚轻根底浅；山间竹笋，嘴尖皮厚腹中空。"非常生动、传神。爱学习、勤读书，通过读书学习来增长知识、增加智慧、增强本领，这是新形势下做一名称职的领导干部、胜任履行领导职责的内在要求和必经之路。

二、勤于学习

勤于学习是学习的态度问题。学习贵在自觉，难在坚持。焦裕禄同志病逝后，人们在他住的医院病床枕头底下发现了两本书，一本是《毛泽东选集》，一本是《论共产党员的修养》。古人说："勤学如春起之苗，不见其长，日有所增；辍学如磨刀之石，不见其损，日有所亏。"要解决勤于学习的问题，我认为要克服"四论"。

一是读书无用论。今天的领导干部基本都受过高等教育，有些还拥有硕士、博士学位。在这个群体中，完全否认读书作用、知识作用的人微乎其微。但受社会不正之风的影响，新的"读书无用论"却不乏市场。一些同志认为社会上潜规则太多，需要的是关系而不是知识，书读多了反而不适应社会了，照书上的道理做会吃亏；还有一些同志认为，在干部选拔任用过程中，博学多才的同志不一定受到重用，倒是那些善于拉关系、长于跑要的人容易得到升迁，官场的"逆淘汰"现象让人齿冷心寒。实事求是地讲，上述现象当然不是空穴来风，但绝非主流，不能以偏概全。我们党的干部政策一贯是德才兼备、以德为先。有德无才不行，有才无德更不行。只有德才兼备、品德突出的好同志，才有更多的机会担任领导职务。看不到这个主流，只看到个别消极现象，从而得出"读书无用，升迁靠诗外功夫"的结论，不把心思放在刻苦读书学习上，这不是一个党的领导干部应有的胸怀和品格。

二是读书工具论。所谓"工具论"，即把读书学习当作工具、当作手段、当作敲门砖，而不是作为提高自身修养、提升自身能力、服务社会和人民的内在需要。这是几千年封建传统中的文化糟粕，是一种极其有害的消极经验。中国传统读书人信奉"学而优则仕"，信奉"学好文武艺，货与帝王家"。"学而优"是手段，"仕"才是目的。在这种功利主义读书观的支配下，短暂的刻苦学习、青灯黄卷是可以忍受的。但必须很快以"入仕"为目的、为结果，否则五分钟的读书热情就会转化成长久的抱怨和无所作为。今天的领导干部当然不能简单地与旧时的书生相提并论。但一些人为了升迁不惜权学交易、钱学交易，造成学位与学养严重脱节、学历和能力不成正比等畸形现象。为党和人民的利益读书、为中华民族的崛起读书，这是时代赋予的崇高使命，也是每一个读书人起码的道德内省。领导干部要把读书学习上升到责任和使命的高度来认识，用一生的努力来兑现、来实践、来奉行，使自己真正成为一个手不释卷、有读书习惯的人，一个善于理论联系实际、学以致用的人，一个有益于人民同时受到人民群众喜爱和尊重的人。

三是读书无暇论。领导干部担负着繁重的工作任务，读书学习的时间少可以理解。但这不能成为不读书、不学习的理由和借口。一个胸怀远大理想、肩负历史使命的领导干部，必然能够从工作实践中不断发现自己知识与能力的不足，并由此激发向书本学习、向实践学习、向群众学习的强烈愿望。时间对每个人都是公平的，没有时间读书，在很大程度上是一种托词。毛主席忙不忙？但他老人家的博览群书、博闻强记，是举世闻名的。奥巴马忙不忙？身为大国总统，面临金融危机和诸多全球性问题，可奥巴马每遇到问题，都会先通过书籍掌握相关知识，然后再将这些知识运用到现实中。最近有媒体列出奥巴马所看的书有《圣经》《幽灵战争》《不平等的民主》等，并称他为“有文化的总统”。我们从事政协工作，相对于党政工作而言，拥有更多的读书时间，关键是要把读书愿望同推动政协事业的发展结合起来，把读书学习当成一件须臾不可或缺的正事，当成“日理几机”中不可缺少的重要“一机”，当成生活习惯中难以变更的关键一环。

四是读书消遣论。读书的目的在于明理、修身、致用。学以明理，就是要掌握世界观方法论；学以修身，就是要做社会道德的楷模；学以致用，就是指导实践、增长才干。说到底就是要真学真用。淇县有个“扯淡”碑。“扯淡”并非老百姓通常理解的含义。它反映了一种封建知识分子或没落官僚崇尚清谈、超凡出世的无奈心态。这种“扯淡”是把学习当作一种消遣的方式、回避社会矛盾的学习观，是中国古代的本本主义和形式主义。无独有偶，在当今社会，也有一部分人视读书为休闲，信手拈来，漫无目的，毫无选择，看什么凭感觉，过眼烟云，消磨时间而已。更有一些人利用电脑等现代媒体，或写一些都看不懂的，或写一些都看得懂的，或写一些别人不敢或不屑于写的东西等等，目的是自娱自乐、哗众取宠。这种学习上的消遣论是受功利主义和享乐主义影响的颓废文化。在社会上，这是一种学风不端正的表现；在党内，这是党性不纯的表现，应该坚决摒弃。

三、善于学习

善于学习是学习的方法问题。众所周知，理论联系实际是我们党一贯倡导的优良学风，也是我们搞好学习的根本方法。它的要点，一是要有理论，二是要运用理论解决实际问题。按照理论联系实际的学习方法，我认为，善于学习必须做到博学、善思、躬行。

1. 博学。庄子说：“吾生也有涯，而知也无涯。”按当代人的话来说，就是读书应该多多益善。面对知识的海洋，我们到底应该读哪些书呢？我非常赞成将以下三个方面的书作为重点：一是当代中国马克思主义理论著作。马克思主义是我们认识世界和改造世界的强大思想武器，马克思主义理论素养是领导干部素质的核心和灵魂，掌握马克思主义理论是领导干部的基本功。当前领导干部学习马克思主义理论，首先要认真研读马克思主义中国化的最新成果，深入学习领会邓小平理论、“三个代表”重要思想以及科学发展观等重大战略思想，系统掌握中国特色社会主义理论体系，做到真学、真懂、真信、真用。二是做好领导工作必需的各种知识书籍。领导工作综合性、系统性强，需要多方面的知识积累。领导干部不管学什么专业，无论处在哪个层次和岗位，都应该把提高科学素养作为读书学习的重要目标，通过读书学习进一步树立科学观念，掌握科学方法，弘扬科学精神，使自己不断增加对本职工作的规律性认识，成为学科学、懂科学、用科学的模范。三是古今中外优秀传统文化书籍。优秀传统文化书籍作为古今中外文化精华的传世之作，思考和表达了人类生存与发展的根本问题，其智慧光芒穿透历史，思想价值跨越时空，历久弥新，成为人类共有的精神财富。领导干部要通过研读历史经典，看成败、鉴是非、知兴替，起到“温故而知新”“彰往而察来”的作用；通过研读文学经典，陶冶情操、增加才情，做到“腹有诗书气自华”；通过研读哲学经典，启迪智慧、把握规律，增强哲学思考和思辨能力；通过研读伦理经典，知廉耻、明是非、懂荣辱、辨善恶，培养健全的道德品格。总之，要通过研读优秀传统文化书籍，吸收前人在修身处世、治国理政等方面的智慧和经验，养浩然之气，塑高尚人格，不断提高人文素养和精神境界。

2. 善思。爱因斯坦说：“学习知识要善于思考、思考、再思考，我就是靠这个方法成为科学家的。”领导干部要想成为政治家，看来也必须在学习中联系实际、开动脑筋，思考、思考、再思考。善思，一是要思考是非，即思考知识的真理性。恩格斯说：“世界体系的每一思想映象，总是在客观上受到历史状况的限制，在主观上受到得出该映象的人的肉体状况和精神状况的限制”，因而每一时代人们的认识“所包括的需要改善的东西，无一例外地总是要比不需要改善的或正确的东西多得多。”这就要求我们对书本上的话一定要加以思考和分析，不能离开时间、地点、条件去抽象地谈论什么正确、什么不正确。人类的认识史不是一系列真理的堆积，而是真理与谬误对立统一的发展过程。二是要思考运用。就是在对真理的适用性进行分析时，要把矛盾的普遍性和特殊性结合起来，学会理论与实践的无缝对接，既反对教条主义，也反对经验主义，真正使真理性的知识变成改造物质世界的力量。三是要思考发展。真理是个过程，因为事物都是作为过程而展开的。实践是过程，认识也是过程。在学习的时候，面对知识，特别是经典性的知识，我们要思考：哪些知识在过去的条件下是正确的，现在变得不那么正确了；哪些做法在某些地方是管用的，在我们这里则不那么管用了；哪些问题过去不曾遇到过，现在提出来需要我们去回答；哪些论断只是一种假说，需要经过长期的实践来证实或证伪。如此等等，都需要根据变化了的情况来加以研究，以当下的实践作标准来加以检验。这才是科学的态度，实事求是的态度，与时俱进的态度。读书应该不断开辟认识真理的道路，而不是仅仅为了储存已有的真理。

3. 躬行。陆游说：“纸上得来终觉浅，绝知此事要躬行。”毛主席说：“读书是学习，使用也是学习，而且是更重要的学习。”一个领导干部水平高不高，不是单纯看他读了多少书，主要是看他运用理论和知识解决实际问题的能力强不强。领导干部坚持读书与运用相结合，就要在读书的过程中增强运用能力，在运用的过程中提高读书水平。要努力实现知识向能力的转化，使自己主导的实践成为正确的而不是盲目的实践，成为系统的而不是零碎的实践，成为有科学根据的而不是想当然的实践。同时，要加强对实践经验的总结和对新情况、新问题的调查研究，弄清楚它们是怎么产生的、变化发展的趋势怎样、应该如何因势利导使之趋利避害，从总结和探索中提高思想水平和工作能力。要把取得工作成绩作为检验理论学习成效的标杆，尤其要运用已有知识，深刻认识当今世界的发展趋势和变化特征，准确把握中国特色社会主义的发展规律，认真研究改革发展进程中出现的新情况新问题，进一步制定和落实保增长、保稳定、保民生的政策措施，把科学发展观真正落到实处。领导人不光要有“读书人”的知识，更要有“读书人”的风骨和正气。古往今来，“读书人”内敛、克己、谦恭的人格特质，穷物理、守静笃、远奢华的行事风尚，正是我们当前亟待发扬的。要运用理论和知识自觉改造主观世界。在工作和生活的现实中，领导干部面临的诱惑很多，一些人经受不住权力、金钱、美色的考验而败下阵来，一个重要原因就在于放松了读书学习，忽视了主观世界的改造。我们党一再强调，领导干部要在改造客观世界的同时改造主观世界，要在推进事业发展的同时加强党性修养。用周总理的话讲，就是“改造到老”。这些话听着耳熟，讲着顺嘴，可有些人就是难入脑入心，只是到了进班房的时候才理解党的高瞻远瞩和良苦用心，但一失足成千古恨，悔之晚矣。我们应当清醒地认识到，改造主观世界绝不是空话，保持共产党员的本色是人生高尚的追求。

有一成语叫学如登山，出自三国的徐干，原语是“学者如登山焉，动而益高”。其意是学习像登山一样，要努力攀登，逐步提高。这是对学习价值取向的形象比喻。近来看到一篇题为《登山》的文章，其中有语：登小山，欣欣然；登大山，茫茫然；登深山，惶惶然。作者用登山的感受形容学习知识过程不同阶段的状态，更加生动贴切。登小山，欣欣然，说明有成就感；登大山，茫茫然，说明知道山外有山；登深山，惶惶然，说明不知前路多远。学习的逻辑一如登山：学然后知不足，知不足然后学，常学常新，多学多得。这正是人类进步的不竭动力所在。总之，领导干部要多读书、读好书、善读书，做一个“读书人”，多一些“书卷气”。这里所说的“书卷气”，绝非脱离实际的“书生气”，更与“官气”“俗气”“痞气”“江湖气”无关，而是一种学习的气息、研究的气息、文化的气息。坚持在读书学习中坚定理想信念，提高政治素养，锤炼道德操守，升华思想境界；坚持在读书学习中把握人生道理，感悟人生真谛，体会人生价值，实现人生追求。

（2009年）

历程无比光辉　前景无限光明

一

人民政协已经走过了60年不平凡的历程。60年来，人民政协在中国共产党的正确领导下，和全国各族各界人士一起，为国家富强、人民幸福和祖国统一不懈奋斗。人民政协事业伴随着共和国前进的步伐发展壮大，铿锵前行。有人说，要了解我们共和国的发展史，首先应当了解人民政协的发展史，这话不无道理。因为共和国的许多重大问题都经人民政协的讨论而决定，事关国计民生的许多重大决策都因人民政协的建议而促成。在社会主义革命、建设和改革开放的各个历史阶段，人民政协都留下了不可磨灭的光辉印记。

人民政协是中国共产党把马克思主义理论和中国具体实际相结合的伟大创造。以毛泽东同志为核心的党的第一代领导集体，就人民政协的共同政治基础、中国共产党对统一战线和人民政协的领导、人民政协的性质任务和工作方针，提出了一系列独创性的重要思想，有力指导了人民政协的创建和发展。以邓小平同志为核心的党的第二代领导集体，明确提出了新时期统一战线和人民政协的性质和任务，确立了中国共产党与各民主党派“长期共存、互相监督、肝胆相照、荣辱与共”的方针。以江泽民同志为核心的党的第三代领导集体，强调确立中国共产党领导的多党合作和政治协商制度是我国的一项基本政治制度。以胡锦涛同志为总书记的党中央，制定颁发了《中共中央关于加强人民政协工作的意见》，对新时期新阶段的人民政协工作提出了新的要求，作出了重要部署，进一步明确并推动人民政协在我国政治体制的基本构架和实际运作中发挥重要作用。正是因为党的三代领导集体和以胡锦涛同志为总书记的党中央在不同的历史时期，顺应时代发展的客观要求，作出一系列关于人民政协既一脉相承又与时俱进的重要决策，为人民政协事业的发展指明了前进方向，人民政协事业才得以蓬勃发展，才有了今天这样一个喜人局面。

（一）人民政协的性质愈益丰富。人民政协是作为“人民民主统一战线组织”登上中国政治舞台的。进入新的历史时期，随着形势的不断发展变化，人民政协的性质也有所变化。1994年3月，全国政协八届三次会议对政协章程进行了第三次修改，明确规定“中国人民政治协商会议是中国人民爱国统一战线的组织，是中国共产党领导的多党合作和政治协商的重要机构”。2004年3月，全国政协十届二次会议对政协章程进行了第四次修改，对政协性质又增加了“是我国政治生活中发扬社会主义民主的重要形式”这一内容，从而使人民政协的性质鲜明地体现了人民政协的时代特征和政治属性。统一战线是我们党的一大法宝，绝不能丢掉；中国共产党领导的多党合作和政治协商制度是我国的一项基本政治制度，须长期坚持；走中国特色社会主义政治发展道路，要坚定不移。没有民主就没有社会主义现代化，人民政协的协商民主是我国社会主义民主的两种重要形式之一。作为三者有机统一体的人民政协，其重要属性不言而喻。

（二）人民政协的职能愈益完善。人民政协的职能也经历了同样的过程。政治协商是人民政协《组织法》中规定的一项主要职能。民主监督源于20世纪50年代毛泽东主席提出的中国共产党与各民主党派之间的互相监督，以及各级政协接受和反映人民群众的意见、对政府提出建议和批评的实践。1982年修订的政协章程，把政治协商同民主监督一道作为人民政协的主要职能加以明确。1994年修订的政协章程在主要职能中又增加了参政议政职能，但未与前两项职能并列。1995年，全国政协八届九次常委会议将《政协全国委员会关于政治协商、民主监督的暂行规定》修改为《政协全国委员会关于政治协商、民主监督、参政议政的暂行规定》，中共中央批转了这个规定。从此，政协的主要职能就以正式文件形式规范为政治协商、民主监督、参政议政。职能的增加，拓宽了政协工作的领域，丰富了政协工作的内容。

（三）人民政协的组织愈益壮大。截至目前，中国人民政治协商会议全国委员会已发展成为包括8个民主党派和无党派人士、各主要人民团体、56个民族、5大宗教、34个界别的代表性人士共2000多名政协委员的政治组织。地方政协组织同样发展很快。据统计，“文革”前全国共有各级政协组织1000多个，如今已经发展到3161个、政协委员60多万名。我省“文革”前共有市、县政协组织45个，委员2557名；目前已有市县政协组织178个，委员30267名。以省政协机关为例，由初期的几个人，发展到20世纪80年代的50人，现在已发展到100多人；处室也从最初的1个、80年代的4个，发展到现在的21个。实践证明，人民政协作为中国人民最广泛的爱国统一战线组织，其团结面越来越大，联系的人士越来越多，代表性越来越广，为人民政协发挥作用奠定了坚实的基础。

（四）人民政协的作用愈益提升。1949年9月21日至30日，即新中国成立前夕召开的中国人民政治协商会议第一届全体会议，选举产生了中华人民共和国中央人民政府委员会，宣告了中华人民共和国的成立，作出了关于中华人民共和国国都、国旗、代国歌、纪年四个重要决议，胜利完成了创建新中国的历史使命，实现了中国从几千年的封建专制向人民民主制度的历史性跨越，开辟了中国历史的新纪元。此后，人民政协为恢复和发展我国的国民经济，巩固新生的人民政权，推动各项社会改革，促进社会主义革命和建设，继续努力工作。1954年第一届全国人民代表大会召开后，人民政协作为民主协商机构和统一战线组织，继续在国家政治生活中发挥着重要作用。

新的历史时期，随着国家工作重点的转移和改革开放的深入，人民政协工作也进入了一个全新的时期。中共中央和各级党委对政协工作更加重视和支持，相继出台了一系列关于政协工作的文件，人民政协工作逐步走向制度化、规范化、程序化。各级政协组织和政协委员履行职能的积极性空前高涨，人民政协工作呈现出丰富多彩、生动活泼的崭新局面。一是各级政协自觉围绕中心、服务大局，全面落实科学发展观，按照聚精会神搞建设、一心一意谋发展的要求，把促进发展作为第一要务，殚精竭虑为促进发展献计出力。二是充分运用各种履职形式，努力提高履职水平。对经济、政治、文化、社会生活中的重大问题进行协商讨论，采取多种措施办好提案，认真组织好调查研究和视察考察，积极反映社情民意。政协提出的许多具有全局性、前瞻性和可行性的意见建议，被各级党委、政府纳入决策。三是发挥人才荟萃、智力密集、联系广泛、位置超脱的优势，帮助党委政府协调关系，化解矛盾，凝聚力量。开展经贸文化活动，加强与中国港澳台同胞、海外华人华侨的联络联谊，推进祖国和平统一大业。四是按照中发〔2006〕5号文件，即《中共中央关于加强人民政协工作的意见》要求，认真抓好自身建设。注重发挥人民政协作为中国共产党领导的多党合作和政治协商重要机构的作用，支持各民主党派、工商联和无党派人士参与国家和省市重大方针政策的协商讨论及其履行职责的各种活动。人民政协卓有成效的工作，促进了科学发展和社会和谐，推进了社会主义民主政治建设，为建设社会主义现代化、为中华民族的伟大复兴和中原的跨越崛起作出了独特的贡献。

二

60年来，人民政协创造了辉煌的业绩，也积累了丰富的经验。这是一笔宝贵的财富，对于我们做好今后的政协工作具有重要的启示和借鉴作用。

（一）必须把党的领导作为政协工作的根本保证。坚持中国共产党对政协工作的领导，是参加政协的各党派、各团体和各族各界人士的共同意志，是人民政协在我国政治生活中正确发挥作用的根本保证。人民政协工作能取得显著的成绩，是中共中央几代领导集体指明航向、正确领导的结果，是各级党委加强领导、重视支持的结果。我们要坚定不移地坚持党的领导，认真贯彻《中共中央关于加强人民政协工作的意见》；坚定不移地以马列主义、毛泽东思想和中国特色社会主义理论统揽政协工作全局；坚定不移地贯彻党的基本理论、基本路线、基本纲领、基本经验；坚定不移地贯彻执行党关于人民政协的方针政策；坚定不移地发挥政协党组在政协组织中的领导核心作用，自觉遵守党的政治纪律，坚决维护党的集中统一；坚定不移地把思想理论建设摆在人民政协各项建设的首位，以理论上的清醒保持政治上的坚定，筑牢抵御西方两党制、多党制、两院制、三权鼎立等各种错误思想干扰的防线。要及时向同级党委汇报工作，围绕党委、政府的中心工作履行职能，确保党委、政府的决策部署在政协的各项工作中得到贯彻落实。

（二）必须把促进发展作为政协工作的第一要务。发展是中国共产党执政兴国的第一要务，是实现中华民族伟大复兴的必由之路，是全国各族人民、各界人士的共同愿望。为科学发展服务是人民政协义不容辞的责任和使命。在当前国际形势深刻变化、国际金融危机不断扩散和蔓延的情况下，我们要更加自觉地深入贯彻科学发展观，牢牢扭住经济建设这个中心不放松。只有把促进发展作为人民政协履行职能的第一要务，积极参与建设中国特色社会主义伟大事业的历史进程，参与实现中华民族伟大复兴和中原崛起的历史进程，一心一意谋发展，凝聚力量图发展，献计出力促发展，人民政协工作才会有广阔的领域，才能大有可为。

（三）必须把团结民主作为政协工作的永恒主题。团结和民主是人民政协的两大主题。在中国共产党领导下实行团结和民主，是人民政协性质的集中体现，是人民政协产生和发展的历史依据，是人民政协继往开来的方向和使命。团结是克服困难、赢得胜利的强大力量，是凝聚人心、成就事业的重要保证。要继续高举大团结大联合的旗帜，把加强团结贯穿于履行职能的各个环节。一定要坚持两大主题，实行紧密团结，发扬广泛民主，继续巩固扩大最广泛的爱国统一战线，为建设社会主义现代化、发展民主政治凝聚力量。

（四）必须把开拓创新作为政协工作的不竭动力。人民政协工作同其他各项事业一样，必须解放思想，与时俱进，开拓创新，才能有不竭的动力。长期以来，全省各级政协组织将这一精神贯彻始终，使政协工作在诸多领域取得了新的突破和发展。实践证明，只有以与时俱进的精神坚持改革创新，研究探索开展人民政协工作的新形式新方法，人民政协工作才能做到尽职不越位、帮忙不添乱、切实不表面，才能不断开阔新视野，获得新思想，充实新知识，更好地体现时代性、把握规律性、富有创造性，使政协工作与我们这个伟大的时代合拍同步。

（五）必须把“三化”建设作为政协工作的长效机制。有了制度，各项工作才能克服随意性，更带根本性。人民政协工作近年来的快速发展，与制度的逐步完善是分不开的。《中共中央关于加强人民政协工作的意见》、政协章程及有关文件对人民政协履行职能的内容、形式、方法，党委、政府、政协各自负责哪些方面的工作，均有明确的规定。人民政协要积极主动地为推进上述文件的贯彻落实多做工作。要健全重大问题决策前的协商制度，把政治协商引向深入；健全民主监督机制，加大民主监督力度；完善参政议政的有关制度、办法，提高参政议政水平。

三

建设中国特色社会主义，是前无古人的伟大事业。为这个伟大事业建言献策、贡献力量，是历史赋予人民政协的光荣使命。我们要不辱使命，勤奋工作，把人民政协事业不断推向前进。当前，全省各级政协组织要切实做好以下几个方面的工作。

（一）悉心策划，周密安排，把纪念人民政协成立60周年活动组织好。全省各级政协组织要按照中共中央、全国政协和中共河南省委的部署，精心组织好纪念人民政协成立60周年的各项活动。通过纪念会、座谈会、研讨会、图片展、书画展等多种形式，全面回顾人民政协与共和国风雨同舟、共铸辉煌的伟大历程，认真总结坚持和完善中国共产党领导的多党合作和政治协商制度的宝贵经验，生动展示中国特色社会主义政党制度的巨大优越性，深刻把握新形势下人民政协工作的特点和规律，把最广泛的爱国统一战线巩固好、发展好，把中国共产党领导的多党合作和政治协商制度坚持好、完善好，把人民政协这一政治组织和民主形式的独特优势运用好、发挥好。要以纪念活动为契机，进一步总结、深化成功经验和典型做法，并上升到理论层面，在指导实践和推动工作上发挥更大作用。

（二）振奋精神，克难攻坚，为确保全省经济平稳较快发展、跨越发展的良好势头建好言。全省各级政协组织要按照省委八届十次全会对全省经济形势的分析判断和安排部署，围绕保增长、保民生、保稳定的中心任务开展工作。要进一步增强大局意识和责任意识，充分发挥人民政协人才荟萃、智力密集的优势，密切关注国际金融危机的影响和我省经济运行的态势，深入研究经济社会发展中综合性、全局性、前瞻性的问题，建睿智之言，献务实之策。重点围绕省委、政府提出的五大重点任务、七大行动计划、八大提速工程，继续深入调查研究，提出对策建议，协助党委、政府打赢“六大攻坚战”，为确保我省经济社会平稳较快发展奉献智慧和力量。

（三）广泛团结，凝聚力量，在维护全省社会大局稳定中尽好责。人民政协作为党和政府联系群众、团结各界的重要桥梁和纽带，在促进社会稳定方面责无旁贷。全省各级政协组织要把维护社会稳定放在突出位置，加强参加人民政协的各党派团体和各族各界人士的沟通交流，营造增进理解、和谐议政的氛围。要深入学习、大力宣传党和政府的方针政策，密切联系各界群众，及时反映社情民意，容个性之异，求事业之同，化解矛盾，理顺情绪。要引导各界群众在困难时增强信心，在逆境中捕捉机遇，以共同的目标凝聚人心，以广泛的共识汇聚力量，努力维护改革发展稳定的大局。要千方百计地促进政党关系、民族关系、宗教关系、阶层关系、海内外同胞关系的和谐。要注重发挥民族、宗教界委员的独特作用，巩固和发展民族团结、宗教和睦。

（四）以人为本，关注民生，在促进人民群众最关心、最直接、最现实利益问题的解决上履好职。实现好、维护好、发展好人民群众的根本利益是政协工作的出发点和落脚点，是社会各界的关注重点，也是扩大内需的重要内容。全省各级政协组织要认真贯彻中央和省委的决策部署，深入实际、深入基层，真诚倾听群众呼声，真情关心群众疾苦，真实反映群众诉求，真心解决群众难题，真正做到知民所思、想民所虑、察民所忧、解民所困。当前，尤其要紧紧围绕劳动就业、社会保障、医疗卫生、教育文化、环境保护、生产和食品药品安全等热点难点问题议政建言，特别要抓住落实环节，协助党委政府积极促进涉及群众切身利益热点难点问题的逐步解决。

回顾既往，我们感慨万千；展望未来，我们信心百倍。全省的经济社会发展站在了新的历史起点，河南的人民政协事业也站在了新的历史起点。让我们在中共河南省委的坚强领导下，紧密团结在以胡锦涛同志为总书记的党中央周围，深入学习实践科学发展观，认真贯彻落实省委八届十次全会精神，扎实有效地做好各项工作，以“大干三季度、奋力促发展、喜迎国庆节”的优异成绩，向新中国成立60周年和人民政协成立60周年献礼！

（2009年）

提案工作的五个要素

人民政协成立60年来，提案工作伴随着人民政协的诞生而诞生，追踪着人民政协事业的发展而发展。特别是改革开放以来，人民政协提案工作与时俱进，锐意创新，在经济建设、政治建设、文化建设、社会建设和生态文明建设中发挥了重要作用。同时，提案工作也出现了一些新情况、新问题，需要在总结以往经验的基础上，清醒认识提案工作面临的新形势、新任务，认真分析提案工作的新特点、新要求，深入研究加强和改进提案工作的新思路、新举措，进一步开创提案工作新局面。

一、统筹协调，为提案工作提供坚强的组织保证

提案是人民政协履行职能的重要方式，是坚持和完善中国共产党领导的多党合作和政治协商这一基本政治制度的重要载体，是体现社会主义协商民主的重要渠道，是一项具有全局意义的政治性、政策性很强的工作。做好新形势下的提案工作，需要各级党委政府、各级政协组织、各承办单位、各有关方面统筹协调，加强领导，共同推动。

对于各级党委政府来说，有一个加强领导的问题。要把办好政协提案作为发扬社会主义民主、实现党和政府决策科学化民主化的重要抓手，作为凝聚各方面的智慧和力量、推动经济平稳较快发展、促进社会和谐稳定的重要途径，纳入议事日程，摆上应有位置。要认真贯彻《中共中央关于加强人民政协工作的意见》和中办、国办以及省委、省政府关于办理政协提案的指示精神，周密部署，专人负责，规范程序，强化督促。

对于各级政协组织来说，有一个统筹安排的问题。要积极主动地争取各级

党委、政府和有关职能部门的支持；要坚持政协领导牵头督办重点提案的成功做法，完善程序，形成制度；要统筹协调政协提案委员会与其他专委会及相关部门的工作力量，使提案工作与委员视察工作、专门委员会工作、反映社情民意工作等有机结合；各专门委员会、各有关部门都要积极参与，在年度计划、工作部署、人员配备上对提案工作做出安排。

对于各提案承办单位来说，有一个保证质量的问题。各承办单位主要领导同志作为第一责任人，要加强对提案办理工作的指导，过问、参与提案办理。要严格把好办理质量关，重点提案要重点办理，扭转重答复、轻办理的倾向，确保提案办理任务按时限、高质量完成。要加强提案承办单位之间、提案承办单位内部有关处室之间的协作。要在人员配备、物质保障等方面，为提案工作提供必要的支持。

二、不辱使命，突出委员在提案工作中的主体地位

政协委员是政协工作的主体，自然也是政协提案工作的主体。要肩负起通过提案反映民意、集中民智、为经济社会发展建言献策的使命，与其主体地位相适应。

第一，责任要牢记。质量是提案工作的生命。提案质量的高低，决定着提案本身的价值，也反映了政协组织和政协委员参政议政的水平。所有提案者都要增强责任意识，充分发挥各自的优势，努力把提出高质量提案作为一项重要的基础性工作抓好，忠实履行职责。

第二，中心须围绕。要紧紧围绕党和国家的大政方针、省委省政府的中心工作和经济、政治、文化、社会生活中的重要问题，选择人民群众普遍关心的问题，撰写有分量的提案，提出可行性的建议，多建睿智之言，多献务实之策。

第三，调研应深入。提高提案质量，最基本的一环，就是要深入基层、深入群众、深入一线调查研究。可以说，调查研究的深度，决定着提案的高度，也决定着提案的力度。要注意选好题目，找准服务大局与发挥政协优势的结合点，着眼于实现好、维护好、发展好最广大人民群众的根本利益，广泛收集材料，吃透真实情况，解开问题症结。

第四，论证求周密。要注重对调研成果进行深化论证和提炼升华，做到去粗取精、去伪存真，使形成的提案有理有据、有效有用，为党和政府的决策提供重要参考。

三、改进作风，提高提案及提案办理工作实效

办理是提案工作的关键，直接关系到提案工作的成效。提案承办单位要将办理政协提案作为一项严肃的政治任务，作为接受群众民主监督、实现科学民主决策、改进自身工作的需要，优质高效地把提案办理好。

一要深入分析。每个承办单位对所办理的提案，既要整体分析、全面把握问题的实质，又要深入了解每件提案的提出背景和建议内容。

二要认真答复。针对提案内容，要遵照党和国家的大政方针，结合本部门工作和现实条件，实事求是地给予答复，并在完善决策、改进工作中，尽量吸纳提案的合理化建议。

三要兑现承诺。对于答复解决的，一定要抓紧落实；对于准备解决的，一定要制订方案，列出计划，明确办理时限；对于不能解决的，应主动向提案者说明原因，作出解释。

四要沟通协商。要把提案者满意作为基本要求，采取座谈、调研、走访、电话、信函等方式，主动加强与提案者沟通交流，实现“提”“办”双方良性互动，努力在沟通中加深理解，在协商中达成共识，在协作中解决问题，真正使提案办理成为充分协商、集思广益的过程，成为发扬民主、增进团结的过程，成为改进作风、推动工作的过程。

四、整合资源，形成推进提案工作的强大合力

提案内容涉及全局，办理工作牵动全局，吸纳落实促进全局，迫切需要整合各方面的资源，加强各方面的配合，一起参与，共同研究。

1. 提案委员会在提案工作中要注重职能发挥。提案委员会及其办公室是提案工作的专门机构，对全面提高提案工作水平负有重要职责。要强化服务意识，发扬优良传统，努力提高新形势下的服务能力和水平。要坚持“围绕中心、服务大局、提高质量、讲求实效”的提案工作方针，谋长远、议大事，求

质量、促发展，努力为提案者提出高质量提案、为承办者办理好各项提案，做好服务工作。要发挥好桥梁纽带作用，进一步加强同政协委员、各民主党派、工商联、人民团体、政协其他专委会、提案承办单位的联系与合作。要规范提案的征集、审查、立案、办理、督察、落实、反馈等环节，充分尊重提案者的民主权利，保护提案者通过提案参政议政的满腔热情，严格按照提案工作条例的规定，进一步规范程序，细化标准，争取多出精品提案。要妥善处理提案数量与质量的关系，既重视提案数量，更重视提案质量。要邀请部分委员参与重点提案的协商办理和专题调研。要适应新时期提案工作的需要，加强学习培训，提高提案工作人员素质，掌握政策，熟悉业务，力争成为提案工作的“在行家”“活字典”。

2. 政协各专门委员会在提案工作中要注重夯实基础。专委会工作是政协工作的重要基础，在提案工作中理应发挥基础性作用。既要善于将重要调研成果及时转化成提案，又要积极参与提案的分析研究和督促办理，通过提案了解和反映政协委员和人民群众关注的热点难点问题。各专委会要将调研工作与提案中反映的突出问题结合起来，将开展调研的过程与督促办理提案的过程结合起来，留意挖掘提案中有价值的意见和建议，使政协履行职能的日常工作更好地为党和政府的中心工作服务。

3. 党派团体在提案工作中要注重体现特色。各民主党派和有关人民团体是人民政协的重要组成部分，是提案工作的重要力量，具有组织优势和人才优势。要积极为各民主党派和有关人民团体通过提案履行职能创造条件，邀请各民主党派和有关人民团体参与提案的分析，参与重点提案的确定及督促办理，参与优秀提案和先进承办单位的评选，加强相互之间的交流与合作，发挥党派团体高质量提案的示范引领作用。

4. 界别在提案工作中要注重智力优势。界别是政协组织的鲜明特色和独特优势。省十届政协设置的28个界别，包括了我省各民主党派、各主要人民团体和社会各方面的代表人物。政协的每个界别都是党和政府联系群众的桥梁、团结各界的纽带。要积极探索在提案工作中发挥界别作用的有效方式和途径，把社会各界群众中分散的、个别的呼声汇聚成系统的、集中的意见和建议，形成界别提案，以便于党委政府了解民情、把握民意，协调关系、化解矛盾，理顺情绪、凝聚人心。

五、探索创新，为提案工作注入新的生机活力

创新是提案工作的永恒主题。提案工作必须顺应时代发展、社会进步的需要，适应新形势、新任务的要求，不断探索新思路、新方法，谋求新途径、新机制。

1. 与时俱进，创新提案工作机制。实践无止境，创新无穷期。多年来，各地政协适应提案工作的新要求，探索总结出许多有效做法和实践经验，值得我们认真总结推广。要继续坚持解放思想、实事求是、与时俱进，用创新思维丰富提案工作内容，拓展提案工作途径，完善提案工作机制，改进提案工作方式。只要对发挥提案的作用有利，只要对促进党和政府的工作有用，只要对维护人民群众的利益有益，就要大胆地尝试。只有这样，提案工作才能更具政协特色、更富时代气息、更为规范见效、更有发展活力。

2. 联系实际，加强提案理论研究。要认真研究新时期提案工作的规律和特点，以理论指导实践，以实践丰富理论。要把研究解决当前政协提案工作中出现的突出问题与建立长效机制紧密结合起来，通过理论创新推动提案工作创新。要将提案工作的理论研究纳入人民政协理论研究的范围，动员和吸纳专业研究机构和专家学者参与研究提案工作，壮大研究力量，拓宽研究领域，丰富研究内容。

3. 健全制度，推进提案“三化”建设。提案工作涉及面广、程序性强、环节多、要求高，需要一整套行之有效的规章制度来保证。要抓好现有规章制度的落实，维护其严肃性、权威性和延续性，切实规范提案工作各个环节的操作程序。要进一步完善提案的审查立案标准、重点提案的产生办法和办理规定、优秀提案和先进承办单位的评选表彰制度，建立健全在政协全体会议政治决议中一并体现提案工作报告审议情况的制度。要根据形势发展需要，适时修订《提案工作条例》，不断推进政协提案工作的制度化、规范化、程序化。

4. 搞好宣传，扩大提案社会影响。提案委员会要进一步加强与新闻媒体的合作，新闻部门要加大提案工作宣传力度，报刊、电台、电视台、网站等媒体要开辟经常性、互动性专栏，广泛宣传政协提案特别是重点提案的形成背景、办理过程和办理成效。要高度重视提案信息化建设，逐步做到在互联网上公开提案全文及办理复文，利用各单位互联网门户网站等网络资源，宣传提案办理过程中的生动事例和提案发挥的积极作用。通过广泛、深入、持久的宣传，唤起社会各界对政协提案及提案办理工作的关注、认知与支持，使提案工作既扩大社会影响又接受社会监督。

（2009年）

深入系统开展人民政协理论研究

今年是中华人民共和国成立60周年，也是人民政协成立60周年。60年来，在以毛泽东、邓小平、江泽民同志为核心的党的三代中央领导集体和以胡锦涛同志为总书记的中共中央正确领导下，人民政协与全国人民一道前进，与共和国一道成长，走过了光辉的历程，创造了不凡的业绩，为推进中国革命、建设和改革事业做出了重要贡献。在共和国和人民政协成立60周年的重要历史时刻，我们要认真学习胡锦涛总书记在庆祝人民政协成立60周年大会上的重要讲话精神，回顾人民政协与共和国同经风雨、共铸辉煌的伟大历程，总结坚持和完善中国共产党领导的多党合作和政治协商制度的宝贵经验，探讨新形势下人民政协工作的特点和规律，从而在中国特色社会主义政治发展道路上把人民政协事业不断推向前进。

一、深刻认识人民政协理论研究的重大意义

重视和加强理论研究，用科学的理论武装头脑、指导实践、推动工作，是中国共产党在长期的革命和建设中形成的宝贵经验。

（一）加强人民政协理论研究是推动社会主义民主政治建设的基础工程。发展社会主义民主政治是我们党始终不渝的奋斗目标。人民政协是我国政治体制的重要组成部分，在我国政治生活中具有不可替代的作用。党的十六大以来，党中央把人民政协工作纳入中国特色社会主义事业总体布局，强调坚持和完善中国共产党领导的多党合作和政治协商制度，加强和改进政协工作，是巩固党的执政地位、巩固社会主义政权、巩固爱国统一战线的必然要求，是发展社会主义民主政治的重要任务。在党的十七届二中全会上，胡锦涛总书记把

发展社会主义民主政治，走中国特色社会主义政治发展道路和进行政治体制改革联系在一起，集中阐述了我国现阶段社会主义民主政治建设的战略思想。强调要坚持中国特色社会主义政治发展道路，坚持党的领导、人民当家做主、依法治国有机统一，不断推进社会主义政治制度的自我完善和发展。在庆祝人民政协成立60周年大会上，胡锦涛总书记进一步指出："发展社会主义民主政治需要借鉴人类政治文明成果，但绝不照搬西方政治制度模式。"要从理论与实践的结合上，认真研究人民政协在我国政治体制和政治生活中的重要地位和作用，认真研究坚持社会主义政治制度的特点和优势，认真研究推进社会主义民主政治制度化、规范化、程序化，认真研究中国共产党与各民主党派在政协内部合作共事的工作原则和工作机制，认真研究发挥人民政协界别优势、通过政协这个民主渠道和政协委员这个载体扩大公民有序政治参与的有效措施和办法，认真研究新时期社会阶层构成的变化及其对统一战线和政协工作提出的新要求。只有这样，才能更好地坚持和完善人民政协这种民主形式，发挥政协在社会主义民主政治建设中的独特作用，增进参加政协的各党派、各团体、各民族、各阶层、各界人士对中国特色社会主义的政治认同与思想认同，不断增强走中国特色社会主义政治发展道路的自觉性和坚定性。

（二）加强人民政协理论研究是当前国际国内形势发展的迫切需要。当今世界正处于大发展、大变革、大调整之中，世界多极化、经济全球化深入发展，国际金融危机影响深远，我国外部经济环境中的不稳定、不确定因素和潜在风险增多。引发了人们对风行一时的新自由主义的广泛质疑。西方国家一些政治力量和社会力量也在反思经济社会发展的理念和模式，有的学者甚至提出当前全球范围内的危机，正是出现新经济系统，乃至出现未来新社会形态的前兆。以美国为代表的超高负债支撑超高消费的发展模式，已经难以为继。相反，中国特色社会主义正在显现出巨大的优越性和独特的魅力，科学发展、和谐发展的经济社会发展理念和模式，具有雄辩的真理性和生命力。提出"软实力"概念的著名学者约瑟夫·奈这样评价："中国的经济增长不仅使发展中国家获益巨大，中国的特殊发展模式包括特殊的民主方式也被一些发达国家称为可效仿的榜样，更重要的是将来，中国倡导的民主价值观、社会发展模式和对外政策，会进一步在世界公众中产生共鸣和影响力。"发展中国特色社会主义，要求我们以保证人民当家做主为根本，以增强党和国家活力、调动人民积极性为目标，扩大社会主义民主，建设社会主义法治国家，发展社会主义政治文明。在这个伟大实践中，人民政协应该也完全可以发挥更大作用。这就要求我们人民政协理论研究工作者，在复杂多变的国内外形势下，时刻保持高度的政治责任感，进一步增强政治鉴别力和政治敏感性，加强理论武装，以理论上的清醒保证政治上的坚定，努力开创人民政协理论研究工作的新局面。

（三）加强人民政协理论研究是推动新时期人民政协事业不断发展的必然要求。今年是人民政协成立60周年。人民政协60年来的发展历程，尤其是改革开放30年来的发展过程，实际上是一个着眼于新的时代、新的实践，不断推进制度创新、工作创新的过程，是一个以创造性的实践为基础，不断进行理论创新的过程。加强人民政协理论研究，深化对政协工作内在规律的认识，用科学理论指导工作实践，是在新的历史条件下与时俱进地做好政协工作，不断开创政协工作新局面的重要保证。胡锦涛总书记指出：“要大力加强人民政协理论研究工作，为人民政协事业更好地发展提供理论指导。”“要把思想理论建设摆在人民政协各项建设的首要位置，坚持用‘三个代表’重要思想武装头脑、指导实践、推动工作。”当前，我国已进入改革发展的关键时期，经济体制深刻变革，社会结构深刻变动，利益格局深刻调整，思想观念深刻变化，人民政协工作既面临前所未有的发展机遇，也面临许多新情况、新问题，这就要求我们必须从理论和实践的结合上，认真加以分析、研究和把握，对人民政协工作中的新实践、新创造、新经验作出新的理论概括，对实践中提出的全局性、深层次问题进行广泛深入的理性思考，认真总结人民政协工作的规律和特点，探索新形势下政协工作的新形式、新方法、新路子，通过对一系列重大理论和实践问题的深入研究，努力使人民政协履行职能的各项工作真正体现时代性，把握规律性，富于创造性。

二、系统点评人民政协理论研究的突破进展

人民政协理论是伴随着人民政协的诞生、发展而产生并完善起来的。60年来，以毛泽东、邓小平、江泽民同志为核心的党的三代中央领导集体和以胡锦涛同志为总书记的党中央，在不同历史时期都为创建和丰富人民政协理论做

出了重大贡献。尤其是十六大以来这七年，一代又一代的政协工作者包括关心人民政协事业的各界人士，都为人民政协理论倾注了自己的智慧，取得了突破性进展。

一是人民政协理论这一政治概念得到正式确认。长期以来，人们包括一些多年从事政协、统战工作的同志，对人民政协有无相对独立、自成体系的理论作指导这样一个问题存有争议。在2004年召开的纪念邓小平同志诞辰100周年暨邓小平关于人民政协理论研讨会上，贾庆林主席代表中共中央十分鲜明地指出："半个多世纪以来的实践证明，人民政协事业的创建和发展始终是在中国共产党创立的人民政协理论指引下前进的"，同时指出人民政协理论"是一个完整的科学的思想体系"。这是党中央第一次郑重作出的历史性结论，为人民政协有无理论的争论画上了句号。党中央首次正式确认"人民政协理论"这个政治概念、政治术语，正式确认人民政协理论对人民政协事业的指导地位，对于推动人民政协事业的长远发展具有里程碑式的意义。

二是中央领导集体的重要思想得到科学概括。60年来，中央三代领导集体关于人民政协的思想观点和重要论断，不仅系统地回答了人民政协的性质地位、指导思想、政治基础、主要职能、工作原则、活动方式、自身建设等一系列基本问题，而且有力指导了人民政协事业的不断发展，是名副其实的中国共产党创立的人民政协理论。在纪念邓小平同志诞辰100周年暨邓小平关于人民政协理论研讨会上，贾庆林主席首先对以邓小平同志为核心的党的第二代中央领导集体和以江泽民同志为核心的党的第三代中央领导集体关于人民政协理论的重要思想观点，分别以"邓八条"和"江八条"进行了科学概括，为深入研究中央领导集体关于人民政协的重要思想观点开了先河。此后，全国政协就以毛泽东、邓小平、江泽民、胡锦涛同志为代表的中国共产党人关于创建和发展人民政协的重大理论观点进行了概括，为后来《中共中央关于加强人民政协工作的意见》全面科学阐发中央领导集体关于人民政协的论述作了理论上的准备。

三是人民政协理论的科学思想体系得到系统阐述。人民政协理论是由历代中国共产党人同各党派、各团体和各族各界人士共同创建和发展起来的，是中国共产党人和中国人民政治智慧和实践经验的结晶。60年形成的人民政协理论的一系列基本观点是一脉相承、与时俱进、相互贯通的，因而这一系列基本观点之间存在着必然的内在逻辑关系，把这些逻辑关系进行科学梳理、归纳、概括，正是人民政协理论工作的任务。在中央大力推进人民政协理论研究的大背景下，作为中央政治局常委、全国政协主席的贾庆林同志，率先作了这方面的概括。在2006年底召开的中国人民政协理论研究会成立暨第一次理论研讨会上，他明确提出“人民政协理论是内容丰富、结构完整、相互贯通的科学思想体系”，首次阐述了人民政协理论的基本框架和科学体系。

四是人民政协若干重大理论观点得到创新突破。十六大以来，在党中央的关怀和推动下，人民政协的实践创新、制度创新、理论创新都有很大发展。这期间的创新应当首推理论创新的引领作用，具体表现在若干重大理论观点有了新的突破。如关于坚持中国共产党对人民政协的领导问题，关于人民政协的“三大理论基石”问题，关于人民政协作为协商民主的重要载体和形式问题，关于人民政协的基本性质及科学定位问题，关于人民政协履行职能的定性问题，关于人民政协“四位一体”的自身建设问题等，这些问题在《中共中央关于加强人民政协工作的意见》中都给予了明确阐述，为人民政协事业的发展提供了坚实的理论支撑。十六大以来，类似这些方面的新提法、新概括、新要求还有不少，充分显示了人民政协理论研究的蓬勃生机和丰硕成果。

在点评人民政协理论研究取得重大突破性进展的同时，我们也应该清醒地看到，同党和人民的要求相比，同政协工作以及我国民主政治建设的需要相比，人民政协理论研究还有相当大的差距。比如：对人民政协理论研究重要性的认识尚未到位、人民政协理论在哲学社会科学领域还处于比较薄弱的位置、人民政协理论研究滞后于政协工作实践、人民政协理论研究力量不够强等。这些问题都需要我们在今后的工作中加以强化、改进和完善。

三、准确把握人民政协理论研究的基本原则

人民政协理论是一门综合性的科学理论体系，是一门具有高度实践性的社会科学。人民政协理论研究是一项政治性、政策性、科学性、社会性很强的工作。它既继承前人，又启迪后人；既立足国情，又放眼世界；既源于实践，又指导实践。开展人民政协理论与实践研究，是一项长期性、全局性、系统性

的重要任务，至少有以下几个原则需准确把握：

一是必须把坚持正确政治方向作为开展人民政协理论研究的根本前提。开展人民政协理论研究，必须始终保持政治上的坚定和理论上的清醒。要坚持党的基本理论、基本路线、基本纲领、基本经验不动摇，坚决抵制和反对任何形式的否定和偏离马克思主义指导思想的错误倾向。要坚持走中国特色社会主义政治发展道路，借鉴人类政治文明的有益成果，绝不照搬西方的两党制、多党制、两院制和三权鼎立的政治制度模式。要全面贯彻落实科学发展观，坚持实事求是的思想路线，坚持马克思主义的世界观和方法论，确保人民政协理论研究建立在科学先进的思想基础之上，始终沿着正确的方向前进。

二是必须把弘扬求真务实学风作为开展人民政协理论研究的重要根基。实践是理论发展的动力，是检验理论的标准，也是理论研究的最终目的。我们必须始终坚持理论联系实际，贴近政协工作实际，注重对现实问题的理论思考，密切跟踪新的实践和新的发展，从理论和实践的结合上正确回答我们工作中面临的新问题，提高对政协工作规律的认识和把握能力。要认真总结各级政协在实践中探索与创造出来的新鲜经验，把被实践证明是成熟的、具有普遍意义的经验，进行提炼、概括，上升到理论的高度，运用到实际工作中并继续接受实践的检验。要加强调查研究，完善调查研究工作的机制和方法，深入基层，深入群众，掌握第一手材料，认真分析研究事物的内在联系。要发扬学术民主，活跃学术思想，努力营造认真研究、民主讨论、积极探索和求真务实的氛围。

三是必须把关注重大现实问题作为开展人民政协理论研究的着力重点。贾庆林主席在中国人民政协理论研究会成立大会暨首次理论研讨会上，明确提出了人民政协理论研究应重点关注的十一个方面的内容，这些都是人民政协事业面临的重大现实问题，也是我们开展人民政协理论研究的重点。我们要把研究方向向这些重点聚焦，把研究力量向这些重点集中，力争坚持和完善中国共产党领导的多党合作和政治协商制度，推进社会主义民主政治建设，切实有效地履行政治协商、民主监督、参政议政三大职能；发挥人民政协协调关系、汇集力量、建言献策、服务大局的作用，为促进社会和谐稳定和推进祖国统一贡献力量；进一步促进党派合作、突出界别特色、发挥委员主体作用和加强机关建设，推进履行职能制度化、规范化、程序化等方面，取得更多的研究成果。

四是必须把推进理论创新发展作为开展人民政协理论研究的神圣使命。要坚持解放思想、实事求是的思想路线，认真总结60年来，尤其是改革开放30年来人民政协工作的宝贵经验，用发展的眼光和创新的精神推动理论研究工作的开展。要适应新时期、新形势、新任务对政协工作提出的新要求，通过加强理论研究，对政协履行职能的方式、方法进行大胆创新，推动政协工作在继承中发展，在开拓中前进。要紧紧把握时代脉搏，不断更新思想观念，努力用新思维、新眼光来审视政协工作，推动人民政协理论研究工作始终保持生机与活力。

五是必须把加快研究成果转化作为开展人民政协理论研究的不懈追求。理论的生命力在于实践，理论研究的目的在于应用。人民政协理论只有被运用到人民政协事业的伟大实践中去，才能产生巨大的力量。要自觉运用理论成果指导工作实践，坚持用科学理论分析和解决实际问题，用共同创造的经验推动工作，不断提高履行职能的水平。要及时把理论研究成果转化为有关制度和规定，把经过综合提炼获得的经验和做法用制度的形式固定下来，使之成为共同遵守的规章和准则。本次研讨会上大家提出的一系列观点和认识，对于我们进一步搞好工作具有重要的启发和借鉴作用，省政协办公厅和研究室要认真分析、归纳整理、概括升华、宣传推广这些成果，使之发挥应有的作用。

四、积极搭建人民政协理论研究的广阔平台

河南省人民政协理论研究会是在河南省政协领导下从事人民政协理论研究和宣传的学术性社会团体，其职责是开展人民政协理论和实践的研究，推进河南省人民政协事业的发展，为加强人民政协理论建设、引领人民政协理论研究搭建平台。希望研究会认清肩负的重大责任，切实加强自身建设，不断提高研究能力和水平，把人民政协理论研究工作开展得有声有色。

一要搞好课题规划。研究会要坚持以我们正在做的事情为中心，确立好人民政协理论研究的课题配置。要坚持更加开放、更加普及、更加科学的方针，把基础理论研究与应用研究结合起来，把中国特色研究与国外比较研究结合起来。要广泛采用和吸收马克思主义政治学、社会学、哲学等多学科研究视角和研究成果，真正让人民政协理论成为开放的多学科综合的科学体系，扩大人民

政协理论研究的参与面，提升人民政协理论研究的影响力，改变人民政协理论研究“自拉自唱”的状况。

二要整合研究力量。研究会要把发现人才、组织人才、培养人才作为重要职责和重要工作，在组织和培养政协系统的实际工作者和理论工作者的同时，广泛吸引社会科学领域诸多学科的专家学者，把他们中有志向、有能力从事人民政协理论研究的人尽可能吸收到研究会中。要邀请致力于人民政协理论研究的专家学者列席政协的有关会议，参加政协的有关活动，不断增进他们对人民政协的认知认同。

三要重视对外宣传。研究会要按照《中共中央关于加强人民政协工作的意见》要求，积极配合各级党委大力推动关于人民政协的理论研究、宣传和教育工作，认真协助各级党校、行政学院、干部学院、社会主义学院把人民政协理论列入教学计划。要进一步加强与新闻媒体的联系，主动向他们提供研究活动信息，通报研究进展情况，为媒体宣传报道研究工作进展和研究成果创造条件、提供便利。要通过办好《协商论坛》、编辑论文集等形式，展示和推广人民政协理论研究的最新成果，扩大人民政协的社会影响。

四要加强自身建设。要按照研究会章程的规定，完善工作机制，细化工作程序，促进各项工作有序高效地运转。要从制度机制上，保证研究会工作与政协履行职能的各项工作紧密契合，融为一体。各市政协组织之间也可以通过研究会这个平台，加强彼此之间的信息共享、成果交流，通过共同课题的联合攻关以及相关课题、上下游课题的串联论证，逐渐形成以规划为蓝图、以课题为纽带、全省一盘棋的人民政协理论研究工作合作机制。

（2009年）

论政协新闻宣传工作

这次全省政协新闻宣传工作座谈会的主要任务是，深入学习贯彻中共十七届四中全会精神和胡锦涛总书记在庆祝人民政协成立60周年大会上的重要讲话精神，贯彻落实省委书记徐光春同志在河南省庆祝人民政协成立60周年座谈会上的重要讲话和全国政协新闻宣传工作座谈会精神，总结交流我省政协新闻宣传工作的经验，研究进一步加强全省政协新闻宣传工作的新思路和新举措。这次会议的召开，必将对进一步做好政协新闻宣传工作，为人民政协履行职能营造更为良好的舆论氛围起到重要作用。现对近年来我省政协新闻宣传工作作一回顾，对深入贯彻落实《中共中央关于加强人民政协工作的意见》和省委的《实施意见》，对贯彻落实胡锦涛总书记和徐光春书记的重要讲话精神，卓有成效地做好我省政协新闻宣传工作，谈几点看法。

一、宣传形式多样，工作富有成效，全省政协新闻宣传在服务工作大局中发挥了重要作用

近年来，省政协切实把新闻宣传工作摆在政协全局工作的重要位置，努力探索和把握新形势下政协新闻宣传工作的特点和规律，在搞好重点工作宣传的同时，加强了对经常性工作的宣传；在注重利用省内媒体宣传的同时，加强了在省外媒体特别是中央媒体上的宣传；在注重运用传统媒体宣传的同时，加强了在网络等新兴媒体上的宣传。九届、十届政协以来，共在省级以上新闻媒体刊发稿件3000多篇（条），展示了人民政协履行三项职能取得的成就，在推进我省经济建设、政治建设、文化建设、社会建设和生态文明建设等方面做出了贡献，扩大了人民政协的社会影响，推动了政协事业的健康发展。我省政协

的新闻宣传工作得到了全国政协的充分肯定，在2007年召开的全国政协新闻宣传工作座谈会上作了大会发言。

1. 政协新闻宣传工作日益受到重视和支持。中共河南省委对省政协新闻宣传工作高度重视，大力支持。在2006年制订下发的《中共河南省委贯彻〈中共中央关于加强人民政协工作的意见〉的实施意见》中，明确要求把人民政协的宣传工作列入党委宣传工作的重要内容，大力宣传中国共产党领导的多党合作和政治协商制度，宣传人民政协的性质、地位和作用，宣传各级政协组织履行职能的情况，在全党、全社会进一步形成重视和支持人民政协工作的良好氛围。省委宣传部对每年的省政协全会和省政协举办的各项重大活动都制订宣传报道方案，要求各主要新闻单位增加对政协工作的宣传力量，加强组织领导，加大宣传力度。各新闻单位派出精兵强将承担政协会议、重要活动和经常性工作的宣传报道任务，发表了大量稿件。省政协党组经常听取宣传工作汇报，给宣传工作出题目、提要求。省政协办公厅及时解决新闻宣传工作中的实际困难，选配了得力人员，配备了摄制设备。省政协的新闻宣传工作迈上了一个新台阶。

2. 政协新闻宣传工作重点突出亮点频现。一是系列活动立体宣传。在庆祝人民政协成立60周年之际，省政协举办了系列活动，包括庆祝人民政协成立60周年座谈会、辉煌之路——庆祝人民政协成立60周年成就展、庆祝人民政协成立60周年理论研讨会、庆祝人民政协成立60周年书画展等，省政协办公厅与省委宣传部密切配合，及时召开媒体通气会，制订宣传报道方案，各家媒体分别开设了专题专栏，明确专人采写和编排相关内容。如《河南日报》先后以“风雨同舟谱华章”“议政建言助推和谐发展”“17435件提案情系国计民生”“社情民意成党政决策重要参考”“重大活动精彩纷呈”“为港澳台侨人士贡献力量铺路搭桥”“存史资政团结育人”“注重团结联谊”“多献务实之策”等为题，连续推出九篇专题报道。其他媒体也在专栏专题中全面回顾了人民政协60年来所走过的光辉历程和取得的重要成就。一段时间里，平面媒体、影视媒体、网络媒体，使用多种方法和表现形式，活动持续时间长，刊播内容多，影响层面宽，收到了全方位、立体式的宣传效果。二是重大活动集中宣传。对省政协连续四年成功主办的黄帝故里拜祖大典、四届豫商大会、四届国际河洛文化研讨会、中原文化宝岛行、海峡两岸河洛文化论坛等重大活动，都制订宣传方案，明确宣传重点，进行集中宣传报道，力求产生轰动效应。黄帝故里拜祖大典邀请包括新华社、《人民日报》、《经济日报》、《光明日报》、中央人民广播电台、中央电视台等中央新闻单位在内的400多家媒体1500多名记者，多层次、多角度、多形式地对拜祖大典进行了全方位的宣传报道。中央电视台连续四年对拜祖大典进行了现场直播。活动的成功举办和集中宣传，为河南经济社会发展带来了人气、增加了名气、聚集了商气、增添了财气，大大提升了河南在海内外的知名度、美誉度。通过对豫商大会的宣传报道，营造了社会各界重视豫商、关心豫商的浓厚氛围，激发了广大豫商回报桑梓、造福家乡的满腔热忱，使豫商大会成为团结广大豫商的一面旗帜、凝聚发展力量的一支号角、引资引智的宽广平台、促进中原崛起的重要渠道。我们组织的“中原文化宝岛行”活动，通过媒体热播特别是海峡两岸暨香港、澳门媒体的烘托渲染，弘扬了博大精深的中原文化，增强了台湾民众对“根在中原”的高度认同，促进了两地文化艺术的交流，扩大了中原文化在台湾的吸引力、辐射力，增进了两岸人民的互信共识，产生了广泛的反响。三是专项活动重点宣传。如我们协调中央和省级新闻媒体对中部崛起联合调研活动进行了全过程报道；在河南电视台举办了“中部崛起高端论坛”，邀请省委书记徐光春、交通部副部长黄先耀、中央政策研究室副主任郑新立等七位党政领导和专家学者先后主讲。随后又结集出版了《崛起：中部的呼唤》一书，汇集了促进中部崛起联合调研成果。通过一系列的宣传造势，促进了中央促进中部地区崛起战略决策的出台。在河洛文化的研究与宣传方面，我们开通了河洛文化研究网站，在《光明日报》上发表了《河洛文化：连结海峡两岸的纽带》等长篇研究报告，出版了《河图洛书探秘》《中原移民简史》《河洛文化与汉民族散论》等专著，并邀请新华社、香港《大公报》对此项活动进行了采访报道。四是经常性工作及时宣传。围绕政协的经常性工作，如政协全会、常委会议、主席会议以及视察、调研、社情民意信息、文史资料征集等工作，组织进行经常性的宣传报道。一年一度的“两会”，都制订详细的报道计划，各家媒体除进行程序性的报道之外，还发挥各自优势，搞委员专访、议政综述、热点追踪、话题评析、政策解读等，对委员履行职责、议政建言进行深度报道，每年的发稿量都在500篇

（条）左右。省政协每年组织的重大视察调研活动，都安排主要新闻单位随团采访报道。伴随日常宣传力度的不断加大，“两会宣传热热闹闹、平时宣传冷冷清清”的现象已有所改观，初步形成了“常流水，不断线，关键时候出亮点”的局面。五是展览展示持续宣传。今年是人民政协成立60周年，为集中展示人民政协所走过的风雨历程，省政协举办了“辉煌之路——庆祝人民政协成立60周年成就展”，对1949年以来的60年间从各个方面挖掘搜集到的300多张图片进行了认真归纳、分类和编排。其中有些是鲜为人知的照片资料，有些是颇为翔实的历史档案，通过照片搜寻珍贵的历史记忆，展示那些永久珍藏的历史瞬间，真实再现了人民政协60年的光辉历程，回放了人民政协所走过的极不平凡、洒满阳光的辉煌之路。展览一直持续至今，前来参观的人员仍然络绎不绝。还以省政协书画院为依托，举办书画展，组织书法家、美术家和全省政协系统的书画爱好者，用高雅的艺术手法，赞美祖国的繁荣富强，表现人民政协的履职尽责。

3. 政协新闻宣传工作形式多样手段多元。省政协在总结以往经验的基础上，与时俱进，锐意创新，努力扩大宣传工作阵地，丰富宣传工作方法。一是“请进来”。《中共中央关于加强人民政协工作的意见》下发后，为了宣传我省学习贯彻《意见》的情况，我们及时请示全国政协出面，组织中央新闻单位采访团赴豫采访。由《人民日报》、新华社、《人民政协报》、《香港文汇报》、《大公报》等18家媒体组成的采访团，深入我省郑州、开封、洛阳、焦作、安阳等地，进行了为期10天的采访，发表各类稿件90多篇。二是“走出去”。改革开放以来，已有百万豫商在海内外创业有成。为了加快豫商的发展，促进豫商为中原崛起贡献力量，我们策划实施了对豫商事迹的系列采访活动，组织了有《河南日报》、河南电视台等11家省市主要新闻媒体参加的新豫商采访团，用了8个月的时间，对广东、北京、新疆等10个省、市、区的豫商进行了系列采访报道，共发表各类稿件150余篇，集中展示了新一代豫商的创业风采，并汇集出版了《走进新豫商》一书，弘扬了豫商文化，促进了豫商发展，树立了河南人聪明、勤劳、诚信的良好形象。三是重视运用网络媒体。开通了河南省政协网站，加强了与其他网站的联系和链接，重要活动及时邀请网络人员参加，为他们采写新闻提供方便，网络宣传不断增多。今年的拜祖大典，就有人民网、新华网、新浪、搜狐、大河网、河南文化产业网等全国102家重点新闻网站和知名商业网站进行了网络视频直播。

在肯定成绩的同时，我们也要清醒地看到，与人民政协事业发展的新形势相比，与中央和省委对政协工作的新要求相比，我省政协新闻宣传工作还存在不少亟待改进的地方。总体上看，政协新闻宣传力度还不够大，层面还不够深，形式还不够活，精品还不够多。主要表现在：一是宣传形式仍显呆板，宣传内容比较单一。规定性、程序性的报道多，有深度、有特色的报道相对较少。反映政协组织和政协委员参政议政、履职为民的生动事例还有待深入挖掘。二是日常宣传仍显薄弱，缺乏整体策划，还未在《河南日报》等省主要媒体上开辟专版专栏。日常报道少，政协委员履职活动报道少。三是政协新闻宣传力量仍显单薄。各地政协新闻宣传工作开展得还不平衡，有的认识还不到位，效果不够理想。四是政协新闻宣传的协调仍显乏力。省政协与市县政协之间、政协与新闻媒体之间的联系和合作还需进一步加强。以上问题应引起我们的高度重视，在今后的工作中认真研究解决。

二、把握正确导向，创新方式方法，凝聚全省政协新闻宣传工作的整体合力

做好新时期人民政协新闻宣传工作，必须把握正确的舆论导向，坚持党性原则，创新方式方法，最大限度地使用各种媒体资源，形成宣传人民政协的整体合力。

1. 坚持党性原则，把握正确导向。坚持正确的舆论导向，是政协新闻宣传工作的生命线。人民政协的性质、地位、作用以及特殊的组织构成，决定了政协新闻宣传工作极强的政治性和政策性。要做到“三个坚持”和“三个多宣传”。即坚持党性原则，坚持服务人民的原则，坚持团结稳定鼓劲、正面宣传为主的原则；多宣传人民政协的性质、地位、特点、优势和团结民主和谐的内部关系，多宣传人民政协在经济建设、政治建设、文化建设、社会建设和生态文明建设中的重要作用和积极贡献，多宣传各级政协委员履行职责、建言献策的典型事例，从不同侧面展示他们的精神风貌。政协新闻宣传工作者要增强政治敏锐性和政治鉴别力，严格宣传纪律，在重大问题、敏感问题、热点问题上把好关、掌好度。

2. 体现政协特色，深挖新闻资源。政协宣传工作既要服从党对宣传工作的总体要求，又要体现人民政协的鲜明特色。注重体现统一战线特色，高举爱国主义、社会主义两面旗帜，把增进团结、凝聚力量、维护稳定贯穿于政协宣传工作的全过程，努力促进各方面关系的和谐；注重体现民主协商特色，大力宣传党和政府把政治协商纳入决策程序、完善民主监督机制、实行科学民主决策的情况，宣传各党派团体和各族各界人士在政协组织中相互尊重、求同存异、共商国是的生动实践；注重体现界别构成特色，大力宣传人民政协根据界别开展活动的情况，宣传人民政协通过界别渠道反映社情民意、促进团结稳定的成功经验。注重体现人才荟萃特色，大力宣传政协委员在各条战线的出色表现和特殊贡献，宣传他们为民履职、关注民生、致力发展的先进事迹。更新宣传观念，改进宣传手段，丰富宣传内容，深入挖掘政协丰富的议政资源、统战资源、民意资源和文史资源，努力使政协新闻宣传工作更好地体现时代性、把握规律性、富有创造性，不断提高政协宣传的覆盖面和影响力。

3. 创新方式方法，实现良性互动。要加强与党委宣传部门的联系沟通，积极主动地协助党委宣传部门，把政协新闻宣传纳入党委宣传工作全局进行统一部署，悉心做好服务配合工作。要参照《人民日报》《光明日报》的成功做法，尽快商定与《河南日报》联合开办专版，与河南人民广播电台、河南电视台联合开办专题节目事宜。《大河报》《东方今报》《河南商报》、大河网等，也应开设相应的专题、专栏，扩大对人民政协工作的深度宣传，让全社会更多地了解政协，为政协发挥作用营造浓厚的舆论环境。政协负责新闻宣传工作的同志要和新闻单位保持热线联系，共同研究改进政协新闻宣传的有效方法，积极提供报道线索，一起策划宣传报道题目，精心安排采访报道活动，努力为新闻单位做好政协新闻宣传创造便利条件。政协各专门委员会要进一步增强宣传工作的主动性，改变“宣传是宣传部门自己的事”的片面认识，积极主动提供宣传报道素材，草拟新闻稿件。要建立健全激励机制，开展“人民政协好新闻”“政协新闻宣传工作先进集体、先进个人”评选表彰活动。要通过不断的工作创新，调动一切积极因素，形成“报纸上经常有文字、电视上经常有图像、电台里经常有声音、网络里经常有信息”的政协新闻宣传报道工作立体化格局。

4. 依托系统刊物，加强阵地建设。一要用好全国性报刊。《人民日报》每周二的“议政建言”专版、《光明日报》的“国是”专版，为人民政协宣传工作搭建了高层平台，要力争使河南政协系统的工作在这些专版上有展示的机会。《人民政协报》《中国政协》和《纵横》杂志，是全国政协系统的权威报刊杂志，也是宣传政协工作、交流参政经验、展示委员形象、反映履职成果的重要平台。河南政协系统的工作在全国影响如何，这几家报纸杂志就是众目关注的窗口。我们一定要充分认识使用系统报刊的重要性，在提供新闻信息、撰写相关稿件、组织报刊征订、引导委员阅读和利用上给予高度重视，将平台用好，将窗口擦亮。二要办好《协商论坛》杂志。《协商论坛》是公开发行的省政协机关刊物，要牢固树立“为政协委员服务、为政协机关服务、为政协工作者服务、为推进人民政协事业服务”的宗旨，努力把《协商论坛》办成全省各级政协组织、广大政协委员、政协工作者交流工作经验、进行理论研究、学习新知、扩大视野的良师益友，办成在全省乃至全国政协系统有较大影响的刊物。要始终坚持正确的政治方向，严格遵守新闻宣传工作纪律，立足政协、服务统战、面向社会，积极宣传人民政协履行职能的新实践、新进展、新成就、新经验。要遵循办刊规律，体现政协特点，扩大信息量，增强可读性，不断提高杂志质量和水平。要努力培养造就一支讲政治、懂业务的高素质采编队伍，并做好发行工作，使其产生更好的社会效益和经济效益。三要加强门户网站建设。当前，网络已成为不容置疑的第四大媒体，是党和政府倾听民意、关注民生的重要途径。今年全国“两会”期间，网上征民意、网上答问题、网民与“两会”互动，呈现出一派会内会外共同参政议政的新景象。要下力气办好我们自己的门户网站，理顺管理体制，配强网络人员，强化维护管理。要及时发布信息，定期更新内容，不断充实资料，使网站内容更加贴近实际、贴近生活、贴近委员、贴近群众。要把政协门户网站建成我省政协工作者开展工作的有益帮手，参政议政的重要参考，收集社情民意的重要载体，了解社会的重要窗口。

5. 注重总结经验，虚心学习借鉴。从大会发言和书面交流材料看，各地在政协新闻宣传工作中，有不少新招实招，理出了许多鲜活的政协新闻宣传经验，涌现了许多成功的宣传案例。如郑州市政协与市广播电台、市电视台联办“我为郑州发展献良策”“周末面对面”谈话节目的做法；洛阳市政协突出宣传各级党委、政府重视支持政协工作的新思路、新经验，突出宣传各级政协认真履行职能的新实践、新成就，突出宣传各界政协委员参政议政建功立业的新风采、新贡献的经验；安阳市政协着力对市委、市政府重视支持政协履行职能的宣传报道，着力对政协重要工作、重要会议的宣传报道，着力对政协委员先进事迹的宣传报道，把宣传工作做得“高潮迭起，亮点频现”，五年间就在中央和省级新闻媒体上先后发表政协工作稿件280余篇的业绩；焦作市政协按照“保数量、上大报、争大稿、上头条”的指导思想，刊发了大量有分量、有特色、有导向作用的新闻稿件的举措；等等，都值得大家学习借鉴。《人民政协报》河南记者站立足河南，对住豫全国政协委员、我省各级政协组织和政协委员履职尽责的情况，在《人民政协报》这个有重要影响的全国性媒体上进行了全面展示，受到了社会各方面的广泛赞誉，希望保持和发展这一喜人势头，再接再厉，将河南的新亮点、闪光点、兴奋点酣畅淋漓地展现给世人。

三、统一思想认识，加强组织领导，开创全省政协新闻宣传工作新局面

胡锦涛总书记在庆祝人民政协成立60周年大会上指出，要广泛宣传中国共产党领导的多党合作和政治协商制度，宣传人民政协性质、地位、作用以及人民政协履行职能情况，形成有利于人民政协事业发展的良好社会氛围。省委书记徐光春同志在河南省庆祝人民政协成立60周年座谈会上强调，要充分利用广播、电视、报纸、网络等各种媒体，积极宣传政协工作。我们要深刻领会胡锦涛总书记和徐光春书记的重要讲话精神，提高对政协新闻宣传重要意义的认识，加强领导，完善机制，强化措施，努力开创政协新闻宣传工作新局面。

1. 重视程度要再提高。人民政协的新闻宣传工作是党的宣传思想工作的重要组成部分。为省委、省政府中心工作服务，是政协新闻宣传工作义不容辞的责任。做好政协新闻宣传工作，有利于人民政协围绕团结和民主两大主题履行职能，推进政治协商、民主监督、参政议政制度建设，发挥协调关系、汇聚力量、建言献策、服务大局的重要作用；有利于充分展示广大政协委员敬业奉献、履行使命的精神风貌，调动广大政协委员的积极性、主动性和创造性；有

利于全社会更好地了解人民政协，关心人民政协，形成全党全社会重视和支持人民政协发挥作用的良好氛围。全省各级政协组织、政协各参加单位和各新闻媒体，都要充分认识政协新闻宣传工作的重大意义，把胡锦涛总书记和徐光春书记的重要讲话落到实处。

2. 工作机制要再完善。适应新形势、新任务对政协新闻宣传工作提出的新要求，必须建立健全政协新闻宣传工作的新体制和新机制。省政协要按照全国政协的要求，制定印发《关于加强和改进政协新闻宣传工作的意见》，或贯彻落实全国政协《关于加强和改进新闻宣传工作的意见》、全国政协办公厅《关于进一步加强和改进新闻宣传工作的若干意见》的《实施意见》。在领导机制方面，各级政协组织要把新闻宣传工作列入重要工作日程，研究探索政协新闻宣传工作新机制、新思路，主要领导要亲自抓，分管领导要具体抓。要学习研究新闻理论，掌握传播规律，强化与媒体的沟通。要坚决克服新闻宣传工作可有可无的思想、被动应付的思想，以现代管理的眼光看待新闻宣传，舍得投入、加大投入，保证有专门机构、专门人员、专门经费。政协工作越活跃，新闻宣传工作任务就越多、责任就越重，从事政协新闻宣传工作的同志往往不分白天黑夜，牺牲节假日，起草新闻稿件，协调编辑记者，工作任劳任怨，所以，要更多地关心他们的生活和工作、成长和进步，为他们创造良好的工作条件和学习机会，不断提高他们的政治理论素养和业务能力。在健全制度方面，要加大力度建立健全与党委新闻宣传部门和新闻单位的工作联系机制，共同策划重大宣传主题；建立健全政协新闻发布、审读阅评制度，推动政协新闻宣传规范化、制度化建设；建立和完善政协机关新闻联络员制度，鼓励政协系统的同志们拿起笔来，踊跃参与新闻宣传工作。在新闻资源方面，人民政协具有丰富的议政资源、统战资源、民意资源和文史资源，是政协新闻宣传的富矿。好的矿藏，需要敏锐的探矿人、先进的冶炼技术和良好的工厂车间；政协新闻资源，需要优秀的记者和权威的媒体进行深度采访与编辑加工。要以更加开阔的视野、更加广阔的舞台、更加立体的空间，把政协新闻资源发掘好、利用好。

3. 工作措施要再强化。做好人民政协的新闻宣传工作，思想重视是基础，建立机制是保障，措施落实是关键。一是重点宣传要做大。这些年我们主办的黄帝故里拜祖大典、豫商大会、河洛文化研讨会、中原文化宝岛行等，吸引了读者眼球，引起了媒体热捧。重大活动有赖于强势宣传和细密策划。宣传工作是一门科学，也是一门艺术，成功的宣传必定是丰富内容与灵活形式的有机统一,一个好的宣传创意和策划，可以使具有新闻价值的宣传素材效果倍增。一定要增强策划意识，对重大活动进行策划包装，敲明叫响，做大做强。二是宣传平台要强大。要增强新闻宣传工作的计划性，将其与政协各项工作统筹安排、整体推进。要充分考虑当前社会公众信息渠道的多样化，充分加强与传统媒体和新兴媒体的全面合作，使宣传效果覆盖到不同的人群。要充分考虑不同宣传方式的功能，充分运用新闻报道、论坛、访谈、社会公益活动等，重点宣传各级党委、政府重视和支持政协工作的经验和做法，全方位地展示各级政协组织履行职能的情况和成效，宣传政协委员立足平凡岗位建功立业的先进事迹和独特贡献。三是宣传队伍要壮大。做好新闻宣传工作，关键在队伍、在人才。要大力加强新闻宣传队伍建设，把思想政治坚定、组织能力突出、熟悉新闻宣传业务的优秀人才充实到新闻宣传队伍中来，建立相应的考核、交流、培养、培训制度，严格要求，严格管理，努力建设一支高素质的专兼结合的新闻宣传队伍。

（2009年）

在新起点上全面推进政协工作

以庆祝人民政协成立60周年为标志，意味着人民政协事业的发展已经站在一个新的历史起点上。要主动顺应科学发展新要求和全省人民新期盼，深入研究人民政协事业面临的新情况新问题，努力探索做好新形势下人民政协工作的新途径新举措，按照重在持续、重在提升、重在统筹、重在为民的要求，助推全省经济建设、政治建设、文化建设、社会建设和生态文明建设，自觉做到、努力实现以下几个“紧密结合”：

一要实现坚持党的领导与创造性开展工作的紧密结合。坚持中国共产党的领导，是参加政协的各党派、各团体和各族各界人士的共同意志，是人民政协在我国政治生活中发挥作用的根本保证，也是我国社会主义民主区别于西方议会民主的重要标志。要始终坚持党对政协工作的领导，坚定不移地在政治上、思想上、行动上与中共中央和省委保持高度一致，保证政协的各项工作沿着正确的政治方向前进。要坚决贯彻中共中央和省委的各项决策部署，坚持重要事项、重要活动、重要问题及时向省委请示、汇报，确保党的路线方针政策在政协的各项工作中得到贯彻落实。要依照法律和政协章程，认真负责地履行职能，创造性地开展工作，努力使政协工作更加体现基本政治制度的特色，更加体现河南政协自身的特色，更加体现大有作为的特色，更加体现注重实效的特色。

二要实现履行职能与服务大局的紧密结合。围绕中心、服务大局，是人民政协履行职能、开展工作必须遵循的基本原则，是人民政协事业不断进步的必然要求。全省各级政协组织和广大政协委员，只有把自己的各项履职活动与党委政府的中心工作紧密结合起来，才能参政参到关键处，议政议到点子上。

要切实把助推科学发展作为履行职能的第一要务，把关注民生、促进和谐作为义不容辞的重要职责，紧紧抓住关系改革发展稳定全局的重大问题，认真组织政治协商，扎实推进民主监督，深入开展参政议政，充分发挥协调关系、汇聚力量、建言献策、服务大局的重要作用，为促进经济社会又好又快发展多建有用之言，多献务实之策。

三要实现继承优良传统与勇于改革创新的紧密结合。继承传统与改革创新相辅相成、辩证统一。离开了改革创新，传统就会缺乏生机与活力；离开了对优良传统的继承，改革创新也就失去了坚实的根基。人民政协在长期实践中形成和发展起来的重视学习、平等协商、求同存异、合作共事、善谏诤言、心系民生等一系列优良传统，集中体现了人民政协的特色和优势。我们要深入挖掘、认真总结、广泛宣传、大力弘扬人民政协的优良传统，使之成为推动政协事业前进的强大精神动力。同时，要坚持解放思想、实事求是、与时俱进，不断探索政协工作新方法，拓展履行职能新领域。要高度重视人民政协理论创新，推动将人民政协理论研究纳入马克思主义理论研究和建设工程，纳入全省哲学社会科学总体发展规划，纳入省委党校、行政学院、社会主义学院教学内容，以理论创新促进制度创新、工作创新和载体创新，使人民政协事业始终保持勃勃生机。

四要实现巩固共同思想基础与增强学习成效的紧密结合。当今世界，各种思想文化相互激荡，人们思想活动的独立性、选择性、多变性、差异性不断增强。要紧密联系国际国内形势的发展变化，联系实现中原崛起的现实需要，联系全省政协工作的生动实践，联系自身世界观和人生观的改造，坚持不懈地用马克思主义中国化的最新成果武装头脑，用社会主义核心价值体系引领思潮，大力弘扬以爱国主义为核心的民族精神和以改革创新为核心的时代精神，发扬光大在中原大地上孕育形成的愚公移山精神、红旗渠精神和焦裕禄精神，培养高尚道德情操，陶冶健康生活情趣，保持昂扬精神状态。同时，要坚持把巩固团结奋斗的共同思想基础作为核心内容，引导参加人民政协的各党派、各团体、各民族、各阶层、各界人士不断增进对中国特色社会主义的政治认同和思想认同，坚决抵制和反对任何形式的否定和偏离马克思主义指导思想的错误倾向，决不照搬西方的两党制、多党制、两院制和三权分立的政治制度模式，坚定不移地走中国特色社会主义政治发展道路。

五要实现推进政协工作与加强自身建设的紧密结合。“工欲善其事，必先利其器”。要在新的历史起点上全面推进人民政协工作，必须弘扬求真务实精神，树立为民负责形象，切实加强人民政协自身建设。一方面，要主动适应新形势新任务要求，进一步明确人民政协的工作重点，加大对经济社会发展的重点领域、关键环节的协商议政和民主监督力度，充分发挥人民政协在全省政治生活中的作用。另一方面，要重和谐、讲协商、尚兼容、谋创新、求实效，在发挥界别基础作用上取得新成果，在提升委员主体地位上取得新突破，在活跃专委会工作上取得新收获，在推进“学习型、服务型、创新型、和谐型”机关建设上取得新进展。

（2010年）

积极履行职能　助推科学发展

进入新世纪以来特别是近年来，河南省认真贯彻落实科学发展观，紧紧围绕实现中原崛起目标，坚持发展第一要务，努力探索工业化、城镇化和农业现代化协调发展之路，经济实力跨上了一个新台阶，产业结构调整迈出新步伐，基础设施和基础产业快速发展，城镇化步伐加快，资源节约和环境保护取得成效，经济社会发展的协调性增强，“十一五”规划确定的主要目标和任务将如期完成，全省经济社会发展站在了一个新的战略起点上。

但是，由于人口多、底子薄、基础薄弱、发展不平衡的基本省情并没有改变，河南省经济社会发展仍然面临着不少的问题和挑战，如何制定出符合实际的“十二五”发展规划，事关中原崛起与河南振兴，事关河南现代化建设全局。为“十二五”规划献睿智良言，也是人民政协积极履行职能、广集民智的政治优势所在。为此，河南省政协组织政协委员和专家学者，进工厂，访企业，下田间，走进社区，深入农户，查阅资料，座谈讨论，以发展为方向，以民生为重点，问计于百姓，聚智于基层，取得了大量第一手材料，形成了一批具有综合性、全局性和前瞻性的调研成果，提炼出了一批具有真知灼见的建议，并被有关部门在制订“十二五”规划时吸收参考。

认清趋势，增强为制订“十二五”规划建言献策的自觉性

近年来，河南省委省政府坚持以科学发展观统领经济社会发展全局，沉着应对国际金融危机，坚定不移地加快推进工业化、城镇化、农业现代化进程，经济结构不断优化，质量效益稳步提高，保持了又好又快发展的良好态势；但也存在着诸如虽然经济总量靠前，但人均指标大都低于全国平均水平，一产不稳、二产不强、三产不足，自主创新能力不强，结构性矛盾突出，增长方式粗放等问题，这也决定了“十二五”时期将是河南省经济发展的转型期、社会发展的提速期、“三化”协调发展的统筹期、体制机制创新的突破期。广大政协委员正是立足于这些基本省情，开展调查研究，探寻方式方法，提出应对策略。委员们普遍认为，在制订“十二五”规划时，要注重提高经济增长的质量和效益，加快发展方式转变，加大结构调整力度，深化改革，扩大开放，提高自主创新能力，发展社会事业，促进民生改善，推动经济社会又好又快发展。

谋划重点，研究和把握制订“十二五”规划的若干重大问题

睿智之言来自深入的探究，务实之策源于扎实的调研。无论是深入调研，还是讨论发言，委员们畅所欲言，议论风生，论点明确，论据充分，所建之言体现在七个方面。

加快农业现代化进程。以河南省被定为国家粮食生产核心区为契机，探索建立粮食稳定增长的长效机制，争取在粮食生产的投入机制、利益补偿机制、科技创新机制、人力资源开发机制、社会保障机制等方面实现突破。大力发展与生态保护、休闲观光、文化传承、生物能源等密切相关的循环农业、特色产业、生物能源产业、乡村旅游业和农村二、三产业，扶持农业产业化龙头企业发展，综合运用税收、补助、参股、贴息、担保等手段，加快农业科技创新，推动新型农村合作经济组织发展，建立以农民专业合作组织为基础的农产品市场体系。全面提升农业规模化生产水平，进一步稳定提高粮食综合生产能力。

优化升级第二产业。委员们普遍认为，“十二五”期间，河南要坚持走新型工业化道路，加快第二产业优化升级，必须在五个方面着力：一要壮大战略支撑产业；二要培育战略新兴产业；三要建设重要产业基地；四要改造提升传统产业；五要发挥民营企业的重要作用。

发展社会事业。必须高度关注社会发展问题，坚持转变发展方式的惠民导向。包括在收入分配、实施更加积极的就业政策、发展教育事业、基本医疗保障制度建设、建立覆盖城乡居民的社会保障体系、推进保障性住房建设等诸方面，加快社会事业发展，提高公共服务水平，推进基本公共服务均等化。

实施文化强省战略。河南历史底蕴深厚，文化资源丰富，是全国重要的历史文化资源大省。“十二五”期间，要充分发挥这一优势，在发展公益性文化事业和发展经营性文化产业两个方面，统筹兼顾，齐头并进，协调发展，不断提高公共文化产品和服务供给能力，打造一批具有核心竞争力的文化产品和文化品牌，进一步提升河南文化软实力。

城乡区域协调发展。委员们提出，促进城乡区域协调发展，缩小城乡差距和区域差距，是实现中原崛起的必由之路。一要大力实施中心城市带动战略，加快以郑州为中心的中原城市群建设。二要加快中小城镇建设。三要推进城乡一体化进程。

加大生态环境保护力度。要大力发展循环经济、绿色经济和低碳经济，发展节能环保产业，加快资源节约型环境友好型社会建设。把水、大气、土壤污染防治作为重头戏，强力推进重点区域、行业和流域环境综合整治，重点抓好污水、垃圾处理和医疗等废弃物处置设施建设，推进林业生态省建设。要在全社会推行有利于节约资源、保护环境的生产方式、生活方式和消费模式，形成节约环保型社会组织体系。

进一步深化改革和对外开放。“十二五”期间，要强力推进重点领域和关键环节的改革创新，努力创造加快发展的体制机制优势。要深化国有企业改革，鼓励、支持、引导非公有制经济发展，完善基本医疗保障制度，调节国民收入分配格局，加快政府职能转变，完善干部政绩考核评价机制，切实扭转片面追求GDP的倾向，推动政府职能向创造良好发展环境、提供优质公共服务、维护社会公平正义转变，助推中原经济区上升为国家战略。继东部率先发展、西部大开发、东北老工业基地振兴、中部崛起四大经济板块和长三角、珠三角、环渤海等八大经济圈划定后，去年以来，国务院又先后批准十余个区域发展规划上升为国家战略，这些区域获得从国家层次上组织市场资源，吸引要素流动的机会后，发展速度明显加快，发展前景一片光明。面对如此形势，广大政协委员立足国家区域协调发展新形势，全省人民渴望跨越新期待，进行了深入的调研和广泛的论证，创造性地提出了中原经济区的总体构想，并开始了力争将其纳入国家发展战略的不懈努力。目前全省上下正翘首企盼国家有关部门前来调研论证，尽快形成一个和中部崛起相衔接、与中原崛起需要相适应的总体发展战略，使河南在新一轮经济社会大发展中抢占先机，为中原崛起河南振兴奠定基础。

集思广益，提高制订“十二五”规划的科学化水平

河南省政协为制订“十二五”规划建言献策已经取得了初步成效，有关部门已将所建之言的多项成果进行了吸收。由于“十二五”规划的编制是作为一个过程而展开的，规划纲要草案形成之后还将提交政协进行协商讨论。河南省政协将继续组织和鼓励委员们立足自身岗位和多重优势，抓住“十二五”时期经济社会发展中那些带有综合性、全局性、战略性、前瞻性的重大问题，进一步深入开展调查研究，继续建有用之言、献务实之策。

发展理念要再创新。要坚持“重在持续、重在提升、重在统筹、重在为民”的总体要求，开阔眼界、开阔思路、开阔胸襟，树立科学发展、协调发展、可持续发展、以人为本的发展理念。在借鉴以往中长期规划编制成功经验的基础上，打破传统思维定式，用创新的理念引领规划编制工作。要立足省情，高瞻远瞩，树立世界眼光，加强战略思维，抓住牵动全局的主要工作，特别是事关群众利益的突出问题，着力推进，重点突破。要高标准要求、高起点规划、高水平运作，不断增强规划的原则性、系统性、预见性、创造性。

调研方法要更科学。要加强调查评价分析，认真做好基础调查、信息搜集、课题研究、项目论证等前期工作，为规划编制提供充分的基础依据。要吃透国家的政策精神，紧密结合河南实际，用足、用活现有的政策和权限。要加强对发展战略和规划配套政策机制的研究，因地制宜，科学提炼出符合实际、具有河南特色和长远战略眼光的经济发展规划和可操作的政策举措。要借鉴国内外规划编制的经验，采用先进的方法和技术手段，增强规划编制的科学性。

协同参与要更广泛。要进一步听取方方面面的意见，要注意倾听利益相关者的意见和建议，集思广益，使政府决策能更好地体现群众利益，提高规划的科学化和民主化水平。要通过开展建言献策活动、专家咨询论证等形式，为社会公众参与各级各类规划编制创造条件，提高编制过程的透明度和社会参与度，真正让社会各界参与规划、认知规划，把目标转化为社会各界的共同意志。要注重吸纳各方面的研究成果，将其作为制订规划的重要参考。围绕编制

“十二五”规划建言献策，是人民政协在党委政府重大决策过程中履行职能的重要体现，是当前人民政协围绕中心、服务大局的重中之重。

但工作正未有穷期，当前还要进一步发挥人民政协人才荟萃、智力密集、联系面广、位置超脱的优势，广泛动员和组织广大政协委员、各民主党派、工商联和专家学者，围绕编制“十二五”规划协商议政，多建睿智之言，多献务实之策，努力推动委员的献策转化为政府的决策，让委员的真知灼见转化为社会思想财富，让委员们的意见和建议体现在“十二五”规划之中，为加快中原崛起、实现河南振兴，作出经得起实践检验、人民检验、历史检验的贡献!

（2010年）

以中央《意见》精神引领政协工作

全国政协《关于对〈中共中央关于加强人民政协工作的意见〉贯彻落实情况开展总结检查的通知》下发后，河南省政协及时向省委作了汇报，并制定下发了《关于对〈中共中央关于加强人民政协工作的意见〉贯彻落实情况开展总结检查的实施意见》，要求全省各级政协组织迅速行动起来，按照“突出重点、点面结合，总结经验、查找不足，研究问题、改进工作”的总体要求，认真开展总结检查。目前，全省各省辖市政协、各县（市、区）政协的自查工作已经完成，省政协分三片对18个省辖市的检查已经结束。

一、学习宣传广泛深入

河南省政协按照全国政协和省委的要求，始终坚持把学习好、宣传好、贯彻好、落实好《中共中央关于加强人民政协工作的意见》（以下称《意见》）作为一项重大政治任务，不断把学习宣传《意见》活动引向深入。

一是在深入领会《意见》精神上下功夫。《意见》颁布以来，我们多次召开主席会议和政协常委会议，组织专题学习讨论，向全省各级政协组织、政协各参加单位印发了《深入学习贯彻〈中共中央关于加强人民政协工作的意见〉的通知》。先后举办省辖市政协秘书长培训班、县（市、区）政协主席培训班、住豫全国政协委员研讨班，邀请万通同志和全国政协研究室负责同志作学习贯彻《意见》的辅导报告。多次召开省辖市政协主席联系会，组织各省辖市政协主席结合实际，深入交流学习贯彻《意见》的经验和体会。组织省政协办公厅机关干部采取自主阅读、集中辅导、小组讨论、大会发言、专家讲座、短期培训、知识竞赛、主题演讲等形式，开展丰富多彩、卓有成效的学习活动。坚持“六个结合”，即坚持把学习《意见》与学习中共中央《关于巩固和壮大新世纪新阶段统一战线的意见》结合起来，与党的十七大关于加强和改进人民政协工作的部署结合起来，与胡锦涛总书记在庆祝人民政协成立60周年大会上的讲话等结合起来，与贯彻落实省委政协工作会议精神结合起来，与学习政协章程以及人民政协的基本知识结合起来，与履行政协职能的各项具体实践结合起来，实现学习《意见》的持久性、常态化。

二是在营造浓厚舆论氛围上想办法。我多次接受《河南日报》、省电台、省电视台关于学习贯彻中央5号文件的专访。还在《人民日报》理论版发表长篇文章《履行政协职能与构建和谐社会》。2006年邀请中央新闻单位采访团对全省学习贯彻《意见》的情况进行了广泛深入的报道。还与河南人民广播电台联合开办“政府在线·委员访谈”专题节目，与《大河报》联合开办“提案追踪”专栏，与《河南日报》联合开办“协商与议政”专版，与《河南科技报》联合开办“政协在线”专版，对全省学习、宣传、贯彻、落实《意见》情况进行经常性报道。通过广泛深入的宣传教育活动，各级党委、政府更加重视支持政协工作，政协委员更加热爱政协工作，社会各界更加了解政协工作，人民政协开展工作的社会氛围愈益浓厚。

二、履行职能尽职尽责

在全国政协的悉心指导下，在中共河南省委的领导和省政府的大力支持下，河南省政协广泛动员全省政协委员、政协各参加单位和各族各界人士，认真履行政治协商、民主监督、参政议政职能，为我省经济建设、政治建设、社会建设、文化建设和生态文明建设作出了积极贡献。

（一）围绕全省大局，履职富有成效

注重运用省政协全体会议、常委会议、主席会议、视察调研、提案、反映社情民意信息、文史工作等多种履职形式，积极为促进科学发展、构建和谐社会、加快中原崛起献计出力。

利用一年一度的省政协全体会议，组织委员们紧紧围绕省委决策部署和省政府工作报告进行充分的协商讨论，发表真知灼见。每年安排两次以专题议政为主要内容的常委会议，就全省经济社会发展中的重大问题进行广泛深入的讨论，提出意见建议。先后安排了深化国企改革、发展非公经济、做强旅游产业、化解“三农”问题、扩大对外开放、构建和谐中原、增强自主创新能力、

加快文化强省步伐、建设资源节约型环境友好型社会、做好支援四川灾区恢复重建工作、统筹城乡发展、保持经济平稳较快发展、坚持改革创新、构建中原经济区、为“十二五”规划建言献策等专题进行协商议政，形成的建议案，有些得到了中央领导同志的批示，很多进入了省委、省政府的决策。

有计划地组织住豫全国政协委员、省政协委员开展视察、考察、调研，提交了许多有价值的视察、调研报告。比如，发起联合中部地区其他五省政协，共同开展了促进中部地区崛起大型调研活动，提出的30条建议为党中央、国务院制定促进中部地区崛起规划纲要提供了重要决策参考。组织常委视察团赴三门峡、平顶山、鹤壁、焦作等资源型城市进行视察，向省委、省政府呈送了《用足用活中央优惠政策，加快促进资源型城市转型》等视察报告，对全省推进经济结构调整和产业转型升级起到了推动作用。常委视察团对河南省农科院科技创新情况、许昌市全民创业情况、漯河市特色主导产业发展情况、开封市文化产业发展情况、南水北调中线工程建设和移民征迁情况、重点项目建设进展情况、郑州新区开发建设情况等进行视察，形成了一批高质量的视察报告，受到了省委、省政府领导同志的重视，促进了党委政府的科学决策、民主决策。

今年以来，在展工书记的运筹帷幄和点题推动下，省委、省政府立足国家区域协调发展新形势，顺应全省人民渴望跨越新期待，创造性地提出了关于中原经济区的总体构想，开始了力争将其纳入国家发展战略的不懈努力。河南省政协抓住构建中原经济区中带有全局性、战略性、前瞻性的重大问题，组织委员们深入开展调查研究，进行专题研讨，积极为构建中原经济区进有用之言、献务实之策。我们利用多种渠道大力宣传构建中原经济区的重大意义、基本思路、发展目标等，努力把社会各界的思想和力量统一到加快中原崛起的战略部署上，凝聚到促进河南振兴的宏伟事业中，形成全社会高度认同、踊跃参与中原经济区建设和发展的浓厚氛围。我们已正式邀请全国政协视察团，于国庆节后就中原经济区的规划、建设和发展来豫进行专项视察调研，形成向党中央、国务院的专题报告，推动将中原经济区尽快上升为国家战略。

提案、反映社情民意信息、文史等经常性工作，在我省经济社会发展中也发挥了独特作用。如：关于加快郑汴一体化发展进程的提案，被省政府《中原城市群总体发展纲要》吸纳；关于加强全省自主创新工作的提案，相关意见被吸收进省委、省政府《关于增强自主创新能力，建设创新型河南的决定》；向全国政协专报的《伤害案件侦查环节伤情鉴定工作亟待科学规范》《建议尽快制定领导干部离任工作交接制度》等信息，被全国政协转国家有关部门研究；《目前农村资金互助社存在的问题及建议》，全国政协转报国务院后，国务院领导同志已批转有关部门办理。《河南文史资料》连续四次被评为社科一级期刊，在存史、资政、育人方面发挥了特殊作用。

（二）创新内容形式，拓宽履职领域

我们围绕提升履行职能科学化水平，锐意创新，精选载体，不断拓宽履职领域，着力做好整合文化资源、促进经济发展文章。

1. 连续主办了黄帝故里拜祖大典，打造了对台工作新平台。从2006年开始，在省委、省政府的主导下，省政协本着“高标准、适规模、大宣传”的精神，连续五年在新郑举办黄帝故里拜祖大典。吸引了国民党荣誉主席连战、亲民党主席宋楚瑜、新党主席郁慕明、海基会董事长江丙坤等众多台湾政要率团参加，为海峡两岸交流合作搭建了新的平台；有400多家媒体全方位立体宣传报道，使得拜祖大典影响日隆，提升了河南在海内外的知名度、美誉度，加深了港澳台同胞和海外侨胞对中华民族的认同感和归属感，增进了海峡两岸的交流与合作。2008年6月，黄帝故里拜祖大典被列入国家非物质文化遗产，成功实现了由文化符号、文化资源向文化吸引力、文化生产力的华丽转身。黄帝故里拜祖大典受到了多位中央政治局常委的充分肯定。2007年连战先生一行来河南参加拜祖大典，就是经胡锦涛总书记批准成行的。去年4月，贾庆林主席在视察河南省政协机关的讲话中，对黄帝故里拜祖大典在促进台湾人民增强文化认同感、推动两岸关系和平发展中的重要作用称赞有加。

2. 发起成立了中国河洛文化研究会，开展了河洛文化国际研讨活动。河南省政协会同全国政协港澳台侨委员会，发起成立了中国河洛文化研究会，将河洛文化作为长期项目进行研究。连续主办了五届河洛文化国际研讨会，收到论文800多篇，吸引国内外的上千名学者参加会议。倾力完成了全国社科规划基金重大项目《河洛文化的起源、传承与影响》，开通河洛文化研究网，在《光明日报》上发表了题为《河洛文化：连结海峡两岸的纽带》长篇研究报告，出版了《河图洛书探秘》《中原移民简史》《河洛文化与汉民族散论》等专著，从不同角度和不同层面对河洛文化的精义、实质、历史地位及其在海外的传播等进行了阐释。

3. 组织了首次“中原文化宝岛行”，推动了中原文化“走出去”。与省文化体制改革和文化产业发展领导小组一起，催生了民办公助性质的河南省文化产业发展研究院，促成了河南卫视名牌栏目《梨园春》《武林风》赴南美巡演。2008年，组织了首次“中原文化宝岛行”活动，参访团会晤了国民党主席吴伯雄，副主席蒋孝严、吴敦义，亲民党主席宋楚瑜，海基会董事长江丙坤，台立法部门负责人王金平等政要及各界人士，举办了《梨园飞歌·少林功》大型文艺演出、海峡两岸河洛文化论坛、经贸洽谈、旅游推介等一系列文化、经贸活动，弘扬了悠久厚重的中原文化，展示了中原崛起的成就，促进了两地文化、旅游和经贸的互动与合作。

4. 催生了豫商联合会，举办了五届豫商大会。充分发挥人民政协大团结、大联合的作用，主动与省内外新豫商群体加强联系，相继推动和促成了广东、上海等近30家异地河南商会的成立，并以“联络乡情，增进交流，关怀全球豫商，助推豫商发展”为宗旨，连续举办了5届豫商大会。每届豫商大会都注重解决现实问题，着力追求发展实效。第四届豫商大会推出了以促进大中专毕业生、农民技工就业为主题的“彩虹行动”和金融机构与豫商企业进行银企对接的“彩桥行动”；第五届大会举办了一系列高层论坛，安排的豫商会长座谈会、项目洽谈、签约仪式等活动，内容越发丰富。据不完全统计，自2006年首届豫商大会以来，海内外河南商会会员与全省开展经济技术合作项目累计投资金额超千亿元。借助豫商大会这个平台，我们先后组织了由广东、上海河南商会与南阳、周口、驻马店、信阳、商丘五市间旨在推动沿海发达地区资金、技术、人才与豫南、豫东农区对接的“5+2”经济合作计划；评选出十大豫商新闻人物，编撰《豫商历史及案例研究》文集，举办了“青年创业大讲堂”等活动。海内外豫商一年一度的“回家看看”，已成为河南经济社会发展中重要的经贸活动，成为凝聚发展力量、引资引智的宽广平台。

三、政协工作科学化水平不断推进

近年来，河南省政协在提高政协工作科学化水平方面做了一些积极的探索和有益的尝试。

一是以科学的理念引领政协工作。提高政协工作科学化水平，最根本的就是要坚持用中国特色社会主义理论体系为指导，深入总结60年来人民政协讲团结凝聚力量、靠智慧建言献策、重和谐化解矛盾的实践经验，积极借鉴人类政治文明的有益成果，努力实现对中国共产党领导的多党合作和政治协商制度建设规律、社会主义协商民主发展规律、新时期新阶段人民政协工作规律的正确把握，增强政协工作的原则性、系统性、前瞻性和创造性。近年来，我们认真学习实践科学发展观，团结动员全省各级政协组织、政协各参加单位和热心政协理论研究的各方面力量，切实关注政协工作实践中的重大问题，认真研究政协工作的特点和规律，不断创新政协工作的思路和方法，取得了一批具有较高质量的研究成果。我们较早成立了河南省人民政协理论研究会，以课题为纽带，以会员为依托，整合政协系统及社会各界力量，组织开放式、多方位研究。先后召开了3次人民政协理论研讨会，编印了《河南省人民政协理论研究会资料汇编》《河南省人民政协理论研究会会刊》等内部刊物。通过理论研究和实践探索，我们更加深刻地理解和认识了人民政协立论不立法、献策不决策、议政不行政、宽松不放松的特点，进一步树立了科学的履职理念。我们提出了在履行职能过程中要强化“五心”，即“坚持党的领导，自觉维护核心”“把握工作重点，主动服务中心”“关注民生民情，积极反映民心”“广泛团结各界，努力凝聚人心”“充分发扬民主，切实尊重众心”的工作思路，在工作中始终坚持积极主动地争取党委重视和支持，始终坚持为促进科学发展建言献策，始终坚持突出自身特色和优势，始终坚持为构建和谐中原倾情出力，得到了全国政协和中共河南省委的充分肯定。

二是以科学的方法推进政协工作。举办报告会、研讨会、座谈会、专题讲座，印发学习材料，与省电台、电视台联办专题节目，推荐一批省政协委员和民主党派成员担任特约检察员、监察员、审计员、教育督导员、行风评议员等，建立政协委员意见建议的跟踪办理和反馈机制，为政协委员履行职能提供信息与载体，保障和扩大委员们的知情权与话语权。建立委员履职档案，真实反映委员参加政协活动的情况和绩效。建立了各级政协组织和委员资料库，做好政协组织和政协委员的统计工作。出台有关文件，对委员应按时参加政协的会议和各种参政议政活动作出规定，对无故不参加会议和活动超过规定次数的委员，给予通报批评直至免除其委员资格。注重界别在委员履行职能中的重要作用，提倡以界别名义向省政协全会提交发言材料，有计划地组织一些界别特色突出的专题听证会、议政会、政情交流会，以专委会为依托开展了一些考察、调研、学习、联谊、座谈等界别活动，把优秀的界别提案作为重点提案由主席们牵头督办，通过界别委员约谈会、座谈会等形式，专题收集社情民意，激发委员履行职能的积极性、主动性。

三是以科学的制度保障政协工作。我们通过建立健全、修订完善和贯彻落实各项规章制度，使人民政协履行职能的各项活动呈现出程序更加规范、制度更加完备、机制更加合理、成效更加明显的良好态势。在宏观层面，我们抓住省委两次召开政协工作会议的契机，先后协助省委起草制定了《中共河南省委关于新时期继续加强人民政协工作的意见》和《中共河南省委贯彻〈中共中央关于加强人民政协工作的意见〉的实施意见》，对加强和改善党对政协工作的领导、推进全省各级政协组织切实履行三项职能作出了全面部署。在中观层面，我们按照《中共中央关于加强人民政协工作的意见》的要求和政协章程的规定，结合河南省政协的实际，制定和修订了《全体会议工作规则》《常委会工作规则》《主席会议工作规则》《秘书长会议工作规则》《专门委员会通则》《提案工作条例》《委员视察工作条例》《反映社情民意工作条例》等制度，出台了《关于省政协委员管理的暂行规定》《关于加强和改进专门委员会活动的意见》《关于进一步提高调研质量，促进调研成果转化的意见》等文件。在具体工作层面，我们出台了《办公厅公文处理实施细则》《关于机关接待工作的意见》《关于进一步规范领导活动安排的意见》《关于进一步加强因公出国管理工作的意见》，以及机关财务、国有资产、车辆、办公用品、印章使用等方面的管理规定，有效地保证了机关的规范运转。

四是以科学的构架支撑政协工作。根据中央5号文件精神和新的形势发展需要，我们报省委批准，适时调整了组织结构，增设了纪检组，配备了专职党外副秘书长，增设了信访和委员联络工作办公室（副厅级），将原有的学习和文史资料委员会更名为学习和文史委员会，优化了省政协组织架构。通过民主推荐、竞争上岗等方式提拔了多名年富力强、德才兼备的厅、处级干部，通过公务员招录、组织部门选调，吸收30多名优秀年轻干部进入机关工作，改善了省政协机关干部的年龄结构和知识结构。

四、改进工作若干建议

（一）关于政治协商的规范运作问题。政治协商是人民政协的重要职能，也是党委和政府广集民智、实行科学决策、民主决策的重要环节。目前，政治协商方面存在的共性问题是：党委、人大、政府主动提议就有关重要问题协商的少，绝大多数是政协先提出协商，而且主要是就政府工作进行协商，对党委和人大工作的协商几乎还是空白。建议依据《意见》和全国政协的有关规定，进一步规范和完善政治协商的内容、形式和程序。

（二）关于人民政协的界别设置问题。改革开放30多年来，我国的社会结构发生了深刻变化，经济成分、组织形式、就业方式、利益关系和分配格局日益多样化，产生了许多新的阶层。作为最广泛的爱国统一战线，人民政协的界别设置应该根据经济社会结构和统一战线内部结构的变化，与时俱进做出调整。建议增加法律、农民、中介组织、人资环、残联等若干界别。对有些性质相近的界别则可以适当合并。

（三）关于政协干部的队伍建设问题。目前，干部之间的交流主要是从党政岗位交流到人大、政协工作，由于年龄问题，人大、政协的干部很难向党政部门交流。要改变这种状况，就要从改革干部人事制度入手。表现优秀、符合提拔条件的年轻干部，也可以交流、提拔到党政部门任职。

（四）关于增加住豫全国政协委员的名额问题。眼下，全国政协共有委员2237名，住豫委员31名，仅占不足1.4%。住各省全国政协委员的名额，似应综合考虑当地经济、社会、人口等多重因素，根据发展变化了的情况，适当作出调整。建议在筹备下一届全国政协会议时，较大幅度地增加住河南全国政协委员名额，以与全国第一人口大省、第一农业大省、第一粮食大省、第五经济大省、重要的工业大省、文化大省的分量相适应。

（2010年）

专委会是政协工作的基础、纽带、载体和窗口

近年来，省政协各专委会坚持以邓小平理论和“三个代表”重要思想为指导，深入贯彻落实科学发展观，围绕中心，服务大局，认真履行政治协商、民主监督、参政议政三项职能，为全省经济建设、政治建设、社会建设、文化建设和生态文明建设做出了重要贡献，为推动我省人民政协工作创新发展进行了有益探索。一是职能履行得好。各专委会围绕全省经济社会发展中的重大问题和人民群众普遍关注的难点重点问题，深入调查研究，积极建言献策。比如，农业委员会就“稳定粮食生产，增加农民收入，拉动农村消费”所提的6条建议，李克强、回良玉副总理作了重要批示。报送的《我省农村土地承包经营权流转情况的调研报告》，叶冬松副书记、刘满仓副省长作了批示。人口资源环境委员会、社会和法制委员会、民族和宗教委员会提交的《金融危机形势下我省矿产资源管理及保障经济发展的调研报告》《关于我省“非正常信访”情况的调查与建议》《我省城市民族区发展的特点和规划》等调研报告，受到省委、省政府领导同志的高度重视，为省委、省政府科学决策、民主决策提供了重要参考。二是活动开展得好。各专委会主动配合省政协主办的重大活动，有效拓宽了服务经济发展、促进民生改善的履职空间。比如，经济委员会借助由省政协主办的一年一度的豫商大会和“5+2”经济合作计划，广泛联系海内外豫商，为开展经济技术合作牵线搭桥，为实施大开放、大招商、大发展战略献计出力。教科文卫体委员会积极筹备由省政协主办的“中国牡丹文化（洛阳）高峰论坛”，编辑出版《中国牡丹文化（洛阳）高峰论坛论文集》一书，对牡丹文化进行了深刻阐释和深度挖掘。港澳台侨和外事委员会精心组织由省政协主办的河洛文化国际研讨会、“中原文化宝岛行”“河洛文化参访团”赴台交流等

活动，为增强中原文化的影响力和向心力、提升河南的知名度和美誉度作了大量卓有成效的工作。三是作用发挥得好。各专委会按照职责分工，求真务实，开拓创新，将各自的工作开展得有声有色，取得了实实在在的成效。比如，提案委员会制定下发了《重点提案遴选办法》《省政协领导督办重点提案工作方案》，适时编发《重要提案摘报》，注重加强提案网络化建设，有效提高了提案办理质量。学习文史委员会编辑出版的《河南文史资料》连续四次获得省一级期刊荣誉，并荣获全国文史出版物一等奖，发挥了“存史、资政、育人”的独特作用。市级政协工作委员会积极承办全国部分省市政协第二次地方政协联络工作研讨会，主持召开全省市县（区）政协工作经验交流会、全省省辖市政协主席联系会、县（区）政协主席座谈会、市级政协县（区）委员会主任座谈会以及市县政协委员座谈会等，总结交流好经验好做法，研究分析新情况新问题，推动了政协工作的纵向联系和横向交流。

一、找准坐标定位，进一步增强履行职能的责任感

胡锦涛总书记在庆祝人民政协成立60周年大会上的讲话中指出，“要切实发挥好政协专门委员会作用，提高专门委员会组成人员政治和业务素质，积极探索专门委员会工作新思路新方式，切实增强工作活力和成效。”专委会作为在常委会议和主席会议领导下的工作机构，在政协履行职能中具有举足轻重的地位和作用。政协专委会作用发挥得如何，体现着政协工作的水平，考量着政协领导和政协工作者的智慧。专委会是基础。专委会是人民政协开展工作的基本单位，是党派合作的基本形式，是政协职能的执行者，是政协活动的组织者，专委会工作是政协工作的重要组成部分，是政协工作的重要基础。专委会是纽带。专委会是政协联系各民主党派、工商联、各人民团体、各族各界人士的桥梁，是团结委员、组织委员、服务委员的平台。专委会是载体。主席会议和常委会议所开展的重大履职活动，有很大一部分需要依靠专委会来完成。专委会是政协开展提案、调研、视察、咨询、论证、反映社情民意等经常性工作和活动的主要力量，是把政协委员的个体优势转化为政协工作整体优势的重要载体。专委会是窗口。专委会的工作质量，直接影响和反映着政协整体工作水平。只有专委会工作活跃了，整个政协工作才会活跃；只有专委会工作成效提高了，整个政协履行职能的水平才会提高；只有专委会的基础性工作有新进展、新突破，才能推动政协整体工作不断迈上新的台阶。因此，做好专委会工作是开创政协工作新局面的必然要求。要从全盘活跃政协工作、全力推进政协工作、全面提升政协工作的高度来认识专委会工作，切实把专委会工作放在全局工作中的重要位置来抓，认真研究、积极探索，为不断开创政协工作新局面打下坚实基础。

二、把握工作重点，进一步增进履行职能的实效

专委会工作内容多、范围广、领域宽，要坚持“突出重点、注重精品、量力而行”的原则，结合自身优势，重点抓好以下几项工作：一是专题调研。要紧紧围绕党委和政府的全局工作，有计划、经常性地开展专题调研。要上合大政方针，下合社情民意，既适应领导决策需要，又体现群众愿望，尽量选择便于发挥本界别委员知识、经验、特长等优势，政府部门经过努力能办到的问题作为专题调研的课题。今后一个时期，要紧紧抓住构建中原经济区、“十二五”规划的制定以及事关全省经济社会发展、民生改善的重大问题，如协调推进工业化城镇化和农业现代化、建立粮食生产稳定增长的长效机制、加快培育战略性新兴产业、推进城乡基本服务均等化、加快经济发展方式转变、构建内外互动的开放型经济支撑体系、大力发展循环经济低碳经济、完善社会保障体系等，组织委员开展有深度、有力度的调查研究，推出一批站得高、看得远、虑得深、谋得准的视察调研成果，积极为加快中原崛起、实现河南振兴建睿智之言、献务实之策。二是重大活动。省政协主办的黄帝故里拜祖大典、豫商大会、河洛文化研讨会、“5+2”经济合作计划以及座谈研讨全省政协工作的一系列会议，是省政协整体工作的重要组成部分，是省政协创新履职形式，拓宽履职领域的闪光点，支持、参与和配合这些重大活动，是省政协各专委会应尽的责任和义务。各专委会要树立大局意识，站在全局高度，按照活动的总体要求和安排部署，尽职尽责、齐心协力，力争把每项活动都办出特色，办成精品。三是提案和反映社情民意。提案和反映社情民意作为履行政协职能的重要形式和经常性工作，不仅是提案委员会和研究室的分内之责，而且也是各专委会的共同任务。要鼓励和引导委员深入基层、深入群众，体察民情、集中民

智，积极撰写高质量的提案。要注重界别在委员履行职能中的重要作用，鼓励委员加强同本界别群众的联系，广泛吸纳和反映各方面人士的意见和建议，以界别的集体名义提交提案、反映社情民意和大会发言等。要组织委员注意收集和报送事关人民群众切身利益的社会问题和社会动态，为党委政府判断形势、把握大局、调整关系、维护稳定当好参谋。四是联系服务委员。要始终把调动委员的积极性和创造性作为专委会工作的着力点，做到以感情加深亲和力，以活动增强凝聚力，以成效激励创造力。要不断丰富专委会活动的内容和形式，找准与委员专长、兴趣的契合点，挖掘委员潜能，激发委员活力，提高专委会活动的委员参与度，推进委员活动的经常化。要加强委员联谊，促进委员间的相互沟通与协作。要关心委员、爱护委员，积极支持委员依照《章程》规定履行职能，切实维护委员合法权益。注重推荐那些政治可靠、业务精通、作风优良，有强烈责任心、事业心的委员担任特约检察员、监察员、审计员、教育督导员、行风评议员等。要建立委员意见建议的跟踪办理和反馈机制，建立委员履职档案，真实反映委员参加政协活动的情况和绩效。要组织特邀委员参加调研、视察等活动，认真听取他们对全省经济社会发展和政协工作、专委会工作的意见建议。各专委会还要加强与党政对口部门的沟通联系，通过主动了解工作情况或组织邀请他们向政协通报工作等形式，搞好对口协商。

三、注重自身建设，进一步提升履行职能的能力

专委会的主任、副主任，要树立强烈的大局意识、责任意识、服务意识，切实担当起领导责任，团结带领专委会全体成员，深入研究、科学谋划专委会的各项工作。要身体力行、率先垂范，带头搞好调查研究，带头撰写提案和社情民意信息。要站在省政协全局的高度思考问题，利用自己扎实的理论功底和丰富的实践经验，为省政协工作提好建议、当好参谋。要切实把学习放在突出位置，着力提高思想、理论、政策和知识水平，调整知识结构。要改进工作作风，深入实际，求真务实，爱岗敬业，埋头苦干，争创一流工作业绩。要注重总结、提炼专委会履行职能的成熟经验，针对新形势、新任务，研究新情况、新问题，用新的理论观点，从新的实践视角，探索新思路、新举措。要建立健全专委会组织制度、管理制度、活动制度、成果转化制度、对口协商制度

等，进一步提高专委会工作的科学化水平。各专委会的专职副主任不仅是专委会领导班子成员，而且还是政协机关的厅级干部，在做好专委会工作方面负有重要责任，起着特殊作用。各位专职副主任既要当好主任的参谋助手，又要当好专委会与办公厅之间的桥梁纽带；既要为专委会主任出主意、提建议、想办法、拿方案，又要扑下身子带领专委会办公室的同志们踏踏实实地完成服务委员、提供保障的各项任务。专委会办公室工作人员要按照建设“四型”机关的要求，认真学习中国特色社会主义理论和人民政协理论，学习从事机关工作所必需的政治、经济、历史、法律、文化等方面的知识，在实践中增长才干，在工作中提高能力，努力为委员履职履责提供优质高效服务。

四、加强协调领导，为专委会履行职能提供保障

十届省政协成立以来，省政协党组、主席会议一直高度重视专委会工作，多次召开会议研究部署专委会工作。为了加强对专委会工作的领导，省政协适时调整了主席分工。今后，省政协党组、主席会议要进一步加强对专委会工作的组织、协调和领导，一如既往地关心关注专委会工作，不断把专委会工作提高到新的水平。各位主席要按照各自分工，经常听取工作汇报，研究工作方案，参加各种活动，帮助解决实际问题，多给专委会交任务、提要求、压担子。省政协办公厅作为后勤保障部门，要努力为专委会履行职能、开展工作创造条件，提供便利。目前，省财政厅拨付每个专委会委员活动费6万元、专项业务费10万元，与湖北、云南、山东等省的50万元相比，不可同日而语，就是与相邻的山西、河北等省相比，也有很大差距。节前，办公厅已正式向省财政厅打了增加专委会活动经费的报告，目前，从主席层面到秘书长层面都在积极协调，尽力促成此事。我也与柏拴主任通气，请省人大与我们一起努力。对专委会组织的重大活动，省政协办公厅要从人员安排、新闻宣传、后勤服务等方面给予密切配合、大力支持。

（2010年）

建言“十二五”　助力中原经济区

一、对2010年履职的回顾

2010年，是全面完成“十一五”规划、科学谋划“十二五”和中原经济区蓝图的关键一年。在胡锦涛总书记、温家宝总理视察河南重要讲话精神的指引下，省委、省政府团结带领全省各族各界人民，抢抓机遇，奋发有为，坚持“四个重在”实践要领，着力破解“四道难题”，经济社会发展继续保持好的趋势、好的态势、好的气势，中原崛起河南振兴迈出有力步伐。省政协及其常委会在中共河南省委的坚强领导下，广泛动员政协各参加单位、广大政协委员和各族各界人士，高举爱国主义和社会主义两面旗帜，把握团结和民主两大主题，认真履行政治协商、民主监督、参政议政三项职能，切实发挥协调关系、汇聚力量、建言献策、服务大局的重要作用，为全省的经济建设、政治建设、文化建设、社会建设和生态文明建设作出了积极贡献，人民政协事业呈现出团结和谐、务实进取的良好局面。

（一）围绕编制“十二五”规划，开展专题议政

省政协十届十三次常委会议，围绕科学编制“十二五”规划进行专题议政。在深入调研、广泛讨论的基础上，常委们从“认清发展趋势，增强为制定‘十二五’规划建言献策的自觉性”“突出谋划重点，研究和把握制定我省‘十二五’规划的若干重大问题”“充分集思广益，提高制定我省‘十二五’规划的科学化水平”等三个方面，提出了清醒审视世界经济形势、客观看待国内经济环境、准确把握我省阶段特征、加快转变经济发展方式、构建现代农业产业体系、促进城乡区域协调发展、加快第二产业优化升级、推动社会事业全

面发展、深化体制机制改革创新、加强生态环境保护工作、加快文化强省建设步伐、推动中原经济区规划上升为国家战略等16条针对性、可操作性较强的意见和建议。十届十四次常委会议，继续围绕科学编制我省“十二五”规划建言献策，重点就调整经济结构、转变发展方式的关键问题，如扩大内需和调整收入分配结构、增强自主创新能力、加快农业现代化和新型城镇化进程、扩大对外开放、发展低碳经济、加强环境保护和污染治理、推进教育发展和人才培养等进行协商讨论。两次常委会议的议政成果都以建议案的形式报送，受到省委、省政府领导的高度重视，先后作出批示，诸多意见建议被《中共河南省委关于制定国民经济和社会发展第十二个五年规划的建议》及《规划》所吸纳。

（二）围绕建设中原经济区，发挥独特作用

召开“省政协委员为建设中原经济区建言献策座谈会”，抓住建设中原经济区中带有全局性、战略性、前瞻性的重大问题，从不同角度、不同侧面进行深入研讨，省委、省政府多位领导同志在座谈会专题报告上作了批示。省政协十届十四次常委会议，邀请省委、省政府相关部门的同志参加，将谋划和建设中原经济区作为专题议政的重中之重，通过大会发言和分组讨论，对建设中原经济区的基本思路、独特优势、战略定位、实现途径等，提出了许多有见地的意见建议，与起草组进行了“无缝对接”。适时召开主席会议，研究制定《政协河南省委员会关于为建设中原经济区建言献策的意见》，号召全省各级政协组织、政协各参加单位和广大政协委员积极为建设中原经济区多建睿智之言，多献务实之策。向中共中央政治局常委、全国政协主席贾庆林同志汇报，邀请、促成全国政协派出由李金华副主席带队、由十七位常委和委员等组成的专题考察团于11月8日至11日来豫，就构建中原经济区进行实地考察，听取省委、省政府领导同志汇报，与专家学者座谈，赴郑州市、新乡市调研，以全国政协办公厅文件（〔2010〕99号）的形式，向党中央、国务院报送了《关于将“中原经济区”建设上升为国家战略的调研报告》。组织联络住豫全国政协委员通过向全国政协提交提案、在全国政协常委会议上大会发言等形式，为将中原经济区纳入国家“十二五”规划、上升为国家战略鼓与呼。充分发挥人民政协联系广泛、沟通各界的优势，营造全社会高度认同、踊跃参与中原经济区建设的浓厚氛围，努力把社会各界的思想和行动统一到建设中原经济区的战略部署上，凝聚到建设中原经济区的宏伟事业中。

（三）围绕服务科学发展，做实经常性工作

面向社会公开征集提案线索，扩大公民有序政治参与。制定《重点提案遴选办法》《省政协领导督办重点提案工作方案》，坚持政协主席们牵头督办重点提案的成功做法，创办供省委、省政府、省政协领导参阅的《重要提案摘报》，提案工作的科学化水平得到提升。经审查立案的912件提案已有97%得到办理，委员满意度达100%。省委书记卢展工同志给予了充分肯定："政协提出河南是文化资源大省，应该建一所文化艺术类大学。省委、省政府认真研究后，确定了中原文化艺术学院项目，现在已开始建设。政府也在逐步加大对文化事业发展的支持，剧团演员的工资由过去财政拨付40%、50%改为全额拨付，并加大了剧场建设力度。"编发《社情民意信息》109期，向全国政协专报的《伤害案件侦查环节伤情鉴定工作亟待科学规范》《建议尽快制定领导干部离任工作交接制度》等信息，全国政协转发国家有关部门研究；《目前农村资金互助社存在的问题及建议》，全国政协转报国务院后，国务院领导同志已批转职能部门办理。组织住豫全国政协委员赴黑龙江省考察生态环境保护、旅游产业发展情况，考察报告得到全国政协和省委、省政府的充分肯定，多位领导同志作了批示。各专委会把开展专题调研、组织委员活动等经常性工作作为促进各界群众有序政治参与的重要途径，精心选择事关全省经济社会发展的重大问题和人民群众普遍关注的热点难点问题，深入调研，提出建议。《稳定粮食生产，增加农民收入，拉动农村消费》《我省农村土地承包经营权流转情况的调研报告》《金融危机形势下我省矿产资源管理及保障经济发展的调研报告》《煤炭安全生产形势严峻，加强监管工作任重道远》《我省城市民族区发展的特点和规划》《关于我省"非正常上访"情况的调查与建议》等调研报告，省委、省政府领导均有批示，为党政决策提供了重要参考。坚持文史资料工作方针和原则，突出文史资料统战特色和"亲历、亲见、亲闻"特色，编辑出版《河南文史资料》4辑、48万字，连续四次获省一级期刊荣誉，并荣获全国文史出版物一等奖，发挥了文史工作存史、资政、团结、育人的社会功能。选编《学习参考资料》4期，为委员更好地履行职能服务。

（四）围绕拓宽履职领域，提升重大活动实效

庚寅年黄帝故里拜祖大典取得圆满成功。一是秉持重在持续的要求，体现了连续性。继续遵循“党政主导、政协主办、郑州承办、部门配合”的运行机制和“高规格、适规模、大宣传”的原则，由中央电视台等三地多家卫视联合现场直播，《人民日报》、新华社、《光明日报》、中新社等中央媒体，各大网站，《文汇报》《大公报》《香港商报》等港澳台媒体，包括省市等100多家媒体的300多名记者参与了报道。按照卢展工书记关于拜祖大典主题要固定下来的要求，保持“同根同祖同源、和平和睦和谐”的主题不变，使“三同三和”更加深入人心。二是秉持重在提升的要求，体现了创新性。邀请全国政协副主席张榕明、十届全国人大常委会副委员长许嘉璐、十届全国政协副主席李蒙等国家领导人，中央和国家有关部委负责同志，世界各地华商领袖，在河南工作过的老同志，全国优秀科学家、全国“三八”红旗手、全国“双百”人物代表，中国国民党副主席林丰正和夫人、台湾中华两岸文经观光协会代表团、台湾百名退役将军拜祖团、世界客属总会代表团等嘉宾出席；尤其是按照卢展工书记的提议，请许嘉璐副委员长恭读拜祖文，大大提升了大典的规格和品位。三是秉持重在统筹的要求，体现了协调性。省组委会统筹协调各主办、承办单位的相关活动，统筹安排世界华商领袖峰会、全国书画名家作品暨画虎村农民“虎年画虎”书画展、活力澳门推广周、黄帝文化国际论坛、黄帝文化讲座、郑州市海外联谊会理事大会、经贸旅游推介、中华炎黄文化周等系列活动，使大典与其他子活动相辅相成，相映生辉。四是秉持重在为民的要求，体现了群众性。厉行节约，勤俭办典，力戒铺张浪费，拿出部分方阵，请工人、农民、市民代表参加，使拜祖大典成为百姓自己的盛大节日。在全程合作伙伴、大典活动协办、单项活动冠名、灯杆幕旗广告等方面，实行商业运作，吸纳民间资本全程参与。拜祖大典期间“2010世界华商领袖峰会”探讨了经济全球化背景下世界华商与中国经济共同发展的趋势与挑战、中部崛起背景下华商助推河南经济发展的策略与举措等课题。黄帝故里所在地新郑市仅在拜祖大典当天，就签订投资落地项目19个，合同金额115.1亿元。正像2007年胡锦涛总书记会见率团参加了黄帝故里拜祖大典后到京的国民党荣誉主席连战先生那样，2010年4月19日，贾庆林主席在会见参加过黄帝故里拜祖大典的台湾参

访团一行时说："两岸同胞同根同源，都是中华儿女，台湾同胞参加隆重的黄帝故里拜祖大典，是一件很有意义的事情，体现了慎终追远、情系中华的民族情怀，难能可贵。强烈的民族认同、绵延的文化传承，始终是维系全体中华儿女的精神纽带，是任何力量都无法改变的。"台湾中华两岸文经观光协会会长许文彬说："台南家乡的族人迄今仍沿袭以'农历三月初三'为拜祖之日，这个习惯刚好与河南拜祖大典节日相吻合，而闽南后裔又称为'河洛人'，我们的根就在这里。"与中国经济社会理事会在河南共同主办了"2010中国经济社会论坛"，围绕总结"十一五"规划与谋划"十二五"规划进行了研讨，中共中央政治局委员、全国政协副主席、中国经社理事会主席王刚同志率团出席并发表主旨讲话，十几位国家部委领导和一批专家学者到会发言，论坛奉献了丰硕的研究成果，取得了广泛的社会反响。由省政协主办，开封市政府、省商务厅、省工商联、省豫商联合会共同承办的第五届豫商大会，吸引来自海内外的63家河南商会代表团、1500多位豫商精英云集古都开封，开展了省委省政府主要领导与豫商座谈会、河南农产品展销、高层论坛、项目洽谈、签约仪式等系列活动，仅开封一市就签约项目71个、合同金额205亿元。牵头在信阳市开展的"5+2"经济合作计划，来自全国各地22家商会、260多名豫商参加，达成意向22份、总投资136.87亿元，其中合同项目39个、总投资82.61亿元。与全国政协经济委员会共同主办了中国商帮峰会，全国各大商帮领袖、商界骄子聚首作为中国商人、商业、商文化发祥地的河南，交流商会运行经验，寻求合作共赢，彰显了新豫商已经成为新商帮中一支不可忽视的力量，成就了中国商帮史上的又一盛事。首次在省外与全国政协港澳台侨委员会、广东省政协、河洛文化研究会联合主办了第九届河洛文化学术研讨会，来自国内13个省区市、中国港澳台地区和美、日、韩、马来西亚等国的300多位专家学者，围绕河洛文化、岭南文化、客家文化的内涵、特点、相互关系，以及如何弘扬中华民族传统文化、促进民族伟大复兴等进行了深入研讨交流，对反对与遏制"台独"分裂势力产生了积极影响。与全国侨联、全国台联在固始联合举办第二届中原（固始）根亲文化节，吸引了来自美国、南非、缅甸等12个国家和中国港澳台地区以及北京、福建、浙江等15个省市的政要、学者、宗亲代表、商界精英参加，使"根在中原"在海内外嘉宾心中扎根。与全国政协教科文卫体委员会联合主办了中国牡丹文化（洛阳）高峰论坛，全国政协副主席陈宗兴同志与来自中国花卉协会、全国各地的200多位同人，对融汇了中华民族审美理想、铮铮铁骨、高洁品格的牡丹文化，对牡丹身上集中体现的大气、富贵、美丽、吉祥、坚忍、包容、典雅、自信、团圆、和谐等国人的理想期盼和不懈追求，展开了热烈深刻的研讨，为将蕴“天香”、真“国色”、有“傲骨”、誉“花王”的牡丹推为国花给力。在中央领导同志的关怀倡导和省委、省政府的大力支持下，省政协和中粮集团共同发起成立了河南中华豫剧文化促进会，在全国政协礼堂隆重举行了“国务院授予常香玉同志‘人民艺术家’称号六周年暨河南中华豫剧文化促进会成立《梨园春》专场演出”，中共中央政治局常委李长春，中共中央政治局委员、全国政协副主席王刚，中共中央政治局委员、中宣部部长刘云山及全国政协、中央军委的领导同志，出席了晚会，亲切接见了演职人员。中粮集团心系豫剧振兴，慷慨解囊，捐助首批款项1000万元。

（五）围绕增强整体合力，加强团结联谊协作

以感情加深亲和力，以活动增强凝聚力，以成效激励创造力。举办新年、中秋茶话会，开展界别视察、界别调研活动，赴郑汴洛城市民族区进行专题考察，看望宗教界住豫全国政协委员和省政协委员，组织医疗卫生界委员赴许昌等省辖市的少数民族聚居区开展义诊、讲学，为基层群众送温暖、送爱心。推荐一些政协委员担任特邀检察员、监督员、审计员、教育督导员、行风评议员。联合组织“共青团与人大代表政协委员面对面”活动，关注新生代农民工社会融入问题，研究探讨维护校园安全课题。完善发挥港澳政协委员作用的工作机制，安排他们参观上海世博会，召开港澳台侨界人士中秋联谊会和港澳委员座谈会，鼓励他们为促进豫港澳经济、科技、文化、教育合作多作贡献。组织参访团赴台访问，接待多批台湾来豫参访团。应邀出访印度尼西亚、马来西亚和澳大利亚等国，接待多国政要和友好人士，通过签署合作协议，建立省际友好关系，加深相互了解，扩大经贸交流。

周密安排全国政协副主席郑万通、罗富和率团对我省贯彻落实《中共中央关于加强人民政协工作的意见》（即中央5号文件）情况进行的总结检查和五省一市政协汇报会，认真开展全省贯彻落实情况总结检查。参与并完成全国政协组织的大运河申遗和保护、《中国政协文史资料总目录》等多项协作选题工

作。出席全国政协有关工作会议和部分省（区、市）政协工作座谈会，召开全省政协提案工作会、农村工作座谈会、专委会主任座谈会、部分县（市、区）政协主席座谈会、省辖市政协往届主席联谊会、省政协老委员联谊会。接待全国政协领导35人次、全国政协和兄弟省（区、市）政协来豫考察团组200多批次，增进了政协工作的纵向联系和横向交流。

（六）围绕夯实工作基础，推进政协自身建设

在制度建设方面，制定了《关于严肃省政协会议纪律的规定（试行）》，对常委、委员出席会议情况进行通报，对委员履职情况建立台账，教育引导委员珍惜荣誉、不辱使命，自觉树立和展示新时期政协委员忠于职守、创新务实的良好形象。在理论建设方面，举办第四次全省人民政协理论研讨会，以课题为纽带，以会员为依托，就提高政协工作科学化水平进行开放式、多方位研究。注重运用《人民政协报》《中国政协》杂志的阵地，与《河南日报》、河南人民广播电台、《大河报》《河南科技报》等媒体联合开辟“协商与议政”“委员访谈”“提案追踪”“政协在线”等专版、专题、专栏，为人民政协工作营造舆论氛围。编印《华章——河南省人民政协55年历程精彩回眸》和《盛典回眸》画册，全面回顾河南省人民政协成立55年来的光辉历程和黄帝故里拜祖大典升格为省级主办5年来的精彩瞬间。《协商论坛》改版效果良好，用户广布于15个国家和地区。在机关建设方面，围绕建设“学习型、服务型、创新型、和谐型”政协机关，深入开展“创先争优”、精神文明创建、《廉洁从政若干准则》知识竞赛等活动。报请省编委、经省委常委会研究决定，增设了省政协机关纪检组、信访和委员联络工作室，配备了专职非中共副秘书长，通过民主推荐、竞争上岗等选拔任用了一批年富力强、德才兼备的厅、处级干部，面向社会公开招录了5名机关公务员，选派机关干部驻村任职。参加省十一届运动会广播操、射击等比赛项目并摘取优异成绩。开展节能减排工作，在全省“节能减排宣传月”活动中获得多项殊荣。

这些成绩的取得，是中共河南省委坚强领导的结果，是省人大、省政府、省军区、省法检、省武警、老同志关心支持的结果，是省政协各参加单位、全省各级政协组织和广大政协委员、政协工作者共同努力的结果，也是社会各界、各行各业、港澳台胞、海外侨胞团结协作的结果。我代表省政协常委会向大家表示崇高的敬意和衷心的感谢!

在盘点收获的同时，我们也清醒地看到，与形势发展要求相比，与人民群众期望相比，我们的工作还有不少差距和薄弱环节。比如：在政治协商方面，如何把政治协商纳入决策程序，主动出主意、拿方案不够，政治协商的内容、形式、机制等有待于进一步规范；在民主监督方面，如何按照卢展工书记关于“政协民主监督的对象既包括一府两院，也包括党委、人大以及群团等方面，监督面更宽”的要求，研究探讨、把握分寸尚未破题；在参政议政方面，一些问题还缺乏针对性、前瞻性、可操作性，建有见地之言、献有效性之策的水平有待于提高；在政协党组的作用发挥方面，如何按照胡锦涛总书记的要求，“充分发挥政协党组在政协委员队伍建设中的作用”理解不透，办法不多，服务、联络、管理委员的工作有待加强；在自身建设方面，专门委员会在政协工作中的基础性作用尚未得到有效性施展；开展界别活动的途径不宽，内在活力有待激发，专业知识有待丰富，协调能力有待增强，干部交流力度有待加大。对这些问题和不足，要深刻剖析，认真研究，采取具体措施，切实加以改进。

二、对2011年工作的展望

2011年是实施“十二五”规划的开局之年，是建设中原经济区的起步之年。新的一年，省政协工作的总体要求是：以邓小平理论和“三个代表”重要思想为指导，认真学习实践科学发展观，深入贯彻落实中共中央5号文件和胡锦涛总书记在庆祝人民政协成立60周年大会上的重要讲话精神，按照中共十七届五中全会、中央经济工作会议和省委八届十一次全会、省委经济工作会议的决策部署，牢牢把握团结和民主两大主题，广泛动员全省各党派团体和各族各界人士，切实履行政治协商、民主监督、参政议政职能，充分发挥协调关系、汇聚力量、建言献策、服务大局的重要作用，坚持“四个重在”实践要领，遵循认识、领导、作用、保障“四个到位”的要求，在建设中原经济区、助推科学发展上广建睿智之言，在关注民生、促进和谐上多献务实之策，在加强自身建设、提高政协工作科学化水平上迈出坚实步伐。

（一）坚持正确政治方向，巩固共同思想政治基础

政协工作存在的差距、不足，在很大程度上反映出学习、认识上的差距和不足。要以在全国、全省开展的贯彻落实《中共中央关于加强人民政协工作的意见》总结检查为动力，以把人民政协理论纳入马克思主义理论研究和建设工程、纳入哲学社会科学规划为契机，以人民政协理论列入各级党校、行政学院、干部学校和社会主义学院的教学计划为先导，切实加强对人民政协理论的学习，增强参加人民政协的各党派团体、各族各界人士坚持中国共产党的领导、走中国特色社会主义政治发展道路的坚定性，提高坚持人民政协作为我国基本政治制度重要组织形式和重要实践载体的自觉性，巩固人民政协团结合作的共同思想政治基础，彰显人民政协的凝心聚力和巨大优势。当前和今后一个时期，全省各级政协组织、政协各参加单位和广大政协委员，要把学习贯彻中央5号文件、学习人民政协理论与学习贯彻胡锦涛总书记在庆祝人民政协成立60周年大会上的重要讲话紧密结合起来，与学习贯彻中共十七届五中全会、中央经济工作会议和省委八届十一次全会、省委经济工作会议精神紧密结合起来，与学习贯彻卢展工书记关于做好政协工作“认识要到位、领导要到位、作用要到位、保障要到位”的要求紧密结合起来，把握重点，领会实质，使学习贯彻的过程真正成为提高认识、推动工作的过程，成为围绕中心、履行职能的过程。协助省委筹备好省委政协工作会议，认真总结五年来行之有效的经验，进一步完善省委关于贯彻中央5号文件的实施意见。

（二）坚持服务第一要务，助推中原经济区建设

紧紧抓住中原经济区建设中带有综合性、全局性的重大问题，组织委员开展有深度、有广度、有力度的调查研究，推出一批站得高、看得远、谋得准的调研成果。如：如何发挥其他经济区难以类比和复制的独特优势，并放大利用这些优势，防止中原经济区与别的经济区产业趋同、经济同质化；如何建立以土地市场收益价格为基础的粮食主产区利益补偿平衡机制，使粮食主产区的政府和农民获得应有的比较利益和发展补偿；如何大力推进农业集约化经营，支持农产品资源系列深加工，延长农业产业链，提高农产品附加值，实现粮食核心区自身的良性循环；如何走出一条不以牺牲农业和粮食、生态和环境、民生和子孙福祉为代价，不以损害农民利益为前提，农业现代化、新型工业化、新

型城镇化协调共进、可持续的科学发展之路；如何以工促农、以农兴工，实现工农两大产业双跃升，将中原经济区作为全国统筹城乡发展新的试点区域，为全国传统农区提供经验、树立样板；如何发挥新型城镇化的引领带动作用，合理安排城镇建设、农田保护、产业集聚、生态涵养等空间布局，推进农村综合改革，加快社会主义新农村建设，大力转移农村富余劳动力，大幅提升农民收入水平，尽快缩小城乡差距，实现城乡基本公共服务均等化；如何将中原经济区巨大的内需潜力转化为现实需求，培育形成新的经济增长板块，持续走在中部地区崛起的前列；如何大力培养和引进人才，提高科技创新水平，增加科技对经济增长的贡献率；如何增强产业核心竞争力，大力培育战略支撑产业和新兴产业，用信息化改造提升传统产业，推动产业结构由传统产业为主向产业协调发展转变；如何高水准地构建铁路网、高速公路网、航空枢纽港为骨架的综合交通体系，凸显中原地区在全国综合运输大通道中的作用，强化郑州交通、物流、商务中心地位；如何依托华夏文明之根，以文化叫响旅游品牌，以旅游带动文化产业，打造一批展现中原风貌、地域特色鲜明、具有国际影响的文化品牌，使中原地区成为传承弘扬中华优秀文化核心区；如何在中原经济区建设中，敢于先行先试，突出体制机制创新，打破行政区划界限，高效整合、重组资源，实现跨地区规划布局；等等。统筹安排省政协常委会议专题议政，扎实开展视察、调研、提案、反映社情民意信息等工作，让更多的议政成果和委员建议尽快转化为建设中原经济区的具体措施。要选好载体，悉心办好辛卯年黄帝故里拜祖大典、第六届豫商大会、移师宝岛台湾的第十届河洛文化学术研讨会，为建设中原经济区聚拢人气、增添力量。

（三）坚持履职为民理念，关注保障民生改善

把关注民生、保障民生、改善民生作为人民政协履行职能的重要内容。着眼于进一步健全群众意愿表达机制，及时反映广大人民群众最关心、最直接、最现实的教育、就业、住房、物价、收入分配、医疗卫生、食品安全、社会保障、社会治安等方面的问题，畅通上情下达、下情上报渠道，搭建各个阶层群众畅所欲言的话语平台，帮助化解“蒜你狠”“豆你玩”“糖高宗”“姜你军”“油你涨”“苹什么”“鸽你肉”等利益诉求。着眼于进一步健全群众权益维护机制，密切关注社会生活中带有倾向性、苗头性的问题，加大涉及民生问

题的提案督办力度，重点报送涉及民生问题的社情民意信息，主动与有关部门协商沟通，使事关广大群众切身利益的矛盾纠纷得到及时调处解决，使党政决策既利于长远和大局需要，又兼顾眼前和部分群众的特殊需求。要特别关注关怀困难群体、弱势群体，倾听他们的呼声，关心他们的疾苦，动员广大政协委员在力所能及的范围内，多为他们办实事、做好事、解难题。引导各阶层群众合法、有序、理智地行使“话语权”。着眼于进一步健全社会管理机制，组织委员就创新基层管理、健全基层民主、发挥群众组织和社会组织作用、提高城乡社区自治和服务功能等，深入调查研究，提出真知灼见。发挥各级政协委员特别是基层政协委员与寻常百姓联系紧密的优势，多做解疑释惑、理顺情绪、协调关系、消弭矛盾的工作，力争使一些利益纠纷通过政协得以疏通，一些社会矛盾通过政协得以化解。

（四）坚持团结民主主题，促进社会和谐稳定

突出统一战线、多党合作、民主政治的政协特色，协助党委政府处理好政党、民族、宗教、阶层、海内外同胞等中国特色社会主义事业中的重大关系，把包括新的社会阶层在内的不同党派、团体、阶层、民族和信仰的全体社会主义事业建设者团结起来，最大限度地调动大家的积极性，激发大家的创造力，共同珍惜、维护、巩固、发展全省来之不易的好的趋势、好的态势、好的气势。坚持民主协商、平等议事、求同存异、体谅包容的原则，热情支持各民主党派、工商联和无党派人士参与我省重大问题的协商讨论，做到“和而不同、合而成势”，为民主党派和无党派人士议政建言、发挥作用提供广阔舞台。贯彻党的民族政策和宗教政策，巩固和发展平等、团结、互助、和谐的社会主义民族关系，充分发挥民族宗教界人士在人民政协工作和促进经济社会发展中的积极作用，坚决抵御国内外敌对势力的渗透破坏活动。真诚团结港澳台胞、海外侨胞，不断拓展同台湾岛内有关党派团体、社会组织、各界人士的联系沟通，为促进祖国和平统一贡献力量。支持住港澳地区省政协委员在港澳社会政治事务中发挥作用，动员他们为促进我省经济社会发展献计出力。

（五）坚持强化自身素质，提高履职科学化水平

加强人民政协的制度体系建设。注重总结全省各级政协组织制度创新的成果，进一步完善提案、视察、调研、大会发言、反映社情民意等经常性工作

制度，建立起综合协调、信息沟通、绩效评估、督促落实等工作机制，对现有的规章制度进行修订和完善，努力形成内容完备、结构合理、功能健全、科学实用的制度体系。重视人民政协的方法体系建设。在长期的实践中，全省各级政协组织创造了一系列富有政协特色、统战特色的工作方式和方法，诸如民主协商、广交朋友、教育引导、真诚服务等，要将其归纳集成起来，在新的形势下加以发扬光大。借鉴现代科学方法和信息网络技术，力争形成一套适应时代发展、符合政协特点、有利履行职能的工作方法。方法体系建设要以人民政协一贯倡导的做人要素为基点，注重人格、人品、人缘的力量。李瑞环同志讲得好："同样的话，有人讲出去叫一言九鼎，有人讲出去叫一文不值；同样的事，有人去办就顺顺利利，有人去办就困难重重。何也？就在于人格、人品、人缘。"卢展工书记也有类似的表述："一个协调能力强、人脉好的政协干部就能凝聚起一大批人。"联谊交友是人民政协重要的日常工作和特有的工作方法，既是增进团结的需要，也是发扬民主的需要。要把继承优良传统与积极开拓创新结合起来，深入研究如何使政治协商更加规范有序，使民主监督更加扎实有效，使参政议政更加广泛深入。要按照卢展工书记的要求，"注重加强政协干部队伍建设，注重培养好骨干力量，注重政协干部的培养选拔，注重从政协内部产生干部、提拔干部，努力造就一支高素质的政协工作干部队伍"，将党务服务、政务服务、事务服务提高到一个新的水平。

各位委员、各位同志，"十一五"的辉煌成就令人自豪，"十二五"的宏伟蓝图催人奋进。让我们更加紧密地团结在以胡锦涛同志为总书记的中共中央周围，在中共河南省委的坚强领导下，殚精竭虑，创新进取，承前启后，继往开来，为建设中原经济区、加快中原崛起河南振兴，作出应有贡献、谱写璀璨华章，以优异成绩迎接中国共产党成立90周年！

（2011年）

健全社会主义协商民主制度

十八大报告明确提出“健全社会主义协商民主制度”，强调“社会主义协商民主是我国人民民主的重要形式”。深刻阐述“协商民主”，在党的全国代表大会上尚属首次，这是我们党在社会主义民主政治建设中进行理论创新和制度创新取得的最新成果，具有重大的理论创新意义和现实指导意义。11月19日《参考消息》转发了西班牙《公众报》11月17日一篇题为《西方给中国上民主课要小心》的文章，文章说：“这是中国式的民主，带有自己的特点。”“这将是一种完全不同于美国模式的民主。”

我国在发展社会主义民主政治的过程中，高度重视协商民主的功用和价值。2006年2月，《中共中央关于加强人民政协工作的意见》把通过选举、投票行使权利同在重大决策之前进行充分协商，作为我国社会主义民主的两种重要形式。十八大报告概括确认了“协商民主”的概念。人民代表大会制度是我国选举民主的主要载体，多党合作和政治协商制度则是我国协商民主的主要载体。选举民主重在民主的结果，重在以投票、选举等竞争形式保证人民行使民主权利；协商民主则重在民主的过程，重在决策、立法过程中满足人民大众及各界精英的参政诉求。这二者的有机结合与完美衔接，是中国特色社会主义民主的最大特色。

现就贯彻落实十八大报告关于“健全社会主义协商民主制度”的要求，提出如下建议：

第一，应完善制度机制。要完善制度设计，合理把握和区分“中国共产党同各民主党派的政治协商”和“中国共产党在人民政协同各民主党派和各界代表人士的协商”这两种协商形式，力避相互替代、相互重叠，以免造成资源浪费。应将完善政协会议制度作为优先选项。“政治协商会议”，顾名思义，就是通过召开各种会议，“充分发挥人民政协作为协商民主重要渠道作用”。要明确党委、政府的哪些问题需要或在政协全会，或在常委会，或在主席会上协商，并逐步规范协商议题的确定程序、协商会议的准备程序、协商意见的送达采纳程序、协商结果的公开反馈程序。

第二，应纳入决策程序。把政治协商纳入决策程序，既需要政治勇气，又需要政治智慧。在这方面，各地已经作了一些有益的探索，积累了一些成功的经验。如广州市委早在1995年、杭州市委在2006年、广东省委在2010年先后制定了《意见》，其开拓性值得称道，实践性可资借鉴。建议中央在深入调研、集思广益的基础上，适时出台全国性的、可操作性的指导文件。

第三，应协商重大问题。按照十八大报告“就经济社会发展重大问题和涉及群众切身利益的实际问题广泛协商”的要求，我认为，“重大问题”应包括：经济社会发展规划的制定；重大建设项目的上马；事关百姓生产生活重要问题的解决；重要人事的安排，包括同级人大、政府、政协、法院、检察院领导成员和人大常委会任命的政府组成人员的人事安排等。纳入协商的事项不可太广、太泛，切忌把一般性的问题纳入协商范畴。

第四，应开展多种协商。包括专题协商、对口协商、界别协商、提案办理协商、基层民主协商等。协商的形式也应不拘一格，多种多样。

第五，应增强协商实效。要坚持党委总揽全局、协调各方的原则，进一步规范党委、人大、政府、政协的关系，形成政治协商的良性互动机制。党委是政治协商的主体，应带头坚持并推动人大、政府做到重大事项协商在党委决策之前、人大通过之前、政府实施之前，做到先协商后决策、先协商后通过、先协商后实施，以增强民主协商的实效性。应建立问责制，对于应当进行协商而未经协商草率决策的，应由相关负责人作出解释，并追究相关责任人的责任。

（2012年）

媒体报道

让红旗渠精神世代相传

——专访河南省委副书记王全书

“心中升起红太阳，千军万马战太行。条条渠道绕山转，座座水库映蓝天。”连日来，伴随着《定叫山河换新装》这首歌，人们深情地走进“红旗渠精神展”，无不情满于太行山，无不情溢于红旗渠。

围绕红旗渠精神的时代价值，新华社记者日前专访了河南省委副书记王全书。

“历史上的河南林州十年九旱，水贵如油。20世纪60年代，在党的领导下，林州人民以气吞山河、战天斗地的英雄气概，用双手和钢钎、铁锤，历经10年寒暑，在悬崖峭壁上开凿了举世闻名的‘人工天河’——红旗渠，同时也孕育、形成了伟大的红旗渠精神。”王全书直抒胸臆。

王全书说：“红旗渠精神是民族精神的时代体现。这就是独立自主、艰苦创业、团结协作、无私奉献。在修建红旗渠的过程中，林州人民不仅继承了中华民族的优良传统，而且把它们与无产阶级世界观结合起来，与共产主义的伟大理想结合起来，在挑战面前不退缩，在困难面前不屈服。”

他说：“红旗渠精神以独立自主为立足点，以艰苦奋斗、甘于奉献为核心，以团结协作的集体主义为导向，既展示了中国共产党人和中国人民泰山压顶不弯腰的大无畏气概，又体现了正确的人生观、价值观；既继承和发展了中华民族的优秀传统文化，又体现了当代中国人的理想、信念和追求。”

发展社会主义市场经济，红旗渠精神能否继续熠熠生辉，光耀人间？对此，王全书表示：“市场经济原则与集体主义和奉献精神并不矛盾，因为集体主义和奉献精神恰恰是一个企业、国家和民族保持活力和竞争力的保证。”王全书斩钉截铁地说："红旗渠精神不能丢，它有利于发展和壮大社会主义市场经济。通过倡导集体主义和无私奉献精神，在全社会形成既讲价值规律又讲无私奉献、既讲经济效益又讲社会效益的局面。"

为有牺牲多壮志，敢教日月换新天。"时代的车轮在推动下前进，事业的蓝图在奋斗中实现，全面建设小康社会的任务仍然十分艰巨。这就需要我们践行'三个代表'重要思想，牢记'两个务必'，立党为公，执政为民，继续弘扬红旗渠精神，做好长期独立自主、艰苦创业的准备，永远保持勤俭节约、艰苦朴素的本色，永远保持自强不息、奋斗拼搏的精神。"王全书语重心长。

"目前经济和社会生活的发展变化，比以往任何时候都纷纭复杂，有主流，有支流，源于市场经济和外来文化的各种思潮，势必反映到人们的思想观念中来，因此，引导人们树立正确的世界观、人生观和价值观显得尤为重要。"

王全书认为："弘扬红旗渠精神，有助于发扬团结协作的集体主义和无私奉献的崇高精神，有助于加强社会主义思想道德建设，有助于提高全民族思想道德素质。"

精神与时俱进，生生不息；事业与时俱进，欣欣向荣。"当前，我们正在深入贯彻党的十六大和十六届三中、四中全会精神，推进全面建设小康社会的宏伟大业。时代需要红旗渠精神，人民呼唤红旗渠精神。让红旗渠精神世代相传！我们必将在一个崭新的精神起点上开启发展的新航程。"王全书最后深情地说。

（原载于《大河报》2004年10月7日）

出新出奇出彩

——本报记者专访省政协主席王全书

【编者按】

我省今年3月31日（农历三月初三）成功举办的“丙戌年黄帝故里拜祖大典”，在海内外产生了轰动性的巨大影响。如何将此盛事打造成我省的文化品牌，以此凝聚海内外炎黄子孙的民族情结，为振兴华夏共同奋斗，本报首席记者杜超对省政协主席王全书进行了专访，聆听他对这次盛典的全面回顾与未来展望。

拜祖大典耀光华

记者：王主席，今年4月18日，徐光春书记在省政协向省委报送的《丙戌年黄帝故里拜祖大典活动工作总结》上做出重要批示：“这次活动搞得很成功，取得了广泛的社会和经济效益。希望认真总结经验，把今后黄帝故里的拜祖活动进一步搞好，打出文化品牌。以后每年的拜祖活动仍按今年的做法来办，由省政协主办，由郑州市承办。明年的拜祖活动要及早筹备，应越办越好。”作为拜祖大典的主持人，您怎么理解这段话?

王全书：徐书记的批示站位很高，立意深远。既对今年的拜祖大典给予了充分肯定，又对明年的工作提出了更高要求；既对参加丙戌年黄帝故里拜祖大典筹备、组织、协调工作的同志给予了热情的鼓励，又对大家提出了殷切的希望；既要求我们认真总结经验，又对今后拜祖大典的组织形式作了进一步的强调。徐书记批示中的四层意思环环相扣，逻辑严谨，构成了一个完整的指导思想体系，为我们总结好今年工作，安排好明年工作指明了方向，明确了重点，具有很强的指导性、针对性和可操作性。

学习领会贯彻徐书记重要批示精神，我认为应把握以下几个重点。

首先，拜祖大典升格，出新、出奇、出彩

徐书记批示开宗明义讲："这次活动搞得很成功，取得了广泛的社会和经济效益。"徐书记一个"很"字，力重千钧，这里包含着省委对这次活动的充分肯定和高度评价。这个"很成功"，主要体现在社会效益显著、经济效益明显上。

我们当初制订方案时确定的五大目标，即整合河南文化、旅游、文物等厚重资源，打响黄帝文化这一黄金招牌、强势品牌；挖掘内涵、提升品位，扩大河南在海内外的感召力、影响力；吸引全球华人华商关注河南、寻求商机、投资置业；团结海内外华夏子孙，增强中华民族的凝聚力、亲和力；发展文化产业，建设文化强省，构建和谐社会，促进中原崛起等五个方面都得到了很好的体现。

在第二次协调会议上，我提到的主体活动要出新、出奇、出彩，大气势、大手笔、大场景的要求，得到了圆满的实现。尤其是拜祖正在进行时，天空出现了一个多小时的彩虹。我在徐光春书记、李成玉省长的示意下，及时向大家提示了这个天象奇观："朋友们请看，天空出彩虹了，天空出彩虹了！这是吉兆、祥瑞之兆！"一时，万人凝目仰视，形成了一个虔诚的拜祖氛围，将大典的气氛推向了高潮。

中国国民党副主席江丙坤返台后致信给我，表示虽然去过世界很多地方，但河南给他留下的印象最为深刻。世界华侨华人社团联合总会在致省委、省政府的信中，也盛赞拜祖大典"是一次海内外敬宗拜祖的时代典范，是历年以来国内所有拜祖活动中最精彩、最震撼、最成功的一次世纪经典"。

其次，认真总结经验，打出文化品牌

拜祖大典是落实省委、省政府部署的发展文化产业、建设文化强省的重要载体，是重视、创新文化遗产开发和利用的重大举措。我理解，徐书记的指导思想在于，拜祖大典是形式、是载体、是途径，打造、打出、打响文化品牌是方向、是重点、是目的。

根据这一精神，拜祖大典结束后，省政协和郑州市都进行了认真总结，郑州市还召开了总结表彰大会，正在编写《丙戌年黄帝故里拜祖大典资料汇编》。按照徐书记、李省长的安排，应陕西省的邀请，我带队参加了陕西省主办的黄帝祭祖活动；郑州市也派员赴陕西学习考察，写出专题报告，提出了一些合理化建议。

再次，坚持已有做法，创新工作思路

拜祖大典由省政协主办、省会城市承办，这种体制在全国没有先例可循。实践证明，这种组织形式是可行的、有效的、成功的。拜祖大典不是权宜之计，而是要形成制度，形成规范，长期坚持下去，以期和陕西的祭祖活动遥相呼应、相辅相成、优势互补、相互为用、交相辉映，形成“拜祖到新郑、祭祖到黄陵”的规制。当然，由省政协主办，郑州市、新郑市承办的组织、运行体制，也要在实践中探索，在发展中完善。最后，及早筹备谋划，力争越办越好。徐书记要求我们“明年的拜祖活动要及早筹备，应越办越好”。5月30日，我在丙戌年黄帝故里拜祖大典工作总结暨明年拜祖大典部署会上说，我们这个会议，既是总结会，也是明年黄帝故里拜祖大典的部署会。总体要求、工作重点、组织领导、工作原则该明确的要及早明确，该做的工作现在就要着手去做，只有早谋划、早安排、早动手，才能赢得主动，抢得先机；才能确保万无一失，稳操胜券；才能不断有所创造，有所前进。

总之，我们一定要站在全局的、战略的、政治的高度，认真学习、领会和落实徐书记4月18日的重要批示精神，努力做到四个统一，即把我们的思路和行动统一到徐书记重要批示精神上来；统一到认真总结经验，扎实搞好一年一度的拜祖大典上来；统一到发展文化产业，建设文化强省，构建和谐社会，促进中原崛起，树立河南良好形象上来；统一到增强中华民族凝聚力、向心力、影响力，实现中华民族大团结、大融合和祖国统一大业上来。久久为攻，必成大器，必成大果，必成大业。

盛和之世万众归

记者：王主席，我们应该如何认识和把握丙戌年黄帝故里拜祖大典的显著特点和主要成果?

王全书：这次黄帝故里拜祖大典，我们按照一流的标准、一流的运作模式，对整个活动精心设计、规划和实施，呈现出以下显著特点：

一是主题新。此次拜祖大典活动突出“盛世中国，和谐社会”的主题，重点在“盛”与“和”上下功夫，使得丙戌年黄帝故里拜祖大典成了拜祖典礼的成功范例。

二是规格高。主要表现在两个方面，一方面主办方规格高，即升格为由省里主办，郑州市政府、新郑市政府承办；另一方面邀请的领导规格高。此次拜祖大典，有三位国家级领导人参加，省委书记、省人大常委会主任徐光春同志亲自恭读拜祖文，徐光春书记、李成玉省长等领导同志敬献花篮，我本人主持拜祖大典，省四大班子领导参加，100多位省部级领导、100多位全国政协委员与会。

三是规模大。主要表现在“三多”：第一是邀请的海内外嘉宾多，已超过3000人；第二是港澳台及海内外来宾中的重量级人物多，如中国国民党副主席江丙坤率团参加了此次拜祖大典；第三是参加大典的人员多，据统计，现场有万余人参加了拜祖大典。这在国内的同类活动中是少有的。

四是影响广。这次拜祖大典由中央电视台新闻频道和国际频道、河南卫视、郑州电视台及新浪网、商都网等多家媒体进行现场直播，香港凤凰卫视、台湾东森电视台等进行了录播，境内外数十家媒体争相报道。仅中央电视台参与现场直播的工作人员就达400多人。

五是亮点多。这次拜祖活动设计了多个迎亲点，向国家领导和嘉宾赠送城市钥匙、更换拜祖服、敬献黄帝丝巾等，举行了以体现中原文化和黄河文化为特色的百狮欢歌、盛世盘鼓、龙腾迎宾、少林功夫、太极功夫、姓氏旗阵表演等多章节、多层次、多组合的具有轰动效应的民间文艺表演，引人注目的地方很多。

名传遐迩流续响

记者：我们很为河南今春名震一时的拜祖大典所骄傲。那么依您看，这个活动我们都收到了哪些方面的成效呢？

王全书：一是进一步增强了中华民族的凝聚力、亲和力和感召力。万余名华夏子孙共同礼拜中华民族的人文初祖，规模空前的盛典充满同根同源同宗的血脉深情。寻根求源、认祖归宗是中华民族固有的传统美德之一，也是国家亲和力、向心力和凝聚力的重要源泉。中华民族万姓同根、万宗同源，“根”与“源”就在轩辕黄帝故里。黄帝文化早已融入我们民族的血脉，成为连接所有中华儿女的精神纽带。千百年来，黄帝文化与其他文化融合共生、和谐相处，为世界文明进步作出了巨大贡献。此次拜祖大典的巨大成功，进一步增强了华夏子孙对祖宗的认同感，充分表明了河南作为中华文明的摇篮，对炎黄子孙、华夏儿女的吸引力、凝聚力和感召力。

二是进一步弘扬了黄帝文化和中原文化。隆重的丙戌年黄帝故里拜祖大典，通过媒体在第一时间传向全世界。这是我国近年来规模最大、规格最高、参加人数最多的拜祖大典，场面宏大壮观，气氛神圣庄严，展示了黄帝文化、中原文化撼人心魄的力量，给人们留下了深刻印象。拜祖大典整合了河南文化、旅游、文物等厚重资源，打响了黄帝文化这一强势品牌。作为炎黄子孙、龙的传人，海内外华人聚集在祖先圣地，共同礼拜轩辕黄帝，这无疑是一次全球亿万华人瞩目的拜祖盛典，是一次中华民族团聚中原的兴邦盛典，是一次展示盛世中国辉煌气象的和谐盛典，充分展示了黄帝文化、中原文化倾倒世人的独特魅力。

三是进一步宣传了河南，扩大了河南在海内外的知名度和美誉度。此次拜祖大典吸引了来自全世界的目光，引起了海内外媒体的强烈关注。拜祖大典现场云集了来自海内外58家新闻媒体的700多名记者，他们以强势媒体、主流媒体为主，从不同的视角、不同的侧面、不同的宣传方式、不同的受众层面，对拜祖大典进行了全方位、多侧面的宣传报道，从正面宣传了河南、推介了郑州，使得河南、郑州、新郑的知名度和美誉度进一步扩大。目前，“要拜祖到新郑”已成为国内外炎黄子孙的共识。黄帝故里——河南、郑州、新郑以其独特的寻根魅力，再次引起海内外炎黄子孙的瞩目。很多嘉宾通过拜祖大典，对河南、郑州经济社会的快速发展和灿烂的历史文化赞叹不已；中国国民党副主席江丙坤表示，今后要让更多的台商到河南投资兴业。

四是进一步促进了我省的对外开放和招商引资。黄帝故里拜祖大典刚刚落下帷幕，其旅游招商、节会招商的效果就凸显出来，仅两天时间，就敲定了合同总金额102亿元人民币的投资项目，且涉及的都是郑州所期待的投资重点领域，签约的16个项目包括高新技术产业、装备制造业、汽车及汽车零配件工业、食品加工业、旅游和文化产业等。大典后投资热持续升温，来自美国、加拿大、日本、匈牙利、意大利、印度尼西亚、法国、新加坡等国家和我国港澳台地区的工商企业界百位侨领和其他拜祖客人留在郑州继续进行经济、文化交流，在机械、电子、纺织、通信、基础设施建设和市场开发等方面进行广泛深入的考察洽谈。仅新郑市就新签约项目6个，总投资31亿元。在大典期间和大典之后签约的53个项目中，已动工25个，到位资金12.1亿元。正是因为打出了“寻根经济”这张牌，才使得越来越多的海内外投资者看好河南这块投资热土。

五是促进了我省旅游业的发展。伴随着丙戌年黄帝故里拜祖大典的成功举办，近段时间从世界各地到河南、郑州旅游观光、寻根拜祖的游客纷至沓来、络绎不绝。活动结束后，每逢周末、周日都有数万人到黄帝故里拜谒。“五一”黄金周，来新郑的游客数在郑州各景区中跃居第一位，许多商店的营业额连续翻番。拜祖大典引发了河南入境游热潮，河南几家大的旅行社已接受了来自世界各地接团的通知。面对来势汹涌的旅游热潮，省旅游局借拜祖大典的东风，大力推进河南入境游，将寻根旅游、观光旅游、红色旅游、乡村旅游、节事旅游和商务旅游结合起来，推出新的旅游产品，并与陕西进行区域合作，在旅游线路设计上下功夫，使寻根旅游更具特色、更有新意。

惊天一飞海内威

记者：王主席，您认为我们应该认真总结的丙戌年黄帝故里拜祖大典的成功经验都有哪些？

王全书：今年的拜祖大典升格为省政协主办，郑州市政府和新郑市政府承办。这是在徐光春书记的倡导下，省委、省政府做出的一个重大决策。

这次拜祖大典的规格之高，规模之大，议程之规范，主题之鲜明，媒体之关注，都是前所未有的，受到了海内外嘉宾及社会各界的广泛赞誉，写下了浓墨重彩的辉煌一页。拜祖大典的成功举办，是省委正确领导，主办单位、承办单位和所有工作人员共同努力，省市各职能部门和社会各界大力支持的结果。积累了许多弥足珍贵、值得吸取和坚持的好经验、好做法：

1．领导重视，建立省市县三级联动的协调机制，是办好拜祖大典的根本保证。

去年9月14日，徐光春书记在视察新郑黄帝故里时提出，要把黄帝文化开发好、利用好，打好黄帝文化牌。并明确提出将拜祖大典升格为省级主办，由省政协牵头组织这项活动。这一倡议高屋建瓴，高瞻远瞩。随后，在筹备工作的每一重要时刻，徐书记都亲自过问，悉心指导，仅具体批示就有四次。去年11月4日他就曾批示：活动由省政协主办，郑州市委、市政府和相关市委、市政府承办，省直有关部门予以支持。

拜祖大典当天，徐光春书记还亲率省四大班子成员出席，并恭读拜祖文。

李成玉省长也非常重视，多次做出重要批示，并同徐光春书记一同参加祭拜，敬献花篮。

省里还成立了以徐光春书记、李成玉省长为总顾问，我和孔玉芳、李克、曹维新、王文超、陈义初、赵建才诸位同志为负责人，省直20多个部门主要领导参加的工作机构，明确省里负责协调郑州市提出的问题和高层知名嘉宾邀请工作。

郑州市成立了执委会，下设六个工作组，全权负责主体活动（拜祖大典）和文化交流、旅游推介、经贸洽谈、文艺表演、安全保卫等相关活动。

新郑市成立了大典筹委会，下设几个工作组，倾全市之力，全力以赴做好各项基础性工作。大家心往一处想，劲往一处使，相互补台，配合默契，很值得称道。

2．精心策划，制订拜祖大典总案和具体方案，是办好拜祖大典的重要前提。

制订拜祖大典总体方案是搞好拜祖大典的基础性工作。在众多专家学者的参与下，拜祖大典执委会借鉴外地祭祖经验，审视新郑历年来拜祖大典的做法，确定了《丙戌年黄帝故里拜祖大典筹备方案（总案）》，并细化了各项具体实施方案。开展了“百万重金诚邀策划大家”活动，相继组织了“黄帝故里百万重金诚邀策划大家”活动初审会、答辩评审会、策划总案评审会，有20多家策划公司参与，收集了许多关于拜祖大典的“金点子”。邀请了香港麟德公司对拜祖大典进行战术策划，制订出了具体策划文案，并在省市领导的指导下多次修改、充实方案。执委会还邀请中央电视台著名导演吴楠担任拜祖大典活动总策划，对所有的策划方案及领导与专家的意见进行归纳、提炼与整合，制订出了一套系统完整的《拜祖大典执行方案》；中央电视台根据大典执行方案制订出了现场实施和电视直播工作方案，使大典得以有条不紊地进行，确保了拜祖大典的效果。

3．重点突出，抓好主体活动、高层知名嘉宾邀请、电视直播及宣传工作，是拜祖大典成功的关键所在。

我们组织的主体活动做到了“出新、出奇、出彩，大气势、大手笔、大场景”，《黄帝颂》被广泛传唱，天文奇观与盛世庆典为众多海内外人士所感佩。电视转播和宣传工作做到了我们在协调会上所要求的“不鸣则已，一鸣惊人；不飞则已，一飞冲天”。中央电视台现场直播时间长达90分钟，当晚的《新闻联播》作为要闻播报，在海内外观众中产生的视觉冲击力和心灵震撼力是无与伦比的，确实展示了新亮点，频现了闪光点，激发了兴奋点。

4．众志成城，大家的辛勤劳动和尽心尽力，是拜祖大典成功的有力保障。

这次拜祖大典，郑州市执委会发挥了主力军作用，付出了艰巨辛勤的劳动，做出了突出的贡献。在筹备工作中，从市直各单位抽调了一批责任心和工作能力强的同志，组成内设机构和各办事小组，大家以特别能吃苦、特别能战斗的工作作风，保证了拜祖大典各项任务的按时完成。由于工作时间紧、任务重、要求高，省、市和新郑的许多同志有饭不能按时吃、有觉不能按时睡、有家不能按时回，熬红了眼、累坏了腿、喊哑了嗓子，体现了吃苦耐劳、乐于奉献、顾全大局、团结协作的精神，着实令人感动。

寰宇来朝更有期

记者：王主席，前两天省会各媒体都发表了明年即丁亥年的黄帝故里拜祖大典消息。我们的读者很关心和期待明年有更大的声势。您有什么新的打算？

王全书：总结现在是为了开辟未来。今年拜祖大典的成功，只能说明这项工作有了一个良好的开端，更多的精彩还等待着我们去继续创造；今天的总结同时也意味着明年工作的开始。要像徐光春书记要求的那样："明年的拜祖活动要及早筹备，应越办越好。"

1．明确总体要求。总体要求可以概括为四句话：党政主导，政协主办，郑州承办，各方配合。

"党政主导"，即拜祖大典活动是省委、省政府的一项重大决策，是在省委、省政府的领导主导下进行的。"政协主办"，即由省政协牵头协调，提升规格，是主办而不承办，协调而不包揽。"郑州承办"，即具体工作由郑州市全权负责，工作的大头在郑州市和新郑市，活动的主体在郑州市、新郑市。"各方配合"，即有关省直、市直部门要同心协力，大力支持，通力合作。

省里由徐光春书记、李成玉省长担任总顾问，由我、孔玉芳、曹维新、王文超、王菊梅、陈义初同志负责，依托现有的工作机构，审定总体方案，协调各方关系，督促检查落实。作为主办单位，省政协由陈义初副主席和贾宏伟副秘书长负责具体协调联络工作。郑州市要充实执委会，请王文超、赵建才同志负总责，市里有关领导同志负责，并明确一名副书记牵头负责总体组织协调工作。

2．逐步形成规制。明年拜祖大典的时间仍然定为农历三月初三，以后依例举办，以期先声夺人，使之成为国内首场公祭拜祖活动。省里及有关部门要研究把两年一届的中国河南国际投资贸易洽谈会的举办时间适当提前，与拜祖大典紧依进行的可行性。建议省委、省政府明确牵头部门，组织有关专家进一步论证把淮阳的中华人文始祖伏羲大典，沁阳的神农祭天坛活动，内黄的颛顼、帝喾祭拜活动等人文资源整合起来，实施同步祭拜，定为同一天，把新郑黄帝故里作为主会场，其他设为分会场；或统一定一个时间段，有先有后地进行。

3．确定工作重点。一是主体活动。郑州市执委会要高度重视大典礼仪设计，组织国内外一流专家学者，分成若干个精干小组，分别对拜祖大典的议程、仪式、礼仪、服装、乐舞、拜祖文等软硬件逐项进行研究论证，并通过媒体、网络向社会公开征询意见。此项工作，要以省内专家学者为主，重在协调组织，善借力量，尽量少花钱、办成事。二是高层知名嘉宾邀请工作。三是电视直播和宣传工作，也要尽早策划，多增加一些投资少、收益大、影响广的内容。

4．尝试市场运作。借鉴其他地方的经验，能市场化运作的可尝试市场化运作，有关部门应着手研究开发系列旅游产品。向来宾馈赠的礼品也可采用出售冠名权的方式由知名品牌公司承担。可研究改变单纯由财政出资的旅游项目，改为植“敬仰林”“子嗣林”，立“功德碑”等形式，融公益性与营利性为一体。我们的促进会或基金会要争取年内成立并投入运行，以接受海内外捐赠，支持黄帝故里的保护、整修、建设和拜祖活动。

5．注意简朴节约。要发扬艰苦奋斗精神，坚持勤俭节约、勤俭办一切事情的原则，防止铺张浪费，力争以最低的成本换取最好的效益。

主办、组织、服务好拜祖大典工作，是省委交给我们省政协的义不容辞的政治责任和光荣任务，我们愿同大家一道，同心协力、和衷共济，以一流的工作，把明年的拜祖大典办得更好，给世人一个精彩！

（原载于《大河报》2006年6月2日）

“三月三拜轩辕是古之定制”

定于4月19日举行的丁亥年黄帝故里拜祖大典各项工作目前正在有序地进行着。而黄帝故里拜祖大典的由来、今年将有哪些节目安排等等，都是很多市民想了解的。

昨日下午，省政协主席、河南省丁亥年黄帝故里拜祖大典组委会主任王全书接受晚报记者专访，对市民关心的一些情况进行了说明。

日期选择三月初三拜轩辕，是古之定制

记者：黄帝故里拜祖大典时间定在4月19日，应该有什么讲究吧？

王全书：民谚说：“三月三，生轩辕。”农历三月初三礼拜轩辕黄帝，这一古之定制一直延续至今。今年即丁亥年的农历三月初三，是阳历4月19日，所以今年的拜祖大典主体活动就定在4月19日上午举行，这是所有活动的龙头。

品牌效应大批历史文化资源所在地想合作

记者：河南在举办拜祖大典方面有哪些优势？

王全书：作为中原文化也就是中华民族主体、根脉、源头的黄帝文化，历来为全球华夏子孙所推崇。如果说，文化强省的支撑和主干是中原文化，那么，中原文化的根脉和核心就是黄帝文化。而新郑黄帝故里拜祖大典正是这种中原文化、黄帝文化独具历史震撼力和时空穿透力的生动体现。另外，河南文化资源丰富，文化底蕴浓重深厚。《中华姓氏大典》中的4820个姓氏中，起源于河南的有1834个，占38%；在当今的300个大姓中，根在河南的有171个，占57%。去年成功举办了黄帝故里拜祖大典后，河南一大批历史文化资源所在地纷纷表达了合作的强烈愿望，拜祖大典的品牌效应得到初步显现。

市场运作正研究设立“功德碑林”

记者：黄帝故里拜祖大典的运作机制是什么样的?

王全书：根据去年的实践，今年拜祖大典工作的总体要求仍然是“党政主导，政协主办，郑州承办，部门配合”。党政主导，即拜祖大典活动是在省委、省政府的直接领导和主导下进行的。政协主办，就是由省政协牵头协调，提升规格，聚拢人气。郑州承办，部门配合，是说具体工作由郑州市委、市政府全权负责、全面承担，工作的大头和活动主体在郑州市、新郑市，省直、市直有关部门则需要密切配合。

记者：拜祖大典如何进行市场化运作?

王全书：黄帝故里拜祖大典要一年一度坚持不懈地办下去，在坚持党政主导的前提下，加大市场化开发的力度，加快市场化运作的进度，加强市场化发展的速度，只有这样，拜祖大典活动才会有不竭的动力。这方面，我们应该向陕西祭陵、山东祭孔活动取经。如可以设民间主祭人，拿出若干点火上香、敬献花篮的名额，面向海内外企业界进行市场化操作。省新华书店拟开发制作黄帝木牍像、青铜香鼎、《拜祖文》竹简等，比较有新意，郑州市执委会可以协调相关单位、公司，对类似创意进行研究，适时支持其开发制作。另外，向来宾馈赠的礼品也可用出售冠名权的方式，由知名品牌公司承担。郑州市、新郑市也要研究拿出几块地方，设立“敬仰林”“子嗣林”“功德碑林”，并规范运作，融公益性和营利性于一体。

大典亮点拜祖文正请历史学家等把关推敲

记者：丁亥年黄帝故里拜祖大典的活动内容有哪些?

王全书：今年拜祖大典要突出“和谐中原、和谐中国”的主题。省委书记徐光春同志在拜祖大典上诵读的拜祖文，要延请历史学家、古文专家、资深作家把关、推敲，争取3月底审改定稿。其他五项活动的时间初步排定为：4月18日上午，在黄河风景名胜区举行炎黄二帝巨型塑像落成典礼；4月17日至19日，在新郑市举行黄帝文化论坛，余秋雨、于丹等文化名人将莅临纵论；

4月18日下午，在郑州市举行炎黄文化高层论坛，李学勤、冯其庸等历史学界泰斗将立论捭阖。18日晚上，在郑东新区会展中心举办黄帝拜祖大典音乐会。4月19日下午，举办拜祖大典全国书画联展。4月17日至19日，穿插举办经贸洽谈与旅游推介活动。4月20日，“海峡两岸书画大展”在宋砦弘润华夏大酒店开幕。

考证推介新郑为黄帝故里，是不争的事实

记者：新郑作为黄帝故里的说法，目前有定论吗？

王全书：新郑作为黄帝故里的定论，历代正史有记载，当代史学家有结论。战国《竹书纪年》卷上说：“黄帝轩辕氏，元年帝即位居有熊”；汉代司马迁著《史记·帝王本纪·集解》曰：黄帝“受国于有熊，居轩辕之丘”，“有熊，今河南新郑也”。原全国人大常委会副委员长、著名历史学家周谷城，中国社会科学院历史研究所所长李雪芹，中华炎黄文化研究会副会长、著名红学专家冯其庸等史学界权威通过研究论证，一致确认黄帝故里就在河南新郑。

记者：考证推介还包括其他哪些方面？

王全书：考证推介还要对黄帝文化的内涵、特征、作用、传播途径等进行挖掘、定位。对黄帝故里的历史遗存要进一步考证，对“具茨山”“始祖山”需要进一步规范。就是说，对黄帝故里的考证，对黄帝文化根源性、原创性、主体性的确认必须言之有据，言之有理，言之凿凿。这就需要组织相关专家、学者，详细地研究、确认、定性、整合和推介。

节约办典以最低的成本获得最好的效益

记者：您认为举办黄帝故里拜祖大典还需要注意哪些方面？

王全书：在拜祖大典筹备举办期间，一定要做好节约办典工作。注意勤俭办事，不能心浮气躁，避免铺张浪费，力争以最低的成本获得最好的效益。

（原载于《郑州晚报》2007年3月27日）

加强诚信建设　促进中原崛起

——访河南省政协主席王全书

中国企业报记者 王少华

近年来，河南省委、省政府高度重视诚信道德教育和诚信体系建设，内强素质，外树形象，多策并举，共铸诚信，使河南的整体形象得到了大幅提升。目前，河南各地正在开展“新解放、新跨越、新崛起”大讨论，如何进一步加强诚信建设、加快实现中原崛起再度引起全社会的关注。近日，本报记者就此专访了河南省政协主席、河南省信用建设促进会名誉会长王全书。

记者：王主席，我们注意到，您对企业和全社会的诚信建设十分重视，多次在不同场合就诚信建设问题发表精辟言论。请问您是如何理解“诚信”的？

王全书：诚信，顾名思义，就是指诚实无欺、守信履约。通俗地讲，就是要说老实话、办老实事、做老实人。胡锦涛总书记在党的十七大报告中强调，要“以增强诚信意识为重点，加强社会公德、职业道德、家庭美德、个人品德建设”。人无信不立，家无信不和，企无信不旺，国无信不稳，世无信不安。大力弘扬诚信之风，加快推进诚信建设，对于提高公民道德水平、调节人际互动关系、规范市场经济行为、协调社会各方利益、促进和谐中原建设，具有颇为重要的现实意义和未可限量的作用。我们可以从四个方面理解诚信：

其一，诚信是中华民族的传统美德。中国是一个有着悠久传统的礼仪之邦，在长期的社会道德实践中，诚信一直被人们视为安身立命之本、道德修养之基。从《礼记》的“讲信修睦”，到《周易》的“人之所助者，信也”；从孔子的“人而无信，不知其可”，到孟子的“诚者，天之道也”；从老子的“轻诺必寡信”，到庄子的“不精不诚，不能动人”……古代贤哲给我们留下了许许多多脍炙人口的诚信格言。曾参教子、商鞅移木、孙膑一诺千金、宋濂连夜抄书等传世佳话，更是将中华民族“一言既出，驷马难追”“言必信，行必果”的诚信品质演绎得淋漓尽致。

其二，诚信是道德建设的重要内容。诚信作为社会主义道德体系的重要组成部分，不仅规定了每个道德主体诚实守信的道德责任，而且确立了全社会道德建设的基本前提。每个社会成员只有以诚实的态度加强道德修养，以守信的品质恪守道德规范，各种道德要求才能融于心，付于行。正因为如此，《公民道德建设实施纲要》中，“明礼诚信”被概括为道德规范的必备要素。胡锦涛总书记倡导树立的以“八荣八耻”为主要内容的社会主义荣辱观，诚信也被列为重要内容之一。

其三，诚信是市场经济的基本准则。市场经济本质上是一种信用经济。商品的买卖、资本的借贷、证券的交易，无不以信用为支撑。伴随着经济全球化趋势的发展，以劳动和资金为重点的低端竞争，正在逐渐转向以核心技术和品牌信誉为重点的高端竞争；市场主体早期对产品质量的单纯强调，越来越多地转向对重诺守信的伦理要求。市场主体的任何失信违约行为，都有可能导致等价交换链条的断裂，造成市场经济秩序的混乱。对企业而言，诚信是无形的力量，是潜在的财富，是遨游商海的通行证，是市场角逐的助推器。对一个国家或一个地区而言，诚信是现代文明的显著标志，是对外开放的形象大使，是持续发展的厚重基石。

其四，诚信是和谐社会的内在要求。我们要构建的社会主义和谐社会，是一个民主法治、公平正义、诚信友爱、充满活力、安定有序、人与自然和谐相处的社会。在和谐社会建设中，每个社会成员只有自觉遵守诚信规则，共同维护公共秩序，尊重他人，理解他人、关心他人、信任他人，整个社会才能形成团结友爱、和睦礼让的人际关系；政府只有带头讲诚信，提高公信力，才能更好地履行经济调节、市场监管、社会管理和公共服务职能，践行民主法制，维护公平正义；各行各业只有以诚信为纽带，正确处理义与利、竞争与协作、局部与全局、眼前与长远的关系，经济活力才能竞相迸发，社会合力才能融汇凝聚。

记者：请问今后一个时期，河南应该如何进一步确立诚信意识，打造诚信社会？

王全书：我们要从加快发展、扩大开放、维护稳定、促进和谐的战略高度，更加重视诚信建设，让诚信理念成为全社会共识，让诚信行为化作全社会自觉，让诚信典范得到全社会尊重，让失信主体受到全社会制裁，从而形成人人尚诚信、事事讲诚信、时时守诚信、处处重诚信的良好社会风尚。

一要大力开展诚信宣传教育。要按照社会主义荣辱观的要求，认真贯彻落实中宣部等部门联合下发的《关于开展社会诚信宣传教育工作的意见》，充分利用广播、电视、报纸杂志、信息网络等新闻媒体，持久开展“3・15消费者权益保护日”“9・20公民道德宣传日”“12・4法制宣传日”“诚信纳税日”等集中活动，大力宣传诚实守信的重要意义，适时推出诚实守信的先进典型，鞭挞失信行为，揭露失信危害，努力营造诚信为本、操守为重、守信光荣、失信可耻的浓厚舆论氛围。家庭、学校和社会都是诚信教育的课堂和阵地，诚实守信的品德必须从小开始培养，必须从娃娃抓起。家长要言传身教，身体力行；教师要学高为师，德高为范。组织丰富多彩的、为广大青少年所喜闻乐见的诚信教育活动，使其入耳、入目、入脑、入心，把正在全省大学生和未成年人中开展的“伦理、心理、生理”教育引向深入。

二要有效组织诚信实践活动。以“消费者权益保障”“诚信经营推广”“重合同守信用企业评选”“金融业诚信联盟”“诚信维权中原行”“百城万店无假货”“质量万里行”等为载体，广泛开展“道德规范进万家、诚实守信万人行”活动。在组织开展文明城市、文明景区、文明村镇、文明行业、文明单位、文明家庭、人民满意公务员等各类创建活动时，要强化诚实守信的主旨，突出诚信建设的内容。组织诚信实践活动，要与公民道德教育相结合，与各行各业开展业务相结合，与每个社会成员履行岗位职责相结合，与各个部门解决群众关心的热点难点问题相结合，不断总结经验，创新形式，增强活动的实效性和感召力。

三要注重抓好诚信建设主体。实施包括政务诚信、商务诚信、社会诚信在内的诚信体系建设。政府信用是建设社会信用体系的主导，各级政府要依法行政，公正执法，廉洁自律，勤政为民，提高办事效率，规范办事程序，加强信用担保体系和信用制度建设，认真落实各项社会承诺，提高公信力，以党风、政风带民风。企业信用是建设社会信用体系的重点，各行各业要自觉遵守诚实纳税、守法经营、及时还贷、按期交费、信守合同、童叟无欺等职业道德规范，建立服务公约，提高自律水平，杜绝失信行为。公民是组成社会的细胞，建立社会信用体系，归根结底要以每个公民的诚信为基础。只有人人知荣辱、个个讲诚信，诚信才能在全社会蔚然成风；只有首先成为诚信建设的参与者，才会成为诚信建设成果的受益者。

四要切实加大诚信奖惩力度。建立征信业务机构和公共信用信息网络，健全信用评价体系，依法采集并向公众提供个人或单位的资信、经营、纳税、信贷、质量、服务、履约等各方面的信用信息，有效解决信息不对称的矛盾。建立完善信用奖惩制度，通过对守信者的必要奖励和对失信者的严厉惩处，让“诚信无价、信用有价”成为全体社会成员的高度共识。对守信者，在精神鼓励的同时，要让他们得到更多的物质实惠，如：更低的利率水平，更长的信用账期，更高的信用额度，更多的就业机会等等；对失信者，不仅要通过信用信息网络将其失信行为记录在案、公之于众，使其一处失信、处处受制，一时失信、时时受制，而且还要给以必要的物质惩处，如：针对不同程度的失信行为，分别在贷款、就业、税收、投标竞标等方面予以制约，使其为失信花费昂贵的成本，付出沉重的代价。

记者：刚才您多次提到信用问题，据我所知，由于我国历史上商品经济长期不发达，所以道德意义上的诚信典范不胜枚举，而经济意义上的信用制度却严重缺失。请问如何科学理解信用制度的基本内涵？

王全书：我认为，经济学意义上的信用制度，其基本内涵至少应该包括以下几个方面：

第一，就信用概念本身而言，它的核心是债权债务关系，是指与价值运动相联系的债权债务关系及偿还情况。在现代市场经济条件下，这种信用关系的领域在不断扩大，不仅包括信贷保险等金融信用，还包括各种商业信用以及信任关系。各种信用形式的出现和信用交易规模的增加，对驱动经济增长、提高人民生活水平、降低交易成本发挥着巨大作用。

第二，就社会信用体系而言，它是一个更为广义的系统范畴，不仅包含人们通常所说的信用服务体系，也包含支撑这一服务体系运作的各项基本制度或基础设施，比如信用道德支撑体系、信用法律法规体系、社会监督体系等。由于我国缺少市场经济自然成长的历史过程，加强信用道德支撑体系、信用法律体系、社会监督体系等信用基础设施建设，显得尤为必要。

第三，就社会主义市场经济的整体而言，信用、道德、法律作为社会主义市场经济的三大基石，道德是一种自律和自我规范机制；法律是一种具有强制力的惩罚机制，主要是对触犯法律的失信行为进行强制性惩罚；而信用则是一种社会制约机制。三者相辅相成，缺一不可。

加强社会信用体系建设，是党中央、国务院做出的一项重大战略决策，是实践“三个代表”重要思想、落实科学发展观、构建和谐社会的内在要求，是完善社会主义市场经济体制、健全现代市场体系的必然选择，是适应对外开放新形势、主动参与经济全球化的战略举措，是整顿和规范市场经济秩序的治本之策，是党和政府提高执政能力的重要标志，优化地区投资和贸易软环境的重要措施。

记者：去年年底，您当选为河南省信用建设促进会名誉会长。请问河南省信用建设促进会准备如何以营造“信用河南”为己任，积极开展各项工作?

王全书：随着改革开放的深入，政府职能正在发生重大转变，一些过去由政府承担的职能将逐步移交给社团或中介组织。在这样的大背景下，河南省信用建设促进会的闪亮登场，有利于解决在市场经济条件下政府不能办而企业办不好的事情；有利于整合各种社会资源，团结各种社会力量，营造良好的社会环境，建立良好的社会信用秩序；有利于推动信用体系建设，营造“信用河南”，加快中原崛起。今后，河南省信用建设促进会将按照民政部门社团管理条例、促进会章程、业务主管部门批准的业务范围，开展好五个方面的工作：一是搞好调研，为政府当好参谋。二是办好“信用河南”网站。三是搞好试点，开展信用创建活动。四是完善规章制度，加强自身建设。五是积极发展新会员，不断壮大会员队伍，扩大影响力，增强吸引力。

社会信用体系建设涉及到经济社会的各个方面，是一项复杂的系统工程。真诚希望各有关部门、各企事业单位关心支持河南省信用建设促进会的工作，积极参与到信用建设中来，共同为加快我省社会信用体系建设，建设诚信河南、信用河南尽心尽力。

（原载于《中国企业报》2008年9月26日）

打造全省旅游产业新亮点

——王全书率省政协常委视察团视察我市发展旅游产业情况侧记

本报记者　黄伟

带着对“旅游立省”战略的深入思考，探究新形势下旅游产业发展新模式，8月12日，省政协主席王全书带领省政协常委视察团莅宛，就我市“旅游立省”战略的贯彻落实情况进行视察。

在实地考察西峡县恐龙遗迹园、双龙镇化山旅游度假村、老界岭景区等旅游景点后，王全书盛赞南阳的旅游产业发展走在全省前列，处处是精品，是全省的排头兵。特别是南阳文化旅游、生态休闲游特色突出，“政府主导、企业主体、市场运作、社会参与”的发展模式活力四射，值得在全省推广。

省政协副主席王训智、靳绥东、邓永俭、王平、李英杰、龚立群、梁静及省政协秘书长张秉义，省政协副秘书长，省政协各委主任，部分全国政协委员及省旅游局相关负责同志等50余人参加了视察。

市领导黄兴维、原永胜、冯晓仙、李中杰、文学林，市三届政协主席解朝来等陪同视察。

据悉，“旅游立省”战略是今年5月27日省委、省政府召开全省旅游产业发展大会时确立的一项重要战略决策，明确提出要把旅游产业放在更加优先的位置来发展、来培育，使旅游产业成为实现中原崛起的强大支撑。

“来了不遗憾，值得走一遭”

一路走来，身虽疲惫，心却畅然。省政协常委视察团成员时时被独特的地域特色所感染，深深陶醉在南阳的青山秀水间。

当日上午，王全书一行首先来到恐龙遗迹园，亲身感受龙乡恐龙蛋文化。

在这里，一行人被深深震撼。栩栩如生的恐龙模型，品种众多的恐龙蛋化石让省政协常委视察团成员惊叹不已。恐龙蛋遗址展馆天井剖面构思好、设计巧，生动形象地展示了地质的演变，得到了视察团成员的高度评价。走进时空隧道、仿生恐龙园和动感4D影院，视察团成员亲身体验了恐龙时代弱肉强食的生存竞争场景，变幻的光柱、恐龙的“叫声”使他们仿佛置身于遥远的白垩纪时代……王全书称赞，恐龙遗迹园“世界之最、叹为观止”，它的构思设计、经营管理机制，放眼全省乃至全国都是少有的，很有示范意义。

群山环抱、碧水环绕、绿树掩映下，数十幢别墅式农家宾馆错落有致。走进双龙镇化山旅游度假村，仿佛置身于美丽的塞纳河畔。当了解到这个典型的深山村、曾经的省级贫困村，依靠旅游产业发展带动，如今全村人均收入由数年前的500多元增长到6000多元，成了远近闻名的市级生态文明新村时，王全书十分高兴，对当地借助生态旅游开发促进新农村建设的发展思路表示了充分肯定。

随后，王全书一行来到了被誉为“中国最佳休闲度假胜地”的老界岭景区。通过1060米长的空中索道，眼观四面叠嶂翠，耳听林间风声吹，眼前的老界岭山川秀美、林海苍茫，各种景色异彩纷呈。在观景台和伏牛山神处，视察团成员为大自然的鬼斧神工惊叹不已。特色资源变为特色旅游，老界岭深层次、高标准的规划开发，引起王全书对“旅游立省”战略的深深思索。他风趣地说：“到这里来旅游，来了不遗憾，值得走一遭。”

南阳旅游前景更好

在视察中，市委书记黄兴维向省政协常委视察团成员简要介绍了南阳的市情和“旅游立省”战略的贯彻落实情况。他说，南阳是旅游资源大市，历史文化积淀厚重，山水景观兼容南北。近年来，南阳坚持把发展旅游产业作为调整经济结构的突破口，把实现文化旅游产业的新突破作为今后几年的“四大突破”之一，并写进党代会报告，明确提出要打造全省文化旅游产业的新亮点。通过完善交通、培育景区、创新机制、搞好服务、扩大宣传，围绕“一山一水一恐龙”，南阳旅游产业得到快速发展，形成了世界人与自然生物圈保护区、中国北方山地度假胜地、南水北调中线工程渠首、中国恐龙第一馆“四大”特色品牌。今年上半年，南阳共接待海内外游客664.7万人次，同比增长41.3%；实现旅游收入31.9亿元，同比增长27.3%。

王全书对南阳旅游产业的发展给予了充分肯定，他指出，实施“旅游立省”战略是省委、省政府审时度势，立足于我省实际，以科学发展观为指导，谋划新发展做出的一项重大决策，尤其是在当前国际、国内经济形势严峻，保增长、扩内需、促就业任务繁重的情况下，更具有重要的现实意义。南阳发展旅游产业的基础和条件得天独厚。希望南阳紧紧抓住全省实施“旅游立省”战略这一机遇，坚持科学发展观，通过解放思想创新旅游产业发展模式，继续坚持保护与开发并重，加快资源整合，大力培育市场主体，积极引进优势企业和战略投资者，发展壮大一批骨干企业，构建链条完整的旅游产业体系，增强南阳旅游产业的核心竞争力，使其成为新的经济增长点和重要的支柱产业，实现由旅游资源大市向旅游强市的转变。

对未来南阳旅游产业的发展，王全书寄予厚望。他指出，文化与生态，是区域旅游发展的重要战略资源，也是核心竞争力之所在。南阳要进一步深挖旅游资源潜力，科学规划旅游项目，将厚重文化、秀美山水与旅游品牌更好地融合到一起，全面叫响南阳旅游大品牌。要把旅游产业的建设融入中原崛起的大盘子中去认识和谋划，进一步明确项目建设目标，全力打造全省旅游产业的新亮点。要在解放思想中拓宽发展思路，在深化改革中激发发展动力，充分调动政府、企业和社会三方面的积极性，形成推动旅游产业发展的强大合力，为旅游资源优势转变为产业优势、发展优势夯实基础，做大做强南阳旅游产业。南阳旅游，前景更好。

（原载于《南阳日报》2009年8月13日）

河南文化产业应错位发展

本报驻河南记者　陈关超　张莹莹　许国华

不久前，国务院出台关于支持河南省加快建设中原经济区的指导意见，将打造华夏历史文明传承创新区明确定位为建设中原经济区五大战略之一。面对新的历史任务和机遇，中原文化如何走出去，河南如何打造华夏历史文明传承创新区？近日，记者采访了全国政协教科文卫体委员会副主任、河南省政协原主席王全书。

错位发展突出河南特色

王全书说，河南文化资源丰富、得天独厚。但最新统计报告显示，河南文化产业发展指数年增速未能进入全国前10位，而在增速最快的10个省区市中，有5个位于中西部地区。这说明，河南文化产业发展速度和经济发展的水平并不相称，河南加速发展文化产业已经迫在眉睫。“河南文化产业的发展，要善于挖掘自身唯一性、独特性的资源，结合自身特点寻求错位经营，要创出自己的特色，扬长避短，做到人无我有、人有我优。强化比较优势，避免一哄而上的同质化竞争。如动漫产业作为一个复合型产业，与发达地区相比，河南在这方面的优势并不明显。”王全书说，文化产业要发展，就要占领优势特色资源，创新资源利用方式，站在产业价值链的顶端。遗憾的是，少林武术、太极拳这些享誉世界的文化资源，在河南却没有形成自己的产业。王全书强调，少林功夫具有唯一性、不可复制性，是一种文化、一门艺术、一个技能，而不是廉价劳动力。登封市大大小小的武校50多所，每年培养上万的人才，但是，就目前来说，这些人才的就业门路并不是很广，其中大部分人做了保安，学得一身好功夫并没有实现应有的社会价值，这个问题值得我们深思。

整合运作实现产业升级

王全书认为，河南文化资源缺乏整合、缺少品牌。产业发展不能是一盘散沙，要以知名品牌为龙头，着力培育跨地区、跨行业、跨所有制，具有较强综合竞争力的大型文化企业集团。如河南杜康酒既为我国粮食酿酒之祖，又为我国传统历史文化名酒，有“何以解忧，唯有杜康”的千古佳句，也有国外元首对于杜康酒的佳话，杜康酒在海内外的影响力可见一斑。这是酒的魅力，更是文化的魅力。我们能不能把河南所有的白酒品牌整合一下，主打杜康酒，其他像仰韶酒、赊店酒都作为它的子品牌，把杜康酒打造成为能够和贵州茅台、四川五粮液等齐名的顶级品牌？“整合运作要有国际视野，河南武舞结合的作品和演出已经取得了很好的社会效益，河南能不能为少林功夫建设一个专门的剧场，每天都有少林武术表演，这种表演一定要有创新，如灯、光、电加上功夫，把少林功夫演绎成为一种雅俗共赏的文化？”王全书说，能不能成立专门的少林武术产业公司，通过他们的介绍，将这些武校毕业的学生推广到五大洲，推荐给国外的大公司或者驻外使节？要考虑让走出去成为一种常态，可以在国外设点，常驻演出，也可以和国外大学联合办功夫学院。王全书说，河南发展文化产业应该寻求错位发展，突出特色，整合运作。作为文化资源大省，河南一定可以大有作为，具有中原特质的文化大发展、大繁荣一定可以实现。

（原载于《中国文化报》2011年12月6日）

回望·前行

回望，是为了凝视一路走来的足迹，充实更精彩的前行；前行，是为了拼搏璀璨夺目的未来，刻画更深刻的回望。

豫剧，是几千年来华夏文化的结晶，是中华戏曲文化的“钻石”。作为中国五大剧种之一，豫剧的传承与发展，更是承载着对历史文化的弘扬及精神文明的建设。

在此，全国政协教科文卫体委员会副主任、中华豫剧文化促进会会长、河南省政协原主席王全书带领我们探寻豫剧的发展轨迹，讲述豫剧鲜活的生命力，揭示中华豫剧文化促进会工作的方向。

梨园百花香豫剧源远流长，中国戏曲肇始宋金，初盛于元，繁荣于明清，绵延至今，为我国广大人民群众所喜闻乐见，争相传习。在千年的历史长河中，各个剧种相互交融，形成了百花齐放、百家争鸣的洋洋大观。豫剧便是其中的集大成者之一。中原所处的地理位置，造就了豫剧“承东启西纳百调，连南贯北融一台”的特点。豫剧自清代乾隆年间诞生以来，历经峥嵘岁月而长盛不衰。到了近现代，豫剧表演艺术更是与时俱进、推陈出新，仅坤角就孕育催生了多位名家。从西北边陲到宝岛台湾，从繁华都市到偏乡僻壤，到处流淌着豫剧圆润悦耳的旋律，回响着人们耳熟能详的唱段。

目前，豫剧团体的数量、从业人员和拥有的观众人数，在中国戏曲大家族中名列前茅。30年来，在涵盖了70个剧种的中国戏剧梅花奖获奖演员中，豫剧仅次于京昆，远在其他兄弟剧种之上。20世纪中后叶，豫剧的发展更是达到空前盛况，王全书对此进行了如下总结：

在豫剧的百花园中，仅坤角就产生了常香玉、陈素真、崔兰田、马金凤、阎立品“豫剧五大名旦”，也有人将桑振君包括在内，称为“豫剧名旦六大家”。她们在声腔上都各具风格而自成一派，为豫剧的繁荣发展起到了不可估量的作用。如常派的激越奔放、大气磅礴，陈派的刚柔相济、含蓄秀美，崔派的沉稳厚重、委婉抒情，马派的清脆明亮、秀丽华贵，阎派的醇甜细润、自然天成，桑派的字乖韵巧、闪滑抢离，都匠心独运、别具一格，从而将中华豫剧推向了璀璨夺目的巅峰。六大流派都有自己的代表剧目，如常派的《拷红》、陈派的《宇宙锋》、崔派的《桃花庵》、马派的《穆桂英挂帅》、阎派的《秦雪梅》、桑派的《对绣鞋》等。

在豫剧表演上，王全书也许是个外行。但要说到豫剧的发展历程、精彩剧目，以及那些可圈可点的唱派名家，王全书便侃侃而谈，绝对称得上行家了。“融入血肉，深入骨髓”，谈到自己对豫剧的“情有独钟”，王全书坦言，我生在河南，长在河南，学在河南，干在河南，从一名普通干部到省政协主席，一路走来，始终与豫剧、曲剧、越调等河南戏曲相伴而行，从小就接受中原文化的熏陶。我的老家地处黄河滩区、穷乡僻壤，小时候看不到电影、电视，几岁就跟着大人跑十几里地去看戏。那些远远就从戏台上传来的旋律，至今仍深深印在我的脑海里。爱好在于引导，习惯在于培养，我就是在大人们的引导下，在戏曲艺术的潜移默化中，深深地喜欢上豫剧的。不仅是豫剧，还有曲剧、越调、大平调、大弦戏、四平调、二夹弦、河南坠子等，都曾伴随我的成长。很多调门我都熟悉，至今我仍然能用口技来演奏和伴奏——它们就仿佛融入了我的血肉、深入了我的骨髓一样。

王全书与豫剧的“缘分”远不止喜爱二字，在剧本方面，20世纪70年代，王全书就参加了“修改”《朝阳沟》的工作。进入新世纪的头几年，王全书还组织打造了现代豫剧《村官李天成》。该剧五进北京、两进上海，在省内外城乡演出突破千场；该剧和同名戏曲电影还双双荣获中宣部全国“五个一工程奖”，并获田汉戏剧剧本一等奖，中国电影华表奖，文华剧目、剧作、表演、导演、音乐等诸多奖项，男女主角等三人分获中国戏剧梅花奖、白玉兰奖。2012年，文化部组织“2012年全国优秀剧目展演”，王全书还对调演的《兰考往事》进行了后期修改。2011年，《国务院关于支持河南省加快建设中原经济区的指导意见》出台，对河南的五大战略定位之一，就是“华夏历史文明传承创新区”。

在这一机遇背景下，王全书想起自己先前带队去台湾开展“中原文化宝岛行”活动时了解到，在台湾有两大剧团，一个是国粹京剧团，另一个就是豫剧团。他们并不是简单地把豫剧当作一个地方剧种，而是把它作为中原文明的一种文化象征、文化符号来传承的。王全书注意到河南的民间戏风很浓郁，河南电视台的《梨园春》是同类节目中收视率最高的一档节目。它的主要形式，就是呼应民间的戏曲热情，鼓励民众参与。节目中有名家唱，也有青少年唱，还有成人票友的参与。可以说，《梨园春》将传统的戏曲艺术和先进的现代传媒有机结合，使之相映生辉，是满足广大民众对中华戏曲文化需求的一次创新。

王全书及时把握这一契机推广豫剧。他认为，推广豫剧，弘扬中华优秀传统文化，是建设上升为国家战略的中原经济区战略定位之一——“华夏历史文明传承创新区”的题中应有之义，自己应该也必须要有所作为，为豫剧苦心孤诣传承文化身体力行。随着工业化、城市化的快速推进，文化的发展空间受到严重挤压，尤以戏曲、民俗为甚。目前，河南仅剩30个戏剧剧种。如何让戏曲这一文化精粹得以继承发扬，已经成为迫在眉睫的问题。基于对文化传承的责任感和使命感，从“心动”变为“行动”，王全书为促进豫剧的发展做了许多努力。2010年6月，在中央和全国政协领导的关怀支持下，中华豫剧文化促进会在北京全国政协礼堂成立，它为政府、企业、豫剧团体三方互动搭建了新的平台。“一方面，对豫剧的推广可以看成弘扬中华传统文化、凝聚中华民族精神的一个举措；另一方面，豫剧有如此深厚和广泛的民众土壤，那么推动豫剧事业也是以文化惠及民生的一种有力体现。这正是我们豫剧文化促进会开展工作的出发点和落脚点。”王全书对成立中华豫剧文化促进会的初衷进行了说明。王全书表示，促进会成立后，本着“帮忙而不添乱、辅助而不替代、协作而不包办”的原则，积极开展了一些“促进”工作：与文化部艺术司、河南省文化厅、郑州市政府联合举办了主题为“豫剧的盛会，人民的节日”的第二届中国豫剧节；与中央电视台、河南电视台联合摄制的《中华豫剧》文献片正在筹拍之中；“大师原声高徒表演”即豫剧名家音配像工程，已完成一部分，还在继续推进；举办了专场戏曲晚会，向年逾九旬的豫剧表演艺术家马金凤、戏曲人物画家刘石平颁奖；策划编纂出版了中华豫剧史上最具动态历史感的集成式戏剧宝典——六卷本的《樊粹庭文集》；促进会还拟打造一个“《梨园春》天天剧场”，以满足广大人民群众到《梨园春》现场观看演出的愿望。值得一提的是，第二届中国豫剧节将全国范围内的优秀豫剧表演团体和豫剧剧目汇集到河南进行展演，对展示中原文化精粹、扩大中原文化影响、促进中原文化的大发展、推动华夏文明的传承和发展都起到了有力的推动作用。“豫”满天下心向往之。在论及促进会当前和今后的工作方向时，王全书表示：促进会团结联系豫剧、曲剧、越调、京剧、四平调、二夹弦等各个剧种的工作者和爱好者，在研究戏剧理论、传承表演技艺、培养戏曲人才、打造艺术精品等方面积极探索尝试，为助推文化强省建设、加快中原经济区建设尽心尽力。王全书认为，在戏剧艺术相对低迷，电视娱乐节目风靡一时的情况下，《梨园春》节目的成功，在于它在很大程度上满足了广大人民群众的欣赏兴趣和表现欲望，为振兴河南地方戏曲、发展中国戏剧事业探索出了一条新路。为使这一品牌永葆青春，豫剧文化促进会将努力打造《梨园春》天天剧场。因此，打造一个老少皆宜、雅俗共赏的《梨园春》天天剧场就被提上日程。对其运作模式，王全书提出了自己的构想：借鉴湖南田汉大剧院、东北刘老根大舞台等的成功经验，面向社会大众、面向市场，广纳博引，兼收并蓄。实行天天剧场与周日《梨园春》主场互联互动，周一至周六每晚售票演出，周日晚上则聚焦《梨园春》。力求把《梨园春》办得更有新意，不断优化，频现亮点。王全书认为：要办成一件事，就必须全身心地投入，提倡什么、赞成什么、反对什么、警惕什么，要旗帜鲜明，毫不含糊。习惯在于培养，爱好在于提倡。今天，中华戏剧文化的发展就很需要社会各界大力提倡，在全社会形成浓厚的传承、弘扬、提倡、引导、支持、参与的氛围。“加强包括豫剧在内的中华传统戏曲文化的研究创新和宣传推介，提升豫剧、曲剧、越调等河南戏曲文化的艺术生命力和市场竞争力，探索尝试企业与戏剧表演团体的结亲联姻，发展繁荣中华传统戏曲事业，是中华豫剧文化促进会的不懈追求。”王全书总结道。

“长风破浪会有时，直挂云帆济沧海。”以豫剧为代表的河南戏曲文化披挂着数百年的历史星云，承载着亿万人民的梦想追求，走过了波澜壮阔的风雨历程，取得了震古烁今的艺术成就。在中央领导、全国政协、河南省委政府和社会各界人士的支持、培育下，中华豫剧文化促进会必将在传承创新华夏历史文明的历史进程中，激流勇进，勇当先锋。豫剧这棵参天古树也必将迎来生机盎然、枝繁叶茂的美好明天。

（原载于《人民政协报》2013年11月15日）

购买社会服务在文化领域大有可为

本报记者　焦雯

李克强总理在今年政府工作报告中，明确提出："要创新政府管理理念和方式，健全决策、执行、监督机制，推进政府向社会购买服务的改革。"据记者了解，在文化领域目前已经有北京朝阳、江苏无锡、湖北宜昌等地开始试点政府向社会购买文化服务的机制。哪些是政府需要购买的文化服务，实施过程中应注意哪些方面？全国政协委员、全国政协教科文卫体委员会副主任王全书就此提出了建议。

记者：今年您有两个提案是关于政府向社会购买公共服务的，是什么让您特别关注到这个领域？

王全书：去年年初中央就提出了政府购买社会服务，2013年9月，《国务院办公厅关于政府向社会力量购买服务的指导意见》下发后，财政部初步确定将19个中央部门纳入2014年度政府购买服务工作计划。这些我一直都在关注。在此过程中，2013年我带领教科文卫体委员会的委员们，先后赴重庆、湖北、陕西、海南、广东调研。今年春节假期刚结束，又带领21位政协委员前往山东进行调研，其中一个重要的内容就是现代公共文化服务体系的建设。这一次的两个提案，一个是《对政府购买公共服务的若干建议》，还有一个谈及"充分发挥社会组织在公共文化建设中的作用"，都是在调研中产生的思考，也是我们对于新时期政府在公共文化体系建设中角色和定位的一种探索。

记者：我们看到总理在政府工作报告中也专门提到了这一点，您的提案可以说与中央的精神不谋而合。

王全书：是的，那天我听到这句话的时候很受鼓舞，尤其是总理着重强调，要“推进政府向社会购买服务的改革”，在一定程度上，“改革”二字也体现出了推进这项事业的难度，当然也表现出了党中央和国务院的决心和力度。

记者：您认为为何需要大力推进政府向社会购买公共服务？在现代公共文化服务体系的建设中，它能够起到什么样的作用？

王全书：政府购买公共服务是深化社会领域改革、建设服务型政府的重大举措，政府可通过契约化、民营化等形式，把公共服务的生产交由市场和社会力量来承担，通过鼓励民间投资和经营公共服务行业，引入市场竞争机制，提高公共服务水平和效率。类似方式目前已成为美国、欧盟、日本、澳大利亚、新西兰、加拿大等发达国家和地区的通行做法。就文化领域而言，文化体制机制改革已经进入要求政府部门精简机构、转变职能的新阶段。要将行政化的管理，转向主要依靠社会组织自治型的管理，使政府专心于法律法规和政策环境建设，而不再忙于应付具体的事务，就必须大力发展文化类的社会组织，以适应政府管理职能的转变。

记者：您认为目前实施这一举措的条件和时机成熟吗？

王全书：应该说，在一些方面还有需要解决的问题，比如政府过多地直接“办”文化，占用了大量的公共资源；现有的一些法规和配套政策不完善，制约了社会组织投入公共文化建设的积极性等。此外，政府购买服务较少涉及公共文化设施的运营、文化项目的运作，大量的社会资金和力量望“文”兴叹，徘徊于文化建设的大门之外。但我想这些也意味着，政府购买社会服务，在文化领域大有可为。

记者：具体来说，在文化领域应该怎样落实这项新政策呢？

王全书：首先是政府需要转变思想观念，尽快完成由“办文化”为主向“管文化”为主的转变，为社会组织进入公共文化领域提供广阔的空间。政府主办的公益性文化活动和其他文化项目，如文化节庆、电影下乡、社区文化活动等，凡能用政府购买服务方式进行的，均可通过招标采购、项目外包、授权、补贴等办法，交由社会组织承办。此外，还应该大力拓宽参与渠道。如放宽非营利性文化组织的登记条件，大力推行文化义工服务等。

记者：那又该如何保证社会组织投身于公共文化服务领域的积极性呢？

王全书：我认为完善政策法规，激励社会组织参与公共文化建设是一个重要的举措。比如社会组织兴建博物馆、图书馆、体育馆、文化艺术场馆，应视其投资额或建筑面积，给予资金补助或免税奖励，并提供相应的运行保障。再如完善社会组织捐赠激励机制，通过减免税费、表彰冠名、业务培训、项目帮扶等优惠政策吸引投资方和赞助方，引导社会组织以不同形式捐赠或赞助公共文化事业；对企业捐赠公益文化事业的，还可酌情从土地转让、建设规费、水电使用等方面给予一定优惠。还可以设立公共文化服务基金，广泛吸纳来自公共财政、文化产业经营收益和各种社会力量捐赠的资金。

记者：此前来自财政部的消息称，政府向社会力量购买服务今年将在全国推开，力争“十二五”时期初步形成统一有效的购买服务平台和工作机制，到2020年在全国建立比较完善的政府购买服务制度。对此您有何看法与建议？

王全书：我认为，政府购买公共服务一定是人心所向、大势所趋，并且这项重大改革的红利一定能惠及广大民众。当然，在实施过程中也有一些方面值得注意，比如要突出公共性、公益性，把能增加社会净福利的服务作为重点购买对象；对承接主体实行差别化的扶持政策；建立中央地方、部门购买公共服务的协调监管机制，引进社会力量参与考评；防微杜渐，不让政府购买服务成为寻租、腐败的灾区。尤其是，忌“政府配餐”，让“百姓点菜”。谨防部分政府机构异化为“雇主”，利用购买“岗位”养人，或利用购买服务变相“甩包袱”，将购买主体与承接主体之间平等的“伙伴”关系变成“雇主与伙计”关系。要首先向百姓问需，从中筛选对路的项目；经过评审，设定具体服务指标、标准；再进行公示，接受群众评议，确定购买项目。

（原载于《中国文化报》2014年3月11日）

不能拆掉真文物建造假古董

本报记者　韩业庭

“现在不少地方拆掉真文物、建造假古董的现象屡有发生，人工化、同质化痕迹明显，逐利化运作、超负荷利用倾向严重。”全国政协教科文卫体委员会副主任王全书委员指出，在当下城镇化进程中，对传统文化的“建设性破坏”正不断蔓延。

为确保人们能带着“传统”进入“现代”，而不是怀着割断乡愁的遗憾入住水泥森林，王全书委员认为，应该把传统文化融入城市发展顶层设计与整体规划，将传统文化元素、文化脉络纳入城镇规划与建设之中，为传统文化预留出发展的空间。要以对传统文化的敬畏心及对历史的责任感，建设有历史记忆、地域特色、民族风情的美丽城市，切不可盲目地将历史推倒铲平。要保护体现城市历史文化的、本来的、真实的珍贵历史原物，保留其所蕴含的重要历史信息，尽量用原工艺、原材料、原式样修补整治。

王全书委员还指出，要慎砍树、不填湖、少拆房，尽力做到能在城市文化遗存上读得懂它的历史，读出家国情怀、文脉沿革和精神归属，承认和保留不同历史时期有代表性的时代痕迹，避免大片拆迁、大片重建、完全抹去历史印记的错误做法。同时，要处理好保护与传承的关系，使新城、新楼、新区、新街与古镇、古村、老房、老树、老井互为映衬、和谐统一，真正建立既能传承传统文化，又能体现时代特征的新型城镇化体系，把城镇建设成为历史底蕴厚重、综合功能完善的人文魅力空间。

（原载于《光明日报》2015年3月14日6版）

振聋发聩直击灵魂

——全国政协教科文卫体委员会副主任、中华豫剧文化促进会会长王全书谈豫剧《全家福》

王小宁

【编者按】

4月16日至18日，中央国家机关近2000名局处级干部集中在北京梅兰芳大剧院观看了由河南豫剧院演出的大型现代廉政剧《全家福》。该剧为反腐题材，其内容取材现实，情节跌宕起伏，令人回味警醒。演出结束后，深受教益的观众有这样的感悟：是贪念私欲让“全家福”跌入了“全家苦”“全家哭”的境地。近日本报记者就该剧的演出和创作等情况，采访了全国政协教科文卫体委员会副主任、中华豫剧文化促进会会长王全书。

跌宕的剧情与独特的视角

记者： 4月16日至18日，大型现代豫剧《全家福》走出河南，首次进京，在中央党校礼堂、梅兰芳大剧院连演三场，引起首都观众的强烈共鸣。请问，这出以廉政建设为主题的现代戏何以有如此大的魅力？它缘何赢得了社会的热议和人们的点赞？

王全书：《全家福》之所以在京城引起广泛的反响和热情的赞誉，根本原因在于，它是“为时而著”的好作品，契合了时代的需求，因应了人民的心声。具体讲，首先，它得益于独特的视角。《全家福》一改传统廉政题材戏曲的叙事模式，别开生面，另辟蹊径，剧中既没有过细展示纪委办案的具体细节，也没有刻意描画腐败分子灵魂堕落的贪腐过程，而是以独特的视角和创新的手法，以一个家庭两代人的艰辛奋斗为背景，表现了腐败罪行对党和国家、对社会和人民群众造成的深重伤害，以及当事者个人和家庭、亲人为此付出的巨大代价。这在当前为数不多的反腐败题材现代戏中，颇具独特性和突破性。

其次，它得益于跌宕的剧情。剧中海外留学的韩琳琳学成回国结婚，恰逢担任常务副市长的爸爸韩英杰因贪腐被“双规”，一张30年前的“全家福”合影，引出了一个农民家庭两代人的奋斗史。一个曾经让家庭和亲人引以为豪的“励志明星”“成功楷模”，却在金钱、美女的诱惑下跌入了贪腐的深渊，贪念私欲让“全家福”变成了“全家苦”“全家哭”。剧情由大开大合到大起大落，最后大喜大悲，让人大彻大悟。它所演绎的故事，曲折生动、跌宕起伏，以情感人、以情动人，讲得非常有震撼力。巨大的震动和落差，勾起了韩琳琳对往事的追寻和痛苦的反思。《全家福》也通过人物的思考和命运的选择，反映了我们党反腐倡廉、全面从严治党的坚强决心。该剧还融入了诸多亲情、温情的元素，将主人公的蜕化变质归因于个人、家庭、社会多个层面，发人深省、促人反思，动之以情、晓之以理，让人们在感动、感叹之余，更加深刻地认识到，一定要对手中的权力心存敬畏和戒惧，遵纪守法、廉洁自律，珍惜名节、珍惜家庭、珍惜当下，教育广大干部不敢腐、不能腐、不想腐，让良好家风涵养廉政文化，筑牢拒腐防变的思想道德防线，用清正廉洁守护好“全家福”。该剧不仅对各级领导干部，而且对全社会都有独特的警示和教化作用，使观众受到了一次直击心灵的巨大冲击和廉政洗礼。

悉心的策划与扛鼎的创作

记者：据了解，进京演出之前，《全家福》在河南已经巡演了110场，而且还将到其他地方演出。现在，这部体现了时代要求、反映人民呼声的剧作已经成为一部反腐倡廉的生动教材。这样的好戏出在河南，也非偶然。你能谈谈这一廉政文化的扛鼎之作，是如何打造出来的吗？

王全书：《全家福》应该说是在中共河南省纪委的直接策划和指导下打造的。回望2014年，反腐倡廉、“打虎拍蝇”无疑是国人最热门的话题之一。在依法治国、严惩腐败的过程中，党中央和中央纪委更加注重发挥思想道德的基础性作用，不断加强反腐倡廉教育和廉政文化建设。中央印发了《建立健全惩治和预防腐败体系2013—2017年工作规划》，中央纪委提出要“弘扬中华民族优秀传统文化，实现以德治国和依法治国的统一”。在这样的背景下，由河南省纪委、河南省直工委、河南省文化厅统一部署，河南省豫剧院、河南江山文化传媒有限公司共同出资、联袂打造的这部大型廉政豫剧《全家福》应运而生了。

河南省委书记郭庚茂同志和省四大班子的领导一起观看了演出，对该剧表示热情首肯和坚定支持。谈论《全家福》这部反腐力作，还不得不提中共河南省委常委、省纪委书记尹晋华的重要作用。在《全家福》剧的创作和推出过程中，他让省纪委为编剧提供了大量生动的素材，整理了有关案例供剧组参考；他多次审阅剧本、主持创作研讨会，提出修改意见；为了这部剧作，他多次召开座谈会。进京前的那次座谈会，他与省委常委、宣传部长赵素萍，副省长张广智一道，一直开到深夜12点多才结束，令参加会议的专家们深受感动。应该说，《全家福》的脱颖而出，河南省委、省政府领导同志的高度重视、细心策划、鼎力支持是决定性因素。

我认为，《全家福》贴近群众、贴近生活、贴近现实，很接地气，是对习近平总书记在全国文艺工作座谈会上重要讲话精神的生动诠释。为什么那么多观众对戏中人物都有似曾相识的感觉，感到类似的事情在自己身边也时有发生？就在于剧中的人物形象源于生活、基于原型，是根据真实案例加工、改编、提炼而成，将现实生活中的人物和故事放到豫剧舞台上进行演绎的。正如该剧编剧、知名剧作家姚金成所说，河南省纪委为他们的创作提供了诸多案例和大批鲜活的素材，他与另一位剧作家何中兴通力合作，历时一年、六易其稿，最终完成。而在主演、国家一级演员盛红林看来，该剧之所以受欢迎，是因为它有着深厚的生活基础，很多从农村走出来的官员，身后都有一大家子人在为他做奉献，他成功之后的失足又会使所有希望和成就变成泡影，这种感同身受的剧情对很多当下的干部具有很强的震撼力和警示作用。

《全家福》荟萃了河南豫剧院一流的主创队伍，并邀请省内外戏剧界知名专家共同倾力打造。该剧由曾经创作《村官李天成》《香魂女》《焦裕禄》等多部获得全国盛誉精品力作的国家一级编剧姚金成和何中兴编剧；国家一级导演张平执导；国家一级作曲家赵国安、尹可富担任作曲；国家一级演员盛红林、辛艾、李书奇和陈晓兰、郑娟担纲主演。可谓阵容强大，实力不俗。在这样一个团队的通力合作下，经过近一年时间的创作、排演、反复修改，2014年11月5日、6日在河南艺术中心与观众首次见面。尽管现在该剧已经是一部精品力作，但中国戏剧家协会副主席、河南省豫剧院院长李树建仍然说，《全家福》已经改动了10多次了，现在还在边演边改，今后还会继续打磨和加工。我想，这种精益求精的艺术创作态度，也是它获得成功的重要原因。

（原载于《人民政协报》2015年4月27日9版）

图书在版编目（CIP）数据

绿我涓滴 / 王全书著. -- 北京 : 中国文史出版社，2018.2

（政协委员履职风采）

ISBN 978-7-5205-0549-9

Ⅰ. ①绿… Ⅱ. ①王… Ⅲ. ①中国人民政治协商会议－参政议政－文集 Ⅳ. ①D627-53

中国版本图书馆CIP数据核字(2018)第215174号

责任编辑：卜伟欣

出版发行：中国文史出版社
网　　址：www.wenshipress.com
社　　址：北京市海淀区西八里庄路69号　　邮　编：100142
电　　话：010—81136606　81136602　81136603（发行部）
传　　真：010—81136655
印　　装：北京地大彩印有限公司
经　　销：全国新华书店
开　　本：710mm × 1010mm　　1/16
印　　张：19
字　　数：346千字
版　　次：2019年4月北京第1版
印　　次：2019年4月北京第1次印刷
定　　价：56.00元

文史版图书，版权所有，侵权必究。
文史版图书，印装错误可与发行部联系退换。